Personal Cultivation
as Spiritual and Bodily Exercise
in the Confucian Tradition

身心修炼
儒家传统的功夫论

彭国翔　著

上海三联书店

目　录

前　言

　　我对儒家传统的"功夫论"自觉地从"身心修炼"的角度加以理解，并打算就此课题从事专门的研究，始于 2002 年。当时我已经从阿道（Pierre Hadot）对于西方古代哲学的研究获得启发，而我 2003—2004 年在夏威夷大学担任"安德鲁斯讲座"客座教授时，给亚洲研究项目的研究生讲授的一门 3 个学分的课程（课程编号 ASAN 620），题目就是"儒家传统的身心修炼及其治疗意义"（Spiritual and Bodily Exercise in Confucian Tradition and Its Therapeutic Significance）。当然，这门课程更多地具有某种实验性，因为那时的想法尚属初步，架构也还比较粗线条。而我希望能够通过这门课程的讲授，使自己的想法日益清晰起来。当时选修这门课的美国学生人数不多，他们对于儒家传统的知识储备也并不足够。不过，学生很愿意提出问题并进行讨论。虽然所提未必都能切题，但总会有刺激我进一步思考的时候。对我来说，也就可以从中获益了。而我在结束客座前夕，面向全校举办的一场我的客座讲席所必须承担的公开讲座，也同样是以"儒家传统的身心修炼及其治疗意义"为题。

　　我在 2004 年暑期结束了夏威夷大学的客座之后，转往哈佛燕京学社继续从事研究。而在那里，我读到了纽思浜（Martha C. Nussbaum）的《欲望的治疗——希腊化时期伦理学的理论与实践》（*The Therapy of Desire: Theory and Practice in Hellenistic Ethics*）一书。初读该书，我就立刻被其吸引。纽思浜对希腊化时期斯多亚主义、伊壁鸠鲁主义和怀疑论这三大主要流派的诠释，与阿道不谋而合。无论是阿道在区分"哲学本身"（philosophy itself）与"关于哲学的论说"（discourse about philosophy）的基础上将古代西方哲学的基调界定为作为一种"生活方式"（way of life）的"精神修炼"（spiritual exercise），并将西方古典时期的"精神修炼"与后来基督教的"灵修"区分开来，[1] 还是纽思浜将古代西方哲学的基调界定为"欲望治疗"，并将"哲学家"界定为"导师 /医生"，都不仅修正了我以往在中文世界接受的将古代西方哲学理解为一种脱离生活的静观思辨（contemplative speculation）那样一种习见，也让我觉得这种作为"生活方式"、"身心修炼"以及"欲望治疗"的西方古典哲学与中国哲学传统之间存在着强烈的共鸣，彼此之间的差距未必像以往想当然的那样大。

　　阿道和纽思浜不仅都具备深入西方古代哲学所必需的足够的语文能力（拉丁文、希腊文），同时也都具备足够深厚的义理诠释的功力。因此，作为西方学界公认的一流和顶尖学者，他们对于西方古代哲学的诠释在西方专业的哲学领域获得了广泛的认可。也正因此，当我读到他们在"生活方式"、"身心修炼"以及"欲望治疗"的意义上来理解西方古典哲学的基本特征时，立刻觉得西方古典哲学的很多观念资源，都可以作为我们进一步思考中国哲学尤其是儒家传统的助缘。当然，这绝不是要将一种外部的诠释框架和模式加之于中国哲学和儒家传统之上，就像20 世纪 50—80 年代中国大陆学界几乎普遍奉行的某种做法一样，那恰恰是我非常反对的。毋宁说，我之所以在读到阿道和纽思浜的著作时自然而然地产生强烈的共鸣，甚至有"相见恨晚"之感。那是因为，从我在中国哲学尤其儒家传统浸润多年的学思与体会来看，中国哲学尤其儒家传统的根本特点，其实也恰恰可以说正是"生活方式"、"身心修炼"和"欲望治疗"。只不过在具体的内容方面，无论与西方古典哲学整体上相较，还是其内部的种种曲折之处，都有很多需要细致探究的地方。

　　也正是因为这一背景和机缘，2004 年秋我初次在哈佛燕京访问

1　在英文中"精神修炼"和"灵修"都是"spiritual exercise"，阿道强调古希腊时期已有"spiritual exercise"，而其涵义与后来基督教传统中的"spiritual exercise"有所不同，正是要对二者有所辨正。因此，既然中文世界对于基督教的"spiritual exercise"已有约定俗成的"灵修"译法，对于阿道所强调的西方古典哲学的"spiritual exercise"，就不宜再译为"灵修"，否则很容易引起误解。这也是我不取"灵修"而特别采用"精神修炼"来翻译阿道所指的西方古典哲学的"spiritual exercise"的原因所在。

期间，无论是在"哈佛燕京访问学者讲座系列"（Harvard-Yenching Visiting Scholar Lecture Series）中所做的一场演讲，还是应当时尚在宾州库兹城大学（Kutztown University of Pennsylvania）任教的黄勇教授之邀前往该校所做的讲座，我都是以"儒家传统的身心修炼及其治疗意义"为讲题的。而我在 2004 年 11 月结束哈佛燕京的访问，参加杨儒宾、祝平次两位教授于 11 月 27—28 日在台北主办的"儒学的气论与工夫论"国际学术研讨会时，提交的论文就是以"儒家传统的身心修炼及其治疗意义——以古希腊罗马哲学为参照"为题，算是对此前关于这一课题的思考的总结。该文被收入了会议文集《儒学的气论与工夫论》（台湾大学出版中心，2005），而该文集 2008 年也在中国大陆由华东师范大学出版社出了简体字版。因此，本书中除了第七、八章的内容来自我之前博士论文的部分内容之外，正式发表从"身心修炼"的视角讨论儒家传统功夫论的文字，可以说便是始于这篇 2004 年完成并发表的通论性的论文。本书的第一章正是这篇论文。需要说明的是，当我提交该文时，在中文学界，虽然阿道因其《作为生活方式的哲学——从苏格拉底到福柯的精神修炼》（*Philosophy as a Way of Life: Spiritual Exercises from Socrates to Foucault*）已开始为人所知，但纽思浜其人其书还知者尚鲜。因此，"Nussbaum"一名的中译并无先例可循，我当初便使用了"纽思浜"的译名。后来中国大陆西方哲学的同行使用了"努斯鲍姆"的译名，如今似已约定俗成。但在本书之中，我仍保留了最初"纽思浜"的译法。

对于儒家传统中作为一种身心修炼的功夫实践的基本特点，该文已经在一个中西比较的视野中做出了提示。不过，我深知，要想对整个儒家传统中作为身心修炼的功夫实践予以理论上的深究精察，还必须在宏观的总体把握之外，对儒学不同历史时期主要代表人物的功夫论逐个进行具体的个案研究，如此才能不失之笼统，既见"林"的整体，更要在丛林中穿梭往来，以见其细部的种种曲折。也正是在这种自觉之下，我随后即开始了对于儒学史上不同阶段主要代表人物功夫论的考察。我之所以这样做，也是希望通过具体和坚实的研究，来验证"身心修炼"是否的确构成观察和揭示儒学传统功夫论之根本特征的一个恰当视角，以及在这一视角之下，不同历史时期的儒学人物，在同样从事作为"身心修炼"的功夫实践的情况下，又怎样展现出各种丰富多彩的不同形态。

在那之后，我首先从事的个案研究，是对朱子读书法的专题考察。这是本书第六章的内容。该章最初是参加 2006 年 1 月 12—14 日台北中研院中国文哲研究所举办的"理解、诠释与儒家传统"学术研讨会时提交的论文，后来也曾提交给同年 5 月 16—18 日香港中文大学哲学系举办的"注释、诠释与建构——朱子与四书"国际学术研讨会。需要说明的是，我并非因为要参加会议，才撰写了当初题为"身心修炼：朱子经典诠释活动的宗教学意涵"的这篇长达四万多字的论文，而是该文的撰写原本就在我的研究计划之中。我接到会议的邀请之后，觉得该文恰好符合会议的主题，这才接受了邀请而最终赴会。我历来觉得，尽管学术会议有时会对正在酝酿的研究和思考起到一定的催生成文的作用，但不能为了迎合各种学术会议的题目而写论文，否则势必影响自己的研究计划。

正因为我对朱子读书法作为一种身心修炼的功夫实践这一课题已有较长时间的思考，在仔细研读了朱子的相关文本并浏览了学界以往绝大部分从诠释学的角度考察研究朱子读书法的成果之后，觉得"身心修炼"的确是朱子读书法的一个重要内涵而学界以往发掘不够，才在反复推敲的基础之上撰写了那篇论文。文章在 2005 年会议邀请发来之前已经完成，应邀赴会并提交那篇论文，只是"顺水推舟"而已。还记得会议期间，较早便已在台湾出版过《朱熹哲学思想》（台北：东大图书公司，1998）的金春峰先生，曾问我以前有没有写过朱子的文章，大概是由于我那篇论文给他留下了较为深刻的印象。该文因为较长，其中比较朱子读书法与基督教"圣言诵读法"的部分，还曾以"朱子读书法与基督教圣言诵读法的比较——儒家经典诠释的宗教学意义"为题，作为参加 2007 年 5 月 30 日至 6 月 1 日在香港浸会大学举办的"当代语境下的儒耶对谈——思想与实践"学术研讨会的会议论文。

在我的《良知学的展开——王龙溪与中晚明的阳明学》一书中，已经对阳明学的功夫论进行了较为充分和细致的考察。本书第七、八章，便是我对阳明学功夫论的基本看法，尽管并非我研究阳明学功夫论的全部内容。这两章的内容加上我对朱子读书法作为身心修炼功夫论的研究，大致展示了宋明理学中朱子和阳明学这两大典范的功夫论的重要方面。在此基础上，按照原本的计划，我对儒家传统身心修炼的功夫论的研究，接下来便从宋明理学扩展到先秦和汉代这一儒学传统的"古典时期"了。

完成了朱子读书法的研究之后，我紧接着完成的是对孔子功夫论的思考。这一方面的内容，是我参加台湾大学人文社会高等研究院举办的"东亚儒学中的身体论述"学术研讨会（2007 年 11 月 23—24 日）时提交的"作为身心修炼的礼仪实践——以《论语·乡党》篇为例的考察"这篇论文。在历代对《论语》的诠释中，"乡党"恐怕都是较受忽略的一篇，这在现代各种《论语》的诠释和注解之中，尤其如此。而且，历史上对该篇的诠释，也几乎都是从礼制的角度观察。但我细读多年，总觉得该篇并非只是记录孔子日常生活衣食住行的流水账或"花絮"。从作为身心修炼的功夫实践这一角度来看，便可豁然开朗。该文基于细致的文本解读，可谓言之成理、持之有故。因此，该文不但经受住了学术会议上同行学者们的检验，更获得了相关学者的高度认可。不仅组织会议的黄俊杰教授等人对该文颇有肯定，主动邀请将该文发表于其主编的《台湾东亚文明研究学刊》。后来大陆一位专研礼学的学者偶然遇到我时特意向我提及他的读后感并表示赞赏，虽然未必没有客气的成分，但我想也是由衷之言。

2009—2010 两年于我而言是多事之秋，不得不应付一些宵小之徒在现实生活中给我制造的麻烦。但是，我的研究和思考并未受到多大影响。我在从事其他一些研究的同时，也没有中止对儒家传统功夫论的持续思考。2010 年春季，我到香港中文大学客座一个学期，分别给本科生和研究生开设一门课程。我给研究生开设的 3 个学分的"中国哲学研讨"课程，就是"儒家传统身心修炼的功夫论"。还记得当时讲到孟子、荀子和董仲舒的部分，我自觉古典儒学时期除了孔子之外这三位最重要人物的功夫论，在我的胸中尚未能有"成竹"。因此，我告诉自己，一定要对他们的文本、历史上的注释以及学界既有的相关研究成果继续细读深思，以期让他们功夫论的完整面貌，可以清晰地向我呈现。

在孟子、荀子和董仲舒三人之中，我更早研究的是董仲舒。我对董仲舒的思考大约和对朱子、孔子的研究同时，但集中精力的专门研究，则大约是 2007 年便已正式开始的。因此，结束香港中文大学的客座之后，次年（2011）我对董仲舒功夫论的研究便发表出来了。不过，对于孟子和荀子功夫论的研究和思考，分别要到 2018 年和 2019 年才最终开花结果。以本书第三章为例，最初的起心动念不计，从 2010 年我在香港中文大学客座时告诉自己要专门集中精力清理孟子的功夫论算起，到 2018 年正式发表"'尽心'与'养气'：孟子身心修炼的功夫论"，也已足足经过了 8 年的时间。对于我的研究工作来说，这很正常。事实上，我的每篇学术论文几乎都经过长期酝酿的阶段，只是这一点外人并不能看到而已。也正是在经历了深思熟虑而达到了"胸有成竹"的基础之上，每一项研究进入具体的写作阶段时，才往往能够得心应手、一气呵成。

我在发表了孟子功夫论的专题研究之后约一年半，便接着发表了关于荀子功夫论的研究。不过，我对荀子功夫论的研读和思考，却不是在写完孟子之后才开始的，而是基本上与对孟子功夫论的思考几乎同时并行的。我在《中国哲学方法论》一书的后记说过，我常常将不同的研究工作同时进行，而将从事一项研究工作当作另一同时进行的研究工作的间歇和休息。不过，在进入正式的写作阶段之后，就必须专注一项、逐一完成，而不得不有先后之分了。这就是尽管我对孟、荀的功夫论研究齐头并进，却在发表了关于孟子功夫论的研究差不多一年半之后才发表荀子功夫论研究的原因所在。当然，在这一年半期间，由于孟子功夫论的研究工作已经完成，我对荀子功夫论的思考以及相关文献的阅读，自然可以更为专注。

本书第十章关于儒学传统静坐功夫论的考察，情形也是一样。虽然这一部分的内容在本书各章中属于最新发表的文字，不过，对于该课题的思考，却也是由来已久。我在学生时代便已有修习静坐的经验，所以对于儒学传统中有关静坐的各种文献记载，自始即有浓厚的兴趣。因此，儒家传统中的静坐功夫这一课题，对我来说不是全然的"纸上谈兵"，而是由于自己早有一定程度的"体知"而倍感亲切。尽管我的静坐实践时作时辍，尤其这些年来已经到了若有若无、偶尔为之的地步，但是，对于究竟应该如何理解儒家传统中的"静坐"？如何理解这样一种有别于一般的养生方法而以圣贤人格为追求的身心修炼的功夫实践？我的思考与反省的兴趣却从未稍减。我已经无法确定具体何时开始将对儒家传统中的静坐功夫自觉纳入自己的研究计划，但我检索电脑中的相关资料发现，大规模地搜集这一课题方面的各种文献，三年前便已经开始了。既然如此，对该课题形成自觉的问题意识而"起心动念"从事专门的研究，只能更早。大致想来，恐怕至少是五年之前。无论如何，就本书第十章的现有内容而言，尽管未必今后不能有所补充，但和我对那些儒学传统中不同阶段代表人物的功夫论反省一样，都可以说是长期"退而结网"、反复咀嚼文献之后的深思熟虑之作。

本书第九章的情况，与其他各章稍有不同。该章的文字最初发表于2017 年，是我对《警枕录》这部鲜为人知的古籍的研究。我每到一处高校或研究机构客座或访学，一定要对该处图书馆的中西文收藏尽可能有所了解。《警枕录》便是 2007—2008 年我在哈佛燕京学社担任访问学者期间于哈佛燕京图书馆得以阅览的古籍之一。记得我尚在北大高研院工作的时候，曾专门以该书为阅读材料，和我在北大指导的几位博士生定期研读讨论。当然，我之所以直到 2017 年才发表对该书及其作者汪霦原的研究，既是由于我十年间的主要研究工作别有所在，包括本书上述各章以及这期间我发表的其他各种文字，也是我一贯坚持的长期蕴蓄的原则使然。我在世界各地搜集和披览中国的善本旧籍，常不期而然地有所收获。这部《警枕录》以及我之前发现和发掘的《龙溪会语》、两部《理学录》、《中鉴录》、《儒门法语》以及《明儒王东堐东隅东日天真四先生残稿》等，都是其例。而在纯粹的历史研究兴趣之外，探究这些古籍作者的精神和思想世界，以求"知人论世"，始终更是我的追求所在。

我在哈佛燕京初览《警枕录》的印象，是该书作者汪霦原这位以往不为学界所知的清代中期士人，其内心世界和日常生活竟然完全仍在宋明理学的传统之中。我对《警枕录》和汪霦原的研究，原本是我清代理学研究计划的内容之一。因为在我看来，清代理学是一个颇值得探究而迄今仍有很大空间的领域。虽然之前中国大陆曾有关于清代理学的著作出版，但过于粗糙。对于理学传统在清代的发展，从事中国哲学的学者大都较为忽略，反而是史学界从事中国思想史研究的若干学者如王汎森先生等，较早做出了一些相关的研究。我曾于 2012 年 10 月 28—31 日参加的新加坡国立大学中文系举办的"清代理学国际研讨会"，正是这一研究动向的反映。而作为汪霦原日常功夫实践的日记汇编，《警枕录》可以说向我们揭开了清代理学世界的冰山一角。因此，我对《警枕录》和汪霦原的研究，原本更多是放在"清代理学"这一脉络之中的。不过，当我整理这部书稿，回头来看时却发现，汪霦原在其《警枕录》中记载的日常功夫实践，其实正是儒家身心修炼的功夫实践在清代这一通常被认为是考据学独领风骚的历史时期的一个绝佳例证。在这个意义上，我对《警枕录》的研究，恰恰可以弥补儒家身心修炼的功夫论在清代的一个环节。

总之，本书之中，最早的文字到最近的文字，时间跨度恰好 20 年。对于儒家传统功夫论的探究，本书则上起先秦，下迄清代，涵盖了儒学传统的主要历史阶段，既有其中最为重要的代表人物，也有汪霦原这样鲜为人知却颇能代表清代中后期广大士人阶层的人物。当然，虽然本书在中西对比的视域中指出身心修炼构成儒家传统功夫论的基调与特质，并通过对人物、思潮、问题所各自彰显的功夫论的考察，尽可能展示了作为身心修炼的儒家传统功夫论的丰富内涵，却并不意味着处理了儒家传统功夫论这一研究领域的所有课题。如果这本著作的出版，能够引发学界同仁对于儒家功夫论以及相关各种议题的进一步思考，由此产出更多持之有故和言之成理的真知灼见（知识和思想），则是我翘首以待、非常乐于看到的。

由于本书各章之前都有一个专门的内容提要，我在前言的部分，就不再赘述各章的主要内容及其相关意义，而重在介绍本书整体以及各章写作的背景和缘起。对于读者来说，这或许同样可以提供一种理解上的帮助。还有一点需要说明的是，"功夫"和"工夫"在儒学传统中是一对完全可以互换的名词，而"功夫"的出现较"工夫"更早，并且，"功夫"比"工夫"似乎更能显示身体参与的向度。因此，我在本书统一使用"功夫论"这一名词。当然，这一用法只是我个人的偏好，与"工夫论"一语既无冲突，亦可互换。

最后，我把本书各章文字最初正式发表的情况陈列如下，也向这些出版物的相关编辑表示感谢。当然，我更要向上海三联书店的黄韬先生和殷亚平女士表示感谢。正是他们出色当行的工作，使得本书成为继《中国哲学方法论》之后，我在上海三联书店顺利出版的第二本著作。而借本书出版之便，我又对各章文字做了全面的修订，这一过程中也得到了几位友生的帮助。而以往发表时的若干误植，由此也均在本书得到了纠正。这也是我要特别加以说明的。

1. 第一章，原题为"儒家传统的身心修炼及其治疗意义——以古希腊罗马哲学为参照"，杨儒宾、祝平次编：《儒学的气论与工夫论》，台湾大学出版中心，2005 年，页 1—45。

2. 第二章，原题为"作为身心修炼的礼仪实践——以《论语·乡党》篇为例的考察"，《台湾东亚文明研究学刊》，第 6 卷第 1 期，2009 年 6 月，页 1—27。

3. 第三章，原题为"'尽心'与'养气'：孟子身心修炼的功夫论"，《学术月刊》，2018 年 4 月，第 50 卷，总第 587 期，页 5—20。

4. 第四章，原题为"'治气'与'养心'：荀子身心修炼的功夫论"，《学术月刊》，2019 年 9 月，第 51 卷，页 18—31。

5. 第五章，原题为"修身与治国：董仲舒身心修炼的功夫论"，《中国文化》，第 34 期，2011 年 10 月，页 43—54。

6. 第六章，原题为"身心修炼：朱子经典诠释的宗教学意涵"，《理解、诠释与儒家传统：中国观点》，台北：中研院中国文哲研究所，当代儒学研究丛刊 24，2010 年，页 193—258。

7. 第七章，原题为"明儒王龙溪的一念工夫论"，《孔子研究》，2002 年第 4 期，2002 年 8 月，页 54—67。

8. 第八章，原题为"阳明后学工夫论的演变与形态"，《浙江学刊》，2005 年第 1 期，页 28—35。

9. 第九章，原题为"《警枕录》的精神世界及其思想史意义"，《孔子研究》，2017 年第 1 期，2017 年 2 月，页 121—132。

10. 第十章，原题为"儒家传统的静坐功夫论"，《学术月刊》，2021 年 5 月，第 53 卷，页 39—53。

第一章
儒家传统的身心修炼及其治疗意义
——以古希腊罗马哲学传统为参照

本章提要

　　功夫论既是传统儒释道三家思想的重要内容，也是现代人汲取思考与实践智慧的宝贵资源。在现代西方的学术分类下，佛道两家的功夫论可以在宗教学中得到研究，相对较易为现代人所知。而由于儒家传统的功夫论在西方不论宗教还是哲学学科中至今都还难以获得相应的容身之处，不仅历来难以为西方学者所了解，且由于西式教育在整个东亚实行已有百年且日益深化，包括中国在内整个东亚的现代人士对其同样日渐隔膜。但发掘彰显儒家传统功夫论的丰富内涵以贡献给全人类，不能因现代西方学术分类的限制而幻想在与西方现代学术绝缘的情况下实现，只能在与西方现代学术深度互动与交融的过程中达成。本章以阿道（Pierre Hadot）和纽思浜（Martha Nussbaum）为代表，介绍他们将西方哲学的源头——古希腊罗马哲学理解为一种精神修炼和欲望治疗的生活方式这种新思路，在此基础上，根据儒学传统尤其宋明理学中的思想材料以及最近新出土的儒家文献，进一步反思儒家身心修炼功夫的特点。首先，儒家传统不是一种单纯精神性的修养，而是一种身心交关的（psychosomatic）功夫实践。这种身心修炼在积极的意义上充分肯定身体的向度。其次，儒家的身心修炼不是一种"隔离"世事的智慧和实践，日常生活非但不是障碍，反而每时每刻都必须是身心修炼的契机。这种身心修炼在终极的意义上肯定日常世界的真实性与价值。最后，儒家的身心修炼不仅具备心理—精神的治疗效果，同时还具有身体治疗的意义，是一种延年益寿的养生之道。

一、引言

对于许多西方学者（一般人更是如此）来说，儒学只是一种伦理的、社会的和政治的传统。在积极意义上儒学的宗教性或宗教向度，直到二十世纪七十年代以后才受到海外一批专家学者的关注。[1]而中国大陆学界由于长期以来受到教条马列主义的熏染，对"宗教"基本持负面的态度，因而即使主张儒学是一种宗教传统，也大都是在消极意义上作为批判对象来界定的。九十年代后尽管对宗教的认识有所开放，一些主要高等院校也纷纷成立宗教系和研究所，但由于对西方宗教学的相关理论所知尚少，专治西方宗教学者于儒学又不能深入，如何以"他山之石"来诠释和建构儒家传统的宗教向度，还处在起步的阶段。从宗教学的角度研究儒学尽管在西方整个宗教学和比较宗教学的领域中仍然较为边缘，但一部分西方学者毕竟已经开始欣赏儒学的宗教性，也在一些相关的研究方面着了先鞭。[2]这可以说是长期以来不同形式的文明对话在西方宗教学领域所导致的成果之一。而在西方哲学界，能否充分欣赏儒学的"哲学性"，将儒学视为一种"哲学传统"，却似乎迄今仍是一个问题。从美国大大小小的高等院校中哲学系的专业设置就可以看到，对大部分当今的西方哲学家来说，儒学仍然只能被视为一种"思想"而不能算是一种"哲学"。

关于"中国哲学"的所谓"合法性"问题，最近（2003年）国内曾有广泛的讨论，笔者也曾提出自己的意见。[3]在此，笔者不打算枝

1　参见彭国翔："从西方儒学研究的新趋向前瞻二十一世纪的儒学"，《孔子研究》（济南），2000年第3期，页98—104。全文收入2001年《中国儒学年鉴》（创刊号）北京：商务印书馆，2001年10月，页30—34。

2　这一方面最新的研究成果参见杜维明和Mary Evelyn Tucker主编：*Confucian Spirituality*, Vol. 1, 2003 and Vol. 2, 2004, Hertford: Crossroad Press。

3　参见彭国翔："合法性、视域与主体性——当前中国哲学研究的反省与前瞻"，初刊于《江汉论坛》，2003年第7期，页38—40。《新华文摘》2004年第1期全文转载。后曾收入我的《儒家传统与中国哲学——新世纪的回顾与前瞻》（石家庄：河北人民出版社，2009），页73—82。最近的版本见我的《中国哲学方法论——如何治中国哲学》（上海：上海三联书店，2020），第一章，页24—33。

蔓，与本章相关而需要指出的只是，不论中西方，目前许多学者对于作为"哲学"标准的西方哲学的理解，其实主要是基于一种较为狭义的"哲学"理解。大体上，只是以近代以来西方哲学传统尤其是其中理性主义和分析传统的特征作为"哲学"的标准。事实上，即使在西方哲学世界，从古至今，我们几乎无法找到一个可以为所有哲学家一致接受的哲学概念。可以说，世界上有多少哲学家，就有多少关于哲学的定义。而如果我们认为古希腊罗马的哲学是西方哲学的起源，那么，根据当今西方一些最为出色的哲学家的研究，作为古希腊罗马时代尤其其中的 Hellenistic 时期哲学家们的自我理解，哲学的原初意义（original meaning）恰恰是作为一种"生活方式"（way of life）的"精神修炼"（spiritual exercise）和"欲望治疗"（therapy of desire）。如此看来，中国哲学尤其儒家作为一种"哲学"，又本来不成问题。

不过，需要说明的是，在本章中，笔者介绍最近西方一些一流的哲学家从生活方式、精神修炼和欲望治疗的角度来理解古希腊罗马哲学，并不意在为儒学作为一种"哲学"的合法性提供论据。基于笔者自己对于哲学的理解，儒学乃至整个中国哲学作为人类哲学的一种，理所当然，因而其实并无所谓"合法性"的问题。因此，本章所要讨论的，恰恰主要不在于要论证儒学作为一种身心修炼传统如何地与古希腊罗马的哲学相契合，反倒是要在理解作为一种生活方式、精神修炼和欲望治疗的古希腊罗哲学的基础上，以之为背景，进一步反思儒家传统与此相关而又不限于此的一些基本特征。笔者要论证的内容如下：首先，儒家的修身（self-cultivation）传统不只是一种单纯精神性的修养，而是一种身心交关的（psychosomatic）功夫实践。这种身心修炼在积极的意义上充分肯定身体的向度。其次，儒家的身心修炼不是一种"隔离"世事的智慧和实践，不但不以平淡琐碎的日常生活为障碍，反而注重将日常生活中的每时每刻都视为身心修炼的契机。这种身心修炼在终极的意义上肯定日常世界的真实性与价值，身心修炼的终极境界和目标并不在平常的人伦日用之外，而恰恰就在其中。最后，儒家的身心修炼不仅具有欲望治疗的意义，即具备心理—精神的效果，同时还具有身体治疗的意义，是一种延年益寿的养生之道。

当笔者具体讨论儒家身心修炼传统的这些基本特质及其治疗意义时，并不介意这些内容可以被纳入现代西方学术意义上的哪一种或哪些学科之中。在中国哲学自身的话语和范畴系统中，身心修炼属于功夫论的问题。从近代以来西方学科分类的主流来看，这一类问题或许更多地属于宗教学而非哲学的领域。在这个意义上，从生活方式、精神修炼以及欲望治疗的角度来界定古希腊罗马"哲学"传统的当代西方哲学家及其观念，就是颇为值得注意的一种视角。

功夫论既是传统儒释道三家思想的重要内容，也是现代人汲取思考与实践智慧的宝贵资源。在现代西方的学术分类下，佛道两家的功夫论可以在宗教学中得到研究，相对较为容易为现代人所知。而儒家传统的功夫论由于在西方不论宗教还是哲学学科中至今都还难以获得足够的容身之处，不仅历来难以为西方学者所了解，鉴于西式教育在整个东亚实行已有百年且日益深化，包括中国在内整个东亚的现代人士对其也同样日渐隔膜。因此，发掘彰显儒家传统功夫论的丰富内涵，不仅贡献给曾经从中受益的亚洲人士，同时也贡献给有可能从中受益的西方人士，就是十分必要的。不过，儒家传统功夫论的发掘和彰显，不能由于现代西方学术分类的限制而幻想在与西方现代学术绝缘的情况下以回到"旧学"的方式实现，只能积极主动地在与西方现代学术深度互动与交融的过程中达成。

二、理解古希腊罗马哲学的另一种角度

至少在中国学界，对于古希腊罗马哲学的了解，以往我们基本上认为那是一种脱离生活实践的抽象思辨的传统。但是，根据晚近一些西方哲学界中一流学者基于第一手原始文献对于古希腊罗马传统的深入细致的考察和诠释，古希腊罗马哲学自苏格拉底、柏拉图和亚里士多德以

降包括斯多亚学派（Stoicism）、怀疑论学派（Skepticism）和伊壁鸠鲁学派（Epicureanism），其基本特征恰恰是将哲学活动作为一种精神修炼和欲望治疗的生活方式。对此，笔者以下主要以法国的阿道（Pierre Hadot，1922—2010）和美国的纽思浜（Martha Nussbaum，1947—）为代表来加以介绍。

阿道曾长期担任法兰西学院希腊和罗马思想的讲座教授，他既是一位古希腊罗马哲学的专家，[1] 也是一位在当今西方哲学界具有相当影响的哲学家。其著作被译为多种文字在世界上流传。纽思浜是芝加哥大学哲学系、法学院和神学院合聘的弗洛伊德杰出伦理学和法学讲座教授（Ernst Freund Distinguished Service Professor of Law and Ethics）。她不但对古希腊罗马哲学有精深的研究，同时在许多其他领域如政治哲学、社会理论、文学理论和女性主义等方面都卓有建树，可谓著作等身，是一位目前在西方学界非常活跃的女哲学家。前者中文学界少数学者刚开始有所了解，后者则几乎不为中文学界尤其治中国学的学者所知。

对于哲学是什么这一基本问题，基于古希腊罗马哲学传统的深厚学养，阿道首先指出，我们应当重新回到斯多亚学派有关"哲学本身"（philosophy itself）和"关于哲学的论说"（discourse about philosophy）这一区分。[2] 西方中世纪以来，大多数的西方哲学逐渐被化约为一种"关于哲学的论说"，最后沦为观念的游戏，无法使从事哲学活动的人自身获得一种存在性的转化，丧失了古希腊罗马哲学原本的精神气质。哲学史家也大都将古希腊罗马的哲学首先视为一种论说。[3] 如今许多人一提到"哲学"这个词，往往想到的是"无用的论证"、"空洞的术语"以及其他各种负面的特征，恰恰是近代以来对于哲学的狭隘理解尤其是将"哲学本身"无形中转化为"关于哲学的论说"所致。而真正的"哲

---

1 阿道曾经将古希腊罗马时期许多重要思想家诸如 Marius、Victorinus、Porphyry、Amrose、Plotinus 以及 Marcus Aurelius 等人的著作由希腊文和拉丁文翻译为法文。

2 Pierre Hadot, *Philosophy as a Way of Life: Spiritual Exercises from Socrates to Foucault*. Translated by Michael Chase (Oxford: Blackwell Publishers Ltd. 1995), p.266.

3 *Ibid*, p.269.

学"活动或者说"哲学本身"，首先是一种"生活方式"（way of life）、"存在方式"（a way of being）、"生活艺术"（an art of living）。纽思浜也指出，在古希腊罗马哲学传统中，斯多亚学派、怀疑论学派和伊壁鸠鲁学派这三个重要思想流派也都将哲学首先视为一种"人类生活的艺术"（the art of human life），[1]"一种关注人生最痛苦问题的方式"。[2]而将哲学作为一种"生活方式"、"存在方式"和"生活艺术"，需要"精神修炼"（spiritual exercise）。在这个意义上，哲学活动本身就是一种不断的精神修炼的过程。

在阿道看来，作为一种精神修炼的哲学活动，其目标是使得个体的生活获得整体的转化。"这种修炼不是被理解为脱离生活的单纯思想的、理论的和形式的练习"，"其目标不在于单纯抽象知识的获得，而在于实现一个人世界观的转化以及人格的蜕变。哲学家需要训练的不仅是如何去言说和论辩，更是如何去生活。""哲学教育和训练不在于只是发展学生的智力，而是要去转化学生的各个方面，包括理智、想象力、感受性和意志。其目标无非是一种生活的艺术，因此，精神修炼就是学习如何过一种哲学生活的修炼。"[3]作为一种不断的过程，精神修炼要求一个人的存在方式的彻底转化。它所带来的将是"心灵的安宁"（peace of mind）、"内在的自由"（inner freedom）以及一种整全的"宇宙意识"（cosmic consciousness）。[4]在这个意义上，作为一种精神修炼的哲学活动同时又"使自身呈现为一种治疗（a therapeutics），其目的在于医治人类的痛苦"。[5]"精神修炼需要心灵的治疗"。[6]阿道指出，古希腊罗马哲学传统中尽管有不同的学派，"每一个学派都有其自身治疗的方法，但所有这些学派都将其治疗与一种个体存在的深刻转化相联，而精神修炼

1　Martha Nussbaum, *The Therapy of Desire: Theory and Practice in Hellenistic Ethics* (Princeton: Princeton University Press), 1994, p.15.

2　*Ibid*, p.3.

3　Pierre Hadot, *Philosophy as a Way of Life: Spiritual Exercises from Socrates to Foucault*, p.21.

4　*Ibid*, p.265.

5　*Ibid*, pp.265–266.

6　*Ibid*, p.87.

的目的恰恰就在于这种转化。"[1] 即使是哲学论说，其目的也是人格的塑造而非知识的告知（to form more than to inform）。[2]

　　将古希腊罗马哲学的基本功能视为一种治疗，这一点在纽思浜处得到了更为详细的论述。她的一个基本看法就是，对于古希腊罗马传统中三个主要思想流派包括斯多亚学派、怀疑论学派和伊壁鸠鲁学派来说，哲学活动的基本功能或者目标就是"欲望治疗"。

　　纽思浜曾经对古希腊罗马传统中所谓"Hellenistic tradition"进行过深入细致的考察。[3] 在其长达 500 余页的大作《欲望的治疗》一书中，她以亚里士多德为背景，对古希腊罗马时期斯多亚学派、怀疑论学派和伊壁鸠鲁学派的伦理思想和实践详加检讨。纽思浜征引三个学派主要代表人物的言论指出，这三个学派都一致认为，如果说人们身体的疾病需要医生运用药物来治疗，那么，人们心灵的疾病就需要哲学家通过哲学论证（argument）来治疗。"所有这三个学派都对哲学和药物之间这种模拟的恰当性表示接受。"[4] 随着不同学派之间论辩的发展，哲学和治疗的模拟益发复杂和具体。医生的各种特定的策略被用来和特定的各种哲学技巧相比较。"对于古希腊罗马的所有三个主要思想流派来说，药物的类比不仅仅是一种装饰性的隐喻，它还同时是发现和辩护的重要工具。一旦某人以一种通常的方式理解了哲学的工作就像是医生的工作，那么，这个人就能够依靠那种通常的理解，去更为具体地发现哲学家应当如何因应各种不同的情况。"[5] 在纽思浜看来，无论是斯多亚、怀疑论还是伊壁鸠鲁学派，都认为心灵的疾病源于人们欲望的无节和情绪的不调。因此，作为心灵治疗的哲学活动，根本就是欲望的治疗。事实上，认为哲学更多地应当深入反思人们欲望、情感的维度而不仅仅局限于狭

1　Pierre Hadot, *Philosophy as a Way of Life: Spiritual Exercises from Socrates to Foucault*, p.83.

2　*Ibid*, p.20.

3　主要包括斯多亚学派、怀疑论学派和伊壁鸠鲁学派的所谓 Hellenistic 传统，开始于公元前四世纪希腊的爱琴海地区，一直延续到公元一世纪的罗马时代。

4　Martha Nussbaum, *The Therapy of Desire: Theory and Practice in Hellenistic Ethics*, p.14.

5　*Ibid*, p.14.

隘的理性，一直是纽思浜关注的重点，也是她能够娴熟地运用包括文学作品在内的许多材料来进行深刻的哲学思考，从而在美国占据主流的分析哲学传统之外别开生面的重要原因。[1] 同样，阿道也曾指出，对于古希腊罗马所有不同的哲学流派来说，有一个共享的观念，那就是：人们之所以不幸福，是因为他们是自身激情的奴隶，他们欲求那些他们无法获得的东西。[2]

基于以上对哲学是什么以及哲学功能的理解，在阿道和纽思浜看来，至少在古希腊罗马哲学传统中，哲学家绝不只像我们如今大多数人所以为的那样只是抽象的理论思辨者，用纽思浜的话来说，严格而论，哲学家的身份其实应当说是 "teacher/doctor"。

在理性主义和分析哲学仍然居于主流的欧美哲学界，阿道和纽思浜对于古希腊罗马哲学传统的这样一种诠释是别开生面的。由于二人对于古希腊罗马哲学文献的深厚素养，[3] 这种诠释自然不可与那种缺乏学植的过度诠释甚至异想天开相提并论。也正是由于这一点，这样一种理解古希腊罗马哲学传统的角度，开始受到甚至来自分析哲学阵营的一流学者的关注。譬如，帕特南（Hilary Putnam）是哈佛大学分析哲学出身的大学教授（university professor），可谓当今美国哲学界中执牛耳的人物之一。对于阿道关于古希腊罗马哲学的诠释，帕特南就赞誉有加。而帕特南与纽思浜更是有直接的密切交流与合作，这绝不仅仅是由于二人都同时身在美国哲学界，更为重要的原因是双方功力旗鼓相当，彼此都视对方为当今哲学领域的一流人物。[4] 因此，这种对于古希腊罗马哲学的

1　参见 Martha Nussbaum, *Upheavals of Thought: The Intelligence of Emotions* (Cambridge; New York: Cambridge University Press, 2001); 以及她和 Juha Sihvola 合编的 *The Sleep of Reason: Erotic Experience and Sexual Ethics in Ancient Greece and Rome* (Chicago: University of Chicago Press, 2002)。

2　Pierre Hadot, *Philosophy as a Way of Life: Spiritual Exercises from Socrates to Foucault*, p.102.

3　阿道翻译希腊文、拉丁文哲学文献的情况我们前面已经提及，在纽思浜的 *The Therapy of Desire* 一书中，所引用的许多古希腊罗马的哲学文献，也都是纽思浜本人直接由希腊文、拉丁文译为英文。从书中我们可以看到，她对于这些文献的细致解读和诠释充分体现了一流专业学者的学术性。

4　纽思浜与当今许多顶尖的思想家都有密切的交往与合作。譬如，她曾经与 Amartya Sen 合编过《生活的质量》(*The Quality of Life*, Oxford: Clarendon Press; New York: Oxford University Press, 1993)。

诠释，是否会在整个西方哲学界引发对于"什么是哲学"以及"哲学的功能是什么"的全面反思，由此将来是否会产生新的哲学典范的变革（paradigm shift），都是值得思考和拭目以待的。以上对于阿道和纽思浜诠释古希腊罗马哲学传统的介绍非常简略，无法充分反映二人对于古希腊罗马哲学诠释的广度和深度。至于古希腊罗马哲学传统内部的丰富性和复杂性，就更不是本章所能和所要触及的问题了。[1] 不过，我在本章所要关注的，不在于对阿道和纽思浜的古希腊罗马哲学研究本身细究精察，[2] 而在于这种诠释古希腊罗马哲学传统的新角度对于我们进一步检讨中国哲学尤其儒家传统中相关面向的意义。自我的建立总是在与他者的对照中获得的，而我们了解参照对象的深度和角度的恰当性，往往又构成自我觉解得以深化的资源和动力。

通过以上基本的介绍，根据阿道和纽思浜的诠释，如果古希腊罗马哲学传统的精神实质是作为"精神修炼"和"欲望治疗"的生活方式，那么，任何熟悉中国哲学的学者都会感到如此理解的古希腊罗马哲学与中国哲学之间的相似性。阿道和纽思浜都曾指出，古希腊罗马哲学家精神修炼和欲望治疗的一项基本内容就是日常进行严格的自我检讨（self-scrutiny）。这一点与儒家的修身实践尤为接近。对此，我们不妨再举例略加说明。

阿道曾经指出古希腊罗马哲学传统作为精神修炼的四个方面的内容，包括：学习生活、学习对话、学习死亡以及学习如何阅读。在有关学习生活的部分，阿道介绍了斯多亚学派的种种精神修炼的具体方式。冥想（meditation）是精神修炼的方法之一，有一种练习冥想的方式是这样的：

> 早上起来第一件事，我们应当预先练习一遍一天所要做的事，

1　不要说古希腊罗马哲学传统的全部，仅就其中的 Hellenistic 传统而言，研究所面临的复杂性就足以让人殚精竭虑。对此，纽思浜在其 *The Therapy of Desire* 的导论部分有充分的说明。

2　当然，有兴趣的读者可以根据本章提供的线索去仔细研读阿道和纽思浜的著作。

决定那些将会指导和启发我们行为的原则。到了晚上，我们应当再次自我检讨，为的是对我们一日之中所犯的错误和所取得的进步有所自觉。我们还应当检讨我们的梦境。[1]

对于像奥勒留（Marcus Aurelius）、塞内卡（Seneca）以及其他许多哲学家来说，这是他们的日常功课。对此，我们立刻会想到曾子的话，所谓："吾日三省吾身，为人谋而不忠乎？与朋友交而不信乎？传不习乎？"（《论语·学而》）。到了宋明时代，儒家的这种自我反省和检讨功夫更是日趋严密。刘宗周（1578—1645）的《人谱》对于人心隐微过恶的追究不过是其中尤为人所知者。对比宋明儒家的修身功夫与古希腊罗马的这种精神修炼，其间的一致之处是毋庸赘言的。如果阿道和纽思浜能够阅读儒家的文献，相信他们对于精神修炼和欲望治疗的诠释资源会更加丰硕。[2] 而如果我们承认修身（self-cultivation）是儒家传统最为核心的一项内容，那么，儒家修身传统的实践，即"变化气质"、学习成为君子并最终达到圣贤境界，就恰恰可以说是一种精神修炼和欲望治疗。这种实践最终所带来的同样是一种全面的存在性和终极性的自我转化。

事实上，精神修炼和欲望治疗可以说是儒家传统尤其宋明理学的基本特征。从这一角度，现代西方的读者会认为儒家传统可以被视为一种宗教或具有宗教的向度。西方晚近出现从宗教学角度研究儒学的趋势，也正是由于这一点。不过，如果我们对宗教的理解不能超越包括基督教、犹太教和伊斯兰教在内的亚伯拉罕传统（Abrahamic tradition）所树立的西亚一神教的典范，儒学同样摆脱不了被理解为一种西方建制

1　Pierre Hadot, *Philosophy as a Way of Life: Spiritual Exercises from Socrates to Foucault*, p.85.

2　事实上，阿道感到了在他所理解的古希腊罗马哲学传统与中国哲学之间可能产生富有成果的可比性。虽然没有涉及儒家传统，但他曾经根据译文引用过《庄子》之中的一段话和冯友兰对中国哲学特点的一段说明。参见 Pierre Hadot, *What is Ancient Philosophy*. Translated by Michael Chase. Cambridge, Mass.: Harvard University Press, 2002, p.279. 纽思浜也意识到中国哲学特别是儒家传统与她所理解的古希腊罗马哲学尤其 Hellenistic tradition 之间的内在亲和性。这与她和美国研究儒家传统的学者如杜维明教授等人的交流有关。

（institution）的困境，正如儒学在现代中国学术建立以来被理解为仅仅是一种"哲学"一样。[1] 因此，既然在一种狭义的西方意义上，儒学传统既非"哲学"（知识论中心、分析哲学）亦非"宗教"（以亚伯拉罕传统为标准的宗教），但却同时既有深厚的宗教性又有理论思辨性，那么，将儒学视为一种精神修炼和欲望治疗的传统，而不仅仅是一种"哲学"或"宗教"，或许就会更为恰当。[2]

阿道和纽思浜将哲学视为一种精神修炼和欲望治疗的生活方式，其观念是颇具启发性的。但是，如果我们只是简单地借用这一对观念来表达儒学传统在一般意义上的特征，那就不免意味着我们只是在"哲学"和"宗教"之外选择了另一个替代性的范畴。因此，除了在一般意义上指出儒家修身传统与古希腊罗马精神修炼和欲望治疗之间的相似和相通之外，我们更需要进行全面和细致的比较研究，从而显示儒家传统自身的特质。这一工作在本章有限的篇幅内自然无法完成，但是，我们下面将力求在一个比较的视域中着重指出儒家修身传统不同于古希腊罗马精神修炼和欲望治疗的一些主要特征。

对于比较研究来说，尽管概括（generalization）甚至化约（reductionism）在一定程度上几乎是不可避免的，但是就儒家传统和古希腊罗马哲学传统的主要方面而言，笔者认为以下的观察应当是站得住脚的。

---

1 尽管儒学作为一种"哲学"的"合法性"其实不成问题，但在一种近代西方狭隘哲学观的意义上研究儒学，或说以近代西方狭隘哲学观为基础，寻找儒学传统中的直接对应部分而建构一种儒家的哲学，是否能够涵盖并充分反映儒学的各个方面和内涵，则的确是从冯友兰先生撰写《中国哲学史》以来中文世界甚至整个东亚儒家研究者所要面对的问题。不过，认为从冯友兰以来迄今一直没有摆脱这种范式，则有欠公疏。以牟宗三先生（1909—1995）为例，他对儒学甚至整个中国哲学的研究虽然也是以西方哲学为参照，但并不是简单地将儒学的相关材料简单纳入西方哲学的某种框架。认为牟宗三是用康德哲学来解释中国哲学尤其儒学的说法，其实多是对牟宗三的中国哲学研究以及牟本人的思想缺乏深入了解的道听途说。事实上，西方哲学特别康德哲学对于牟宗三的中国哲学诠释究竟具有怎样的意义，是值得我们再加深思的。而从反省现代以来中国哲学研究的范式尤其如何确立中国哲学的主体性这一问题出发，牟宗三的中国哲学研究和诠释所具有的范式意义，更是我们进一步思考和建立的重要资源。

2 杜维明先生造出一个"religiophilosophy"的词来描述儒学，其良苦用心正是力图要在西方学科分类的体制和语境中来兼顾儒学的宗教性和哲学性。

三、儒家修身传统的身体向度

对古希腊罗马许多哲学家包括苏格拉底、柏拉图、奥勒留、伊壁鸠鲁等人来说，精神修炼的一项基本训练之一就是学习如何面对死亡。在他们看来，如果我们每天都将死亡视为一种眼下的事情，让我们的所思所为就像是一个即将离开人世的人的所思所为，那么，我们就绝不会有卑下的思想和过度的欲望。[1] 而古希腊罗马的这些哲学家们认为，死亡就是一个灵魂脱离肉体的过程。柏拉图在其《斐多》篇中将肉体视为灵魂的枷锁，而死亡就是灵魂摆脱肉体的束缚，可谓这种看法的典型和代表。[2] 在这种看法中，如果说死亡具有正面的价值，身体则是我们应当摆脱的负面的东西。[3] 对大部分古希腊罗马的哲学家来说，哲学实践就是一个将灵魂从肉体中解脱出来的过程。在这个意义上，精神修炼的确是一种纯粹"精神的"修炼，其中并无身体的位置。[4]

但是，对于中国哲学尤其儒家传统来说，两个至关重要的特点之一就是"身心合一"或"身心交关"（另一个是"天人合一"）。在诸如"身心"、"阴阳"这一类的观念中，我们所能够发现的是一种"两极相关论"（polarism）而非"二元对立论"（dualism）。[5] 身心之间并无截然两分

1　参见 Marcus Aurelius, *Meditations*, 2, 11; Epictetus, *Manual*, Chapter 21。

2　参见 Plato, *Phaedo*, 67c。

3　参见 Pierre Hadot, *Philosophy as a Way of Life: Spiritual Exercises from Socrates to Foucault*, p.94。

4　当然，在整个西方哲学史中是有例外的。在当代西方哲学中，不少对于"身体"的处理具有克服"身心二元论"的明显意图。不论在梅洛-庞蒂（Merleau-Ponty）及其后学有关知觉现象的说明中，还是在杜威（John Dewey）和米德（George Herbert Mead）有关的社会心理的说明中，我们都可以看到这一点。众所周知的梅洛-庞蒂提出的"身体—主体"（body-subject）的概念即是一例。参见其 *Phénoménologie de la perception* (*Phenomenology of Perception*)(Paris: Editions Gallimard, 1945)。

5　这是郝大维在解释早期中国思想中非宇宙起源论（non-cosmognic）的特性时所提出的一对观念，参见其 *Eros and Irony*(Albany: State University of New York Press, 1982), pp.118–119。但其涵义的充分扩展和说明则是由安乐哲（Roger T. Ames）来完成的，参见 Roger T. Ames, "The Meaning of Body in Classical Chinese Philosophy"，载 Thomas P. Kasulis, Roger T. Ames and Wimal Dissanayake 主编：*Self as Body in Asian Theory and Practice* (Albany: State of University of New York Press, 1993), pp.157–178。

(dichotomy)。人被视为一种身心交关的存在过程。身体在中国古代哲学中所扮演的积极和重要的角色，海内外的一些学者已经有敏锐的观察和深入的讨论。[1] 不过，如果说以往学者对身体角色重要性的讨论主要限于道家和先秦儒家的话，笔者这里特别要关注的则在于整个儒家修身传统的身体向度，不但是古典儒家的修身传统，更以宋明儒学的修身传统为取材。并且，在讨论先秦儒家修身传统的身体向度时，笔者将运用以往学者未能获致的最新出土文献中的相关材料，使讨论更趋充实有力。

一般较为学者所知的是，道家道教传统对身体颇为重视，尤其是道教传统中具有复杂精微的滋养身体的各种方法。不过，身体的滋养在儒家传统中同样受到重视。这一向度常常为人所忽略。事实上，儒家的道德修养功夫历来恰恰是用"修身"这一用语来指称的。正是由于身体所扮演的重要和积极角色，严格而论，儒家的修身功夫不只是一种单纯精神性的心性修炼，同时也是一种身体的修炼。换言之，儒家的修身传统是一种身心修炼（a spiritual and bodily exercise），这是与古希腊罗马哲学传统的精神修炼有所不同的。

在先秦古典儒家的教育中，学习成为君子的修身过程不仅包括心智和伦理的成熟，还包括身体的发展。每一个希望成为儒家君子的人都要修习"礼"、"乐"、"射"、"御"、"书"、"数"这"六艺"。而构成古典儒家教育核心的"六艺"中，每一种都涉及到身体的全面参与。例如，在"礼"、"乐"的活动中，需要举手投足等每一个身体动作的整体和

1　参见 Roger T. Ames, "The Meaning of Body in Classical Chinese Philosophy"，载 Thomas P. Kasulis, Roger T. Ames and Wimal Dissanayake 主编的 *Self as Body in Asian Theory and Practice*, pp.157–178；Kristopher Schipper, *The Taoist Body* (Berkeley: University of California Press, 1993), Trans. By Koren C. Duval；杨儒宾主编：《中国古代思想中的气论及身体观》(台北：巨流图书公司，1993)；杨儒宾：《儒家身体观》(台北：中央研究院中国文哲研究所筹备处，1996)。其中，除杨儒宾的文章和专书讨论身体在儒家修身传统中的重要性与意义之外，其他文章和著作的讨论均以道家道教为对象和取材。而杨儒宾的研究也主要以先秦儒学为取材，除此之外，还有从中医文献探讨中国古代思想传统中的身体观，如蔡璧名：《身体与自然——以〈黄帝内经素问〉为中心论古代思想传统中的身体观》(台北：台湾大学出版委员会，1997)；从政治思想角度探讨儒家的身体观，如黄俊杰："中国古代思想史中的'身体政治论'"和"古代儒家政治论中的'身体隐喻思维'"，载黄俊杰：《东亚儒学史的新视野》(台北：喜马拉雅基金会，2001)。

谐。甚至在"书"和"数"的练习中，注重的也不只是精神的集中，同样还有包括恰当的姿势和动作等身体的参与。孔子本人正是一位精通"六艺"的大师。而直至今日，许多书法练习者都能够告诉我们他们在练习书法过程中身体状况得到改善的经验。有一个例子很能说明问题。对于一个人在家庭生活、社会交往活动中的言行举止，我们至今仍用"得体"与否加以评价，无形中恰恰透露了修养所包含的身体向度，尽管"得体"一词中的"体"除了包括体态（如举手投足、行住坐卧等）的恰当性，当然还包括言行举止在伦理道德意义上的规范性。

众所周知，孟子自称善养其"浩然之气"。这种"养气"的功夫使得孟子达到坚强、勇敢和"不动心"的境界。尽管我们目前限于文献而无法了解孟子养气功夫的细节，但它必定包涵身体的向度则是毋庸置疑的。对孟子而言，"养气"不仅仅是一种身体的修炼，同时应当是一种具有道德意义的行为，因为"浩然之气"必须"配义与道"才能产生。同样，当一个君子能够依照其本"性"——植根于其本心的"仁"、"义"、"礼"、"智"——而行为时，"仁"、"义"、"礼"、"智"所有这些德性也必定都会在其身体上获得体现（embodiment），所谓"其生色也，睟然见于面，盎于背，施于四体，不言而喻"。（《孟子·尽心上》）如果"志"和"气"可以分别指代我们精神（"心"）和身体（"身"）的向度，那么，孟子的基本看法是："夫志，气之帅也；气，体之充也。夫志至焉，气次焉。故曰：持其志，无暴其气。"当其弟子公孙丑追问"既曰：'志至焉，气次焉'。又曰：'持其志，无暴其气'者，何也？"孟子进一步回答说："志壹，则动气；气壹，则动志也。今夫蹶者、趋者，是气也，而反动其心。"（《孟子·公孙丑上》）显然，孟子对"志"与"气"二者关系的看法蕴涵着身心交关论的看法。

以往学者探讨身体在先秦儒家中的角色时，最常引用的就是以上孟子的表述。[1] 这当然是由于孟子的上述表达最为明确。另外一个原因则

1　对孟子所代表的先秦儒家身体观的探讨，以往的研究中当以杨儒宾先生的《儒家身体观》一书最为集中和详细。

是除此之外并无多少其他相同的文献证据，尤其在孔子处缺乏类似的文献作为有力的支持。不过，晚近新出土的先秦儒家文献却使我们获得了前所未有的崭新的第一手文献。正是由于这一点，围绕这些新出土文献从不同学科角度进行的各种学术研究，已经成为当前国际中国学研究的一个热点。就儒学研究而言，如果说我们以前对孔子到孟子之间百余年儒学的流传几乎一无所知的话，1993 年发现的郭店楚墓竹简的儒家文献则恰恰记录了这一环节，尤其是作为孔子嫡传和孟子亲承的子思学派的思想。如果说我们以往对孔子思想的了解限于真伪难辨而只敢以《论语》为据的话，1994 年发现的源于楚地而如今保存于上海博物馆的竹简中的儒家文献则直接向我们提供了《论语》之外的孔子的言论。而正是在上博和郭店竹简的儒家文献中，丰富和有力的材料进一步使我们看到，作为身心修炼而非单纯精神修炼的儒家修身观念构成先秦儒家思想的核心之一。

如果上述构成孟子"践形"说理论基础的关于"志"、"气"关系的表述最能突显儒家修身观念所蕴涵的身体向度，那么，这种"志"、"气"关系的看法其实并非孟子孤明先发，而是本来出自孔子。《上博藏简（二）》中的《民之父母》篇中明确记录了孔子在讨论"五至"、"三无"、"五起"时提到的"志气"说：

> 孔子曰：五至乎，志之所至者，诗亦至焉；诗之所至者，礼亦至焉；礼之所至者，乐亦至焉；乐之所至者，哀亦至焉。哀乐相生，君子以正。此之谓五至。（3—5 简）
>
> 孔子曰：三无乎，无声之乐，无体之礼，无服之丧。君子以此皇于天下，倾耳而听之，不可得而闻也；明目而视之，不可得而见也；而德（志？）气塞于四海矣。（5—7 简）
>
> 犹有五起焉……孔子曰：无声之乐，气志不违（10 简）……无声之乐，塞于四方（11 简）……无体之礼，塞于四海……无声

之乐，气 志 既得（12 简）……无声之乐，气志既从。（13 简）

另外，不仅孟子上述的"践形"说和"志气"观，郭店竹简中被认为是子思及其后学的《性自命出》篇，更是为修身活动中身体的向度提供了细致和生动的描述：

> 君子执志必有夫广广之心；出言必有夫柬柬之心；宾客之礼必有夫齐齐之容；祭祀之礼必有夫脐脐之敬；居丧必有夫恋恋之哀。君子身以为主心。

> 君子美其情，贵其义，善其节，好其容，乐其道，悦其教，是以敬焉。

从中，我们显而易见，在人们以君子为目标的性情修养活动中，不同的性情心态始终要求身体相应的容止表征作为恰当的体现。进一步而言，身心之间被认为应当始终存在着一种彼此息息相关的感通和共鸣。

正是由于身体的参与被视为儒家道德精神修养的有机组成部分，儒家的修身传统被后来的宋明理学家定义为"身心之学"。与此相关，"气象"也成为整个理学修身传统中最为核心的观念之一。譬如，朱子（1130—1200）与吕祖谦（1127—1181）合编的理学经典《近思录》最后即专论"圣贤气象"以为全书终结。[1] 在宋明理学家看来，不但心性的修养自然会在身体容貌上有所表现，而且从身体容貌的修养入手，甚至是初学的必由之路。如朱熹曾说："九容九思，便是涵养。"周汝登（字继元，号海门，1547—1629）也说："容貌辞气，德之符。一切

1　现通行本《近思录》目录不一，有最后一卷作"圣贤"而非"圣贤气象"者，为经后人改动所致。原始目录现存《朱子语类》卷一百零五"论自著书·近思录"条，最后一卷题为"圣贤气象"。

容仪皆能淑慎，使人望而知为我辈人，方见实学。"吕希哲（字原明，1039—1116）说得更直接："后生初学，且须理会气象。气象好时，百事自当。气象者，辞令、容止、轻重、急徐，足以见之矣。"[1]而通过与佛道二教的深度互动，宋明理学家在理论和实践两方面进一步发展了这种身心之学。

尽管新的出土文献更为充分地显示了先秦儒家修身传统的身体向度，但是，先秦儒家身体修炼的具体内容，比如孟子的"养气"，我们仍然是不清楚的。而在宋明理学的传统中，关于身体修炼的具体方法则非常引人注目。具有儒家特色的"静坐"和"调息"是其中最为主要的两种。通常情况下，静坐和调息在实践中难以截然分开。调息常常需要在静坐的状态下进行，静坐的修炼也往往自然导致气息的调和。

北宋程颐（1033—1107）所提倡的"半日读书，半日静坐"，是颇为人知的儒家修身方法。在宋元明清近千年的中国社会以及 12 世纪之后日本、朝鲜的传统社会中，这种方法曾经为不少儒家人士所实践。据说程颐见其弟子静坐，便叹其善学。前面提及，阿道指出，学习读书是古希腊罗马哲学传统中精神修炼的方法之一。不过，对于古希腊罗马的哲学家来说，在作为一种精神修炼的读书活动中，似乎并无身体的行为参与其中。而对于宋明理学家来说，读书与静坐并非两个彼此脱离的环节。朱子虽然并未像明末清初如刘宗周和颜元（1635—1740）等人所认为的那样极为推崇"半日读书，半日静坐"，[2]而是主张以"敬"代"静"，但对于读书活动中静坐的必要性，朱子也讲过这样的话：

> 大抵人要读书，须是先收拾身心。令稍安静，然后开卷，方有所益。若只如此驰骛纷扰，则方寸之间，自与道理全不相近，如何看得文字？今亦不必多言，但且闭门端坐半月十日，却

---

1 此三条刘宗周俱引于其《人谱类记》卷上。
2 参见钱穆：《朱子新学案》（台北：三民书局，1980），第二册，页293。

来观书，自当信此言之不妄也。(《朱子大全》卷六十三"答周深父")[1]

整个宋明理学传统包括朱子学和阳明学这两大典范。日本和朝鲜的理学传统也同样如此。王阳明个人以及后来阳明学的主流尽管在终极的意义上并不把静坐视为儒家修身实践的根本方法，但在相当程度上，也依然肯定静坐构成儒家修身功夫的有机组成部分。事实上，不但王阳明个人具有深厚的静坐经验，并且，明代尤其中晚明儒学一个格外突出的特征正是若干儒家学者的静坐实践。[2]

调息与静坐密切相关，也是理学传统中许多儒者修身实践的一种方法。譬如，朱子这位理学传统中大概最为理性的哲学家就曾写过一篇《调息箴》。王阳明（1472—1529）的静坐实践中也包涵调息的内容。而王阳明身后整个中晚明阳明学中最富思考力、并主动自觉对佛道两家进行判摄与融通而又不失其儒家基本认同的王畿（1498—1583），更是写过一篇融合儒释道三家的《调息法》，站在儒家的立场对调息的问题进行了系统的阐释。[3]

一般来说，静坐和调息这两种修身的方法被认为是来自于佛道两家。但先秦儒家比如孟子的"养气"功夫未必不可能包涵这两项内容。只是由于"文献不足征"，我们对此无法深探。无论如何，即便静坐和调息源于佛道两家，理学家所阐释和践行的静坐与调息则展示了其儒学

---

[1] 此段文字亦曾为真德秀（始字实夫，更字景元，又更字希元，号西山，1178—1235）收入其《西山读书记》卷二十五。

[2] Rodney Taylor 曾经详细检讨过高攀龙（1562—1626）的静坐经验，参见其 *The Cultivation of Sagehood as a Religious Goal in Neo-Confucianism: A Study of Selected Writings of GAO P'an-lung* (Missoula, Montana: Scholars Press/American Academy of Religion, 1978)。另外，在其 *The Confucian Way of Contemplation: Okada Takehilo and the Tradition of Quiet-sitting* (Columbia, S.C.: University of South Carolina Press, 1988) 和 *The Religious Dimensions of Confucianism* (Albany: State University of New York Press, 1990) 这两本书的相关章节中，他也对理学传统中的静坐问题进行了较为专门的探讨。

[3] 对于《调息说》的细致解读和分析，参见彭国翔：《良知学的展开——王龙溪与中晚明的阳明学》（增订版）(北京：生活·读书·新知三联书店，2015)，页 294—296。

的特色。其不同于佛道两家之处在于：对于理学家而言，无论是静坐还是调息，道德意识都应当是其中的主导因素。正如孟子指出的，没有"义"与"道"，"气"就会"馁"。究极而言，从儒家的观点来看，只要能够充分实现自身的道德意识，我们就能够在任何情况下保持身心的灵敏和睿智。而静坐和调息只不过是通达那种境界的两个方便与权宜而已。反之，如果一个人只能在静坐或调息的状态下把握到自身道德意识的真实不虚，一旦离开那种人为营造的宁静和安详，卷入纷繁复杂的大千世界，又如何保持身心的主宰与凝定呢？这就涉及了儒家身心修炼传统的第二个特征，即以日常生活的每时每刻作为身心修炼的机会。事实上，相对于佛道两家，儒家身心修炼的胜场恰恰是在人情世事的风云变幻中始终保有内心的祥和与自由。

四、以日常生活为身心修炼

如果说学习如何使灵魂脱离肉体构成古希腊罗马精神修炼的一个特征，另一个特征则可以说是学习如何使自我摆脱日常的社会生活。之所以要使自我摆脱日常社会生活，是因为两个密切相关的预设：其一，是将各种社会关系尤其人际关系视为精神修炼的束缚；其二，是将日常生活视为精神修炼的障碍。在这个意义上，对大多数古希腊罗马的哲学家们来说，精神修炼也就是学习如何获得一种"隔离"（detachment）的智慧，过一种与俗世相对隔绝的生活，尽管这未必能涵盖每一位哲学家及其所有方面。[1] 在广泛征引古希腊罗马哲学家相关文献材料的基础上，阿道指出，古希腊罗马精神修炼的基调之一就是要从日常生活中脱离出去。[2] 纽思浜也指出，斯多亚、伊壁鸠鲁和怀疑论这三个学派的思想基

---

[1] 譬如，纽思浜就曾审慎地指出，相对于 Hellenistic 传统中斯多亚、伊壁鸠鲁和怀疑论这三个主要学派，亚里士多德就较为强调友谊、亲情、政治纽带等的重要性。参见 Martha Nussbaum, *The Therapy of Desire: Theory and Practice in Hellenistic Ethics*, pp.41–42。

[2] 参见 Pierre Hadot, *Philosophy as a Way of Life: Spiritual Exercises from Socrates to Foucault*. pp.98–103。

调之一就是要摆脱日常生活的干扰。[1]

与这种取向颇为不同，对儒家的身心修炼来说，日常生活不仅不是需要摆脱的障碍，反而是极为必要的条件。从儒家的观点来看，修身决非一种"自我"的行为。正如鱼离不开水一样，只有首先（但不只是，说详后）在人与人之间关系的脉络之中，一种真正儒家意义上的身心修炼才能得以实践。对儒家来说，一种成功的身心修炼所导向的是终极性的自我转化，而这一定要内在于一个广泛的关系性的脉络。虽然我们不能说儒家的"自我"是一种完全被建构的东西，那是一种极端的存在主义的看法，但"自我"即使具有孟子所说的"善端"，其充分的"成熟"，却委实应当是一个与世界上其他所有存在彼此互动的结果，并且，这个互动的过程几乎是无尽的。人性的"善端"可以为修身的可能性提供基础，但身心修炼的圆满成就，却是一个"自我"与几乎所有的"你"而非"它"共生共成的结果。[2]

在传统中国，父子、君臣、长幼、夫妇和朋友这所谓"五伦"构成儒家身心修炼的基本实践脉络。每一种不同的关系中都要求履行不同的准则。父子之间要有"亲"，君臣之间要有"义"，长幼之间要有"序"，夫妇之间要有"别"，朋友之间要有"信"。而贯穿"亲"、"义"、"序"、"别"、"信"之中的一条更为普遍性的准则是"恕"道或者说一种相互性。儒家的身心修炼就是指身体力行这种一般意义上的"恕道"或相互

1　参见 Martha Nussbaum, *The Therapy of Desire: Theory and Practice in Hellenistic Ethics*, p.41。对此，阿道和纽思浜都有详细的讨论。虽然他们同时也指出，在一定意义上，古希腊罗马的哲学家们并未放弃他们影响城邦、转化社会和服务公民的责任，参见 Pierre Hadot, *Philosophy as a Way of Life: Spiritual Exercises from Socrates to Foucault*, p.274 和 Martha Nussbaum, *The Therapy of Desire: Theory and Practice in Hellenistic Ethics*, p.4。不过，就总体趋势而言，"隔离"（detachment）的取向仍然可以说是古希腊罗马哲学传统基本的精神方向。Hellenistic 时代的哲学家们是整个古希腊罗马哲学传统中最为关注日常生活的，但纽思浜指出，尽管如此，提倡各种从日常生活的干扰中脱离出来的方式，仍然是其信守（commitment）的一个基本方面。参见 Martha Nussbaum, *The Therapy of Desire: Theory and Practice in Hellenistic Ethics*, p.9。

2　在儒家的修身传统中，自我所面对的都应当是和"我"一样的"你"，而非作为客体对象的"它"。只有在"我—你"关系而非"我—它"关系中，真实的身心修炼才能够得以展开。"我—你"关系和"我—它"关系的涵义，笔者取自马丁·布伯（Martin Bubber）。参见马丁·布伯：《我与你》，陈维纲译（北京：三联书店，1986）。

性以及特定意义上的"亲"、"义"、"序"、"别"、"信"。

基于传统社会组织结构的"五伦"或许已经过时了。其中，父子关系和夫妇关系尤其被视为似乎反映了植根于父权社会的男性中心主义，君臣关系更是被视为仅仅适用于特定的历史时期。而当今社会认可的某些关系，譬如同性恋，则无法为"五伦"所涵盖。当然，我们可以说，当父子关系转化为父母和子女的关系，君臣关系转化为政府和公民的关系等等之后，我们仍然可以从"五伦"的思想中有所取益而服务于当今社会。但是，笔者在此却不打算从这个角度进行论证。我所要着重指出的，是儒家高度重视人与人之间关系本身这样一种睿识洞见。从儒家的观点来看，随着时代的变迁，各种具体的人际关系以及贯彻其中的那些准则可以改变，但是，作为我们基本的存在脉络和结构（existential setting），人与人之间的关系本身却是无法被消解的。自我认同的获得以及自我人格的成就，都不是通过与他人、社会绝缘来实现的，反而恰恰需要通过沉浸在"人间世"方可达成。在现实生活中，自我与他人的关系往往随着血缘关系的深浅、有无而由亲和到疏离。在现代社会，除了直系亲属，甚至一般的血缘关系也难以维系彼此之间的亲情。人与人之间不但无法待人如己，甚至视他人如地狱。西方存在主义思想家如海德格、萨特等人曾经对这种疏离间隔的关系以及这种关系之下人们的生存状态有过生动的描写和分析，但他们也都以不同的方式指示了这样一个基本事实，那就是，彼此疏离和异化的生活并不意味着人们是互不相关的"孤独个体"，那种"老死不相往来"、"相忘于江湖"的前提，反而恰恰是彼此相关的"共在"关系。每一个人都是"在世存有"（being-in-the-world）、"共他的存在"。并且，自人被抛入世间之日起，人际之间这种难以斩截的相关性，就构成人们存在的基础。自有人类历史以来，人与人之间彼此的相关性，便似乎成为每个现实生活中的人的先验存在结构。从亚里士多德将人理解为"政治动物"到马克思以"社会关系的总和"界定人性，也都可以说是指出了自我与他人之间的关系具有"无所逃于天地间"的客观实在性，不是"逃父出家"或"遁迹山林"便可以抹煞的。

在《庄子》一书中，许多归于孔子名下的言论通常都被认为是伪托的。但是，以下这段话笔者却以为颇能够反映儒家的特点，即使它是庄子或其后学假托的。

> 仲尼曰："天下有大戒二：其一，命也；其一，义也。子之爱亲，命也，不可解于心；臣之事君，义也，无适而非君也。无所逃于天地之间，是之谓大戒。"（《人间世》）

初看起来，孔子在这段话中似乎强调的是"命"和"义"。但同时，我们更应当注意其深层结构中的某种东西。事实上，不论是"命"还是"义"，二者都是贯彻于两种基本人际关系中的准则。没有这些人际关系，任何准则都是抽象的教条。对儒家的身心修炼而言，不能脱离于各种各样的人际关系之外。如何实现"心灵的安宁、"内在的自由"以及一种整全的"宇宙意识"，如何在任何情况下保持身心的平衡，不仅在孤立隔绝（如"闭关"、"静坐"）的状态下，更要在纷繁多变的日常生活中，正是儒家身心修炼追求的目标。

在《定性书》这篇理学传统的名作之中，程颢（1032—1085）描述了追求这一目标的理由以及实现了这一目标之后人们所达到的那种"定性"的存在状态：

> 所谓定者，动亦定，静亦定，无将迎，无内外。苟以外物为外，牵己而从之，是以己性为有内外也。且以己性为随物于外，则当其在外时，何者为在内？是有意于绝外诱，而不知性之无内外也。既以内外为二本，则又乌可遽语定哉！
>
> 夫天地之常，以其心普万物而无心；圣人之常，以其情顺万物而无情。故君子之学，莫若廓然而大公，物来而顺应。……苟规规于外诱之除，将见灭于东而生于西也。
>
> 与其非外而是内，不若内外之两忘也。两忘，则澄然无事矣。

>　无事则定，定则明，明则尚何应物之为累哉！

程颢讲得很清楚，只有通过"内外两忘"，即取消自我与外界的区隔，达到"澄然无事"的"明"、"定"状态，我们才能"变化气质"，最终获得儒家圣人境界所蕴涵的那种彻底的身心修炼和终极转化。

有一点很重要，笔者希望特别指出。表面上看，儒家身心修炼对于人与人之间关系和日常生活事务的关注似乎源于儒家现世（this-world）的价值取向。后者常常被认为是儒家与佛道两家的重要区别。但是，在更深的层面上，如果我们可以说"定性"以及在任何情况下保持身心的平衡是儒释道三家修身传统共同的追求，那么，为何儒家的身心修炼对于人与人之间的关系和日常生活事务投入了更多的关注呢？从儒家的观点来看，理由之一当然是那些人与人之间的关系被视为是某种在存在论上"给定"的东西（something ontologically given），所谓"无所逃于天地间"。不过，在我们的日常生活中，那些复杂多变的事务往往使我们喜怒哀乐失常，那么，如何就在日常生活中，在面对复杂多变的事物时，而不是在通过诸如静坐、调息等特殊的人为安排所获得的孤立隔离的状态下始终保持身心的平衡，就是更为困难但同时却又更为根本的东西。对于儒家的身心修炼来说，前者而非后者才是一位儒者应当追求的最后和最高的成就。这是儒家格外关注人际关系和日常生活事务的另一个重要的原因。

前文提及，中晚明立足阳明学基本立场而又融会儒释道三教的儒学大师王畿曾经写过一篇《调息法》，无论在理论还是在实践上都对静坐和调息予以了充分的肯定。不过，王畿还有另一篇重要的文字《悟说》，对于儒家身心修炼的功夫做了进一步的阐明。其中，他通过十分贴切的比喻，不但形象地对比了在两种不同境况下所获得的"悟"，即在与外界隔离绝缘状态下获得的"悟"和在积极参与日常活动状态下获得的"悟"，而且指出了前者的权宜性（expediency）和后者的终极性（ultimateness）。他说：

>　君子之学，贵于得悟，悟门不开，无以征学。入悟有三：有从

> 言而入者，有从静坐而入者，有从人情事变炼习而入者。得于言诠
> 者，谓之解悟，触发印证，未离言诠。譬之门外之宝，非己家珍。
> 得于静坐者，谓之证悟，收摄保聚，犹有待于境。譬之浊水初澄，
> 浊根尚在，才遇风波，易于淆动。得于炼习者，谓之彻悟，磨砻锻
> 炼，左右逢源。譬之湛体冷然，本来晶莹，愈震荡愈凝寂，不可得
> 而澄淆也。根有大小，故蔽有浅深，而学有难易，及其成功一也。
> （《王龙溪先生全集》卷十七）

这里，尽管王畿最后肯定不同方法对于不同的学者都有其适用性，且最后可以"殊途同归"，都获得成功，所谓"根有大小，故蔽有浅深，而学有难易，及其成功一也"。但其中哪一种"悟"最为彻底，则是显而易见的。我们可以设想或者经验，在静坐的状态下相对较容易保持身心的平衡。但是，当我们从一种暂时的、人为营造的"静"的状态中走出来，回到复杂多变的日常生活中时，我们往往会重新失去身心的平衡，我们的情绪也会相应地随着日常生活中各种事件的纷纭变幻而起伏不定。显然，王畿《悟说》中所谓的"才遇风波，易于淆动"，指的就是后一种情况。正是由于这一点，即便那些实践"静坐"和"调息"的儒家学者，也并不将"静坐"和"调息"本身视为儒家身心修炼最终和根本的方法，尽管他们在一定程度上承认"静坐"和"调息"对于身心修炼的效果。无论从阳明临终前不久致聂豹（字文蔚，号双江，1487—1563）的信还是阳明去世后王畿与聂豹的论辩，我们都可以看到阳明学主流对于"事上磨炼"的强调。而在朱子学中，静坐同样只是权法而非究竟。如当有人问"初学精神易散，静坐如何"时，朱熹的回答是："此亦好，但不专在静处做工夫，动作亦当体验。圣贤教人，岂专在打坐上？要是随处着力，如读书、如待人处事、若动若静、若语若默，皆当存此。"（《朱子语类》卷一百十五"训门人三"）。

还有一点需要说明的是，尽管注重人际关系和日常生活事务可以说是儒家传统的一项定义性的特征，但是，这并不蕴涵一种人类中心主义

(anthropocentrism)。事实上，除了人际关系之外，还有另外一种关系，同样受到儒家传统尤其宋明理学传统的重视。那就是作为类的人与天地、万物之间的关系。离开了这种关系，儒家的身心修炼就无法在其完整与充分的意义上得以实践。[1]

有一个关于理学开山周敦颐（1017—1073）的小故事，其中所蕴涵的意义其实非常深远。据说周敦颐窗前杂草丛生，既有碍观瞻，也影响光线，但他却并不剪除。有人问他何以如此，他回答说"与自家意思一般"。事实上，周敦颐的回答代表了一个在整个儒家传统尤其宋明理学传统中反复出现的基调，即"与天地万物为一体"。这一思想基调源于孟子所谓的"万物皆备于我"（《孟子·尽心上》），但其涵义最为充分与明确的诠释和表达，则在于宋明理学家的阐发。尤其是张载（1020—1077）的《西铭》和王阳明的《大学问》，可谓阐发这一思想的经典文献。张载在《西铭》中开头便说：

> 乾称父，坤称母，予兹藐焉，乃浑然中处。故天地之塞吾其体，天地之帅吾其性。民吾同胞，物吾与也。

王阳明的《大学问》对此发挥得同样淋漓尽致而尤具情感的打动力：

> 大人者，以天地万物为一体者也。其视天下犹一家，中国犹一人焉。若夫间形骸而分尔我者，小人矣。大人之能以天地万物为一体也，非意之也，其心之仁本若是，其与天地万物而为一也，岂惟大人，虽小人之心亦莫不然，彼顾自小之耳。是故见孺子之入井，而必有怵惕恻隐之心焉，是其仁之与孺子而为一体也。孺子犹同类

1　笔者曾经仔细分析《西铭》整篇文本，发掘其间所蕴涵的儒家万物一体观以及这种万物一体观所体现的一种宗教性的人文主义。其中，笔者特别指出，儒家万物一体的观念表现在三种关系脉络之中，即横向的自我与他人之间的一体关系、人类与自然之间的一体关系以及纵向的天地人之间一体的关系。参见彭国翔：《儒家传统——宗教与人文主义之间》（增订版）（北京：北京大学出版社，2019），第二章"万物一体的宗教性人文主义——以《西铭》为中心的考察"，页30—50。

者也，见鸟兽之哀鸣觳觫，而必有不忍之心，是其仁之与鸟兽而为一体也。鸟兽犹有知觉者也，见草木之摧折而必有悯恤之心焉，是其仁之与草木而为一体也。草木犹有生意者也，见瓦石之毁坏而必有顾惜之心焉，是其仁之与瓦石而为一体也。

这两篇文献的影响是如此深远，以至于后来的儒家几乎每个人都可以很容易地引用甚至背诵它们。从中我们可以看到，儒家身心修炼的实践脉络显然不仅仅限于人与人之间的关系。从儒家的观点来看，如果一个人不能将其内在仁心的感受力拓展到天地、草木、河流、山川以及万事万物，将所有这些事物视为其自身内在的有机组成部分，所谓"一体之物"，那么，这个人就会变得"麻木不仁"，其自我也将紧紧局限于血肉之躯的"小我"、"私我"，无法成就其"大我"，无法与天地万物息息相通。程颢如下的比喻形象地说明了这一点：

医书言手足痿痹为不仁，此言最善名状。仁者以天地万物为一体，莫非己也。认得为己，何所不至？若不有诸己，自不与己相干，如手足不仁，气已不贯，皆不属己。（《遗书》卷二上）

通常情况下，儒学往往被认为是一种世俗性的人文主义。但是，人与天地万物之间的关系既然构成儒家身心修炼不可或缺的实践脉络，那么，其中不可避免地涉及一种宗教性。简言之，"与天地万物为一体"的儒家终极关怀内在地蕴涵着一种对于神圣意义的信守（a commitment to a sacred meaning）。在儒家看来，神圣意义并不在于远离人世的"天国"，也不只在于那些特定的"神圣空间"，[1] 而是渗透于整个无限的天地

---

[1] "神圣空间"的概念参见 Mircea Eliade, *The Sacred and the Profane: the Nature of Religion* (New York: Harper & Row, 1961). Trans. by Willard R. Trask。对于儒家传统而言，虽然也有类似 Eliade "神圣空间"的处所，譬如孔庙，但儒家的"神圣空间"或许更多地不在于有形的空间，而在于信守儒学价值者的心中。

万物的场域之中，作为天地万物这一无限场域之中的一种存在，人则是这种神圣意义得以突显的焦点。在这个意义上，整个儒家传统尤其是宋明理学的传统就不只是一种单纯世俗性的人文主义，而是一种宗教性的人文主义。这种人文主义的特点在于将神圣性寓于世俗性之中，或者说善于从世俗生活中发掘、感受到神圣的意义与价值。儒者生活于现世并关注现世的每时每刻，但却又不为现世所限。王阳明"不离日用常行内，直造先天未画前"（《别诸生》）的诗句，鲜明地反映了这一点。借用芬格莱特（Herbert Fingarette）的话来说，作为历代儒家人物所追求的人格典范，圣人孔子恰恰是体现了神性光辉的凡夫，所谓"即凡俗而神圣"（secular as sacred）。[1]

五、儒家身心修炼的治疗意义

阿道指出，作为一种精神修炼的古希腊罗马哲学并不只是为了确保行为符合正确的道德法则，精神修炼不仅具有道德的价值，还具有一种存在的价值（existential value），它涉及一个人的存在的各个方面。[2] 而通过细致地分析对比斯多亚、伊壁鸠鲁和怀疑论这三个学派所代表的Hellenistic 传统与柏拉图主义和亚里士多德的不同，纽思浜更是反复指出，Hellenistic 传统的哲学论证可以说是一种治疗论证（therapeutic arguments）或药物论证（medical arguments），其欲望治疗的功能在于个体的健康。[3] 但是，正如身体对于古希腊罗马精神修炼仅有负面的意义一样，纽思浜所谓"治疗"、"药物"和"健康"这些说法其实不过是

1　笔者这里借用芬格莱特诠释孔子的名著的书名。参见 *Confucius: The Secular as Sacred* (Harper Collins Publishers, Inc. 1972)。中译本参见彭国翔、张华译：《孔子：即凡而圣》（南京：江苏人民出版社，2002）。

2　参见 Pierre Hadot, *Philosophy as a Way of Life: Spiritual Exercises from Socrates to Foucault* 一书中 "Spiritual Exercises" 和 "Ancient Spiritual Exercises and 'Christian Philosophy'" 这两章开头的几页。

3　这是纽思浜在其 *The Therapy of Desire: Theory and Practice in Hellenistic Ethics* 一书第一章 "Therapeutic Arguments" 中后半部分主要讨论的内容。不仅 therapeutic arguments 直接就是第一章的标题，medical arguments 更是一个出现频率极高的专用术语。

一种比喻，与之切实相关的仅仅是人的心理—精神的方面。"治疗"和"药物"的对象并不指向人的身体，"健康"也只是指心理—精神的"健康"而已。换言之，精神修炼和欲望治疗并不会带来身体状况的改善。无论根据阿道还是纽思浜对于古希腊罗马哲学传统的研究，我们都看不到这一点。

与此相对照，如果说儒家的身心修炼作为一种"治疗"和"药物"的话，其所带来的"健康"就不仅是心理—精神的，同时还是身体的。换言之，儒家身心修炼既导致精神的升华，同时还具有显著的身体治疗的效果。笔者在此特意要加以说明的，正是后者。这是儒家传统长期以来一直受到忽略的一个方面。

我相信，那些对中国哲学和文化具有一定知识的人会马上提出质疑。他们或许会说："不错，身心交关论可以说是包括儒释道三家在内的整个中国哲学传统的一个特点，但是，就身体的锻炼和滋养而言，我们能够从中汲取资源的或许应当是佛道尤其道家道教，而不是儒家传统。几乎所有的养生方法譬如各种气功都与佛道两家而非儒家传统有密切的关系。"

委实，以往和现在人们所练习的各种流行的气功等都与佛道两家有关。但是，儒家身心修炼的传统中其实也不乏类似的功法。除了"道家功"、"佛家功"之外，其实也还有"儒家功"。正如我们前文提及的，宋明理学传统中有具有儒家特色的静坐和调息的方法。对于静坐和调息的养生功效，宋明儒者也从来予以肯定。明代儒家学者中实践静坐和调息以卫生者比比皆是，如罗洪先（字达夫，号念庵，1504—1564）、高攀龙（1562—1626）、袁黄（1533—1606）等。[1] 即便是朱熹，亦曾教病人通过静坐来帮助恢复身体的健康，所谓"病中不宜思虑，凡百事且一切放下，专以存心养气为务。但跏趺静坐，目视鼻端，注心脐腹之下，

---

[1] 这些儒者不仅具有丰富的静坐调息经验，还有关于静坐调息的著作，如罗洪先的《卫生真诀》、袁黄的《静坐要诀》和《摄生三要》以及高攀龙的《静坐说》。关于儒家静坐的特点，参见本书第十章。

久自温暖，即渐见功效矣"（《朱子大全》卷五十一《答黄子耕》）。至于被视为正统儒家之外的人士如苏轼等，既有静坐调息的实践，又有静坐调息的理论，则更是不乏人知了。[1]

不过，笔者这里并不打算特别介绍一些"儒家功"。关键在于，正如我们上一节所论，对于儒家的身心修炼传统而言，其重点和优先性恰恰在于：它有意识地不把身心修炼作为外在于我们日常生活之外的某种特殊的东西。恰如孔子所谓"居处恭，执事敬，与人忠"（《论语·子路》），在生活中无时无处不加以锻炼，这才是儒家的身心修炼。如果我们可以在特定的时空条件下以某种特定的方式来实践我们的身心修炼，比如说练习某种气功，但却无法将这种身心修炼延伸到我们日常生活的每时每地，换言之，无法使日常生活中的任何境况都成为我们实践身心修炼的每一个机会，那么，任何只能在特定时空条件下采取特定形式的身心修炼所能够取得的养生疗效，都将会是非常有限的，最终也会丧失掉。因为在这种情况下，任何身心修炼都只不过是日常生活中的一个小火花，而远没有成为一种生活方式或生活本身。在前文所引《悟说》中，王畿指出，相对于"从静坐而入"所获得的"犹有待于境"、"才遇风波，易于淆动"的"证悟"，那种"从人情事变炼习"所获得的"左右逢源"、"愈震荡愈凝寂"的"彻悟"有其彻底性，也正是这一点的说明。

养生的气功有很多种，笔者相信，对气功有或多或少经验的人都会同意这一点，即几乎所有气功的关键均在于"入静"。一旦真正进入到心"静"的状态，散布于我们身体之中的"气"就会自然而然地流通贯注，顺畅、均衡而有力，渗透到身体的每一个部分，冲击身体中不应有的凝结固化（如血栓、肿瘤等）并使之最终消散。如果我们可以始终使

---

[1] 苏轼关于养生的著作甚丰，有《养生诀》《问养生》《续养生论》《广心斋铭》《静常斋记》《养生偈》《养老篇》《日喻》《采日月精华赞》等，涉及养生的方方面面。后来清康熙年间学者王如锡将其汇编为《东坡养生集》，全书十二卷，一千零四十余条。而所谓"东坡静坐法"更是广为流传，为后来许多养生著作收录。

体内之"气"顺畅、均衡、有力地流通贯注,我们的身体就会充满能量,就像深山中奔流不息的泉水一样,灵动、鲜活而有力。中医理论中有一句名言,所谓"通则不痛,痛则不通"。这句话的意思是说,某些非正常或无名的症状,比如没有外部原因的疼痛,常常是体内之"气"流通不畅受到阻碍而产生凝结的结果,而一旦"气"打通了那些凝滞,那些症状如疼痛等就会自然消失。事实上,基于中医理论对人体的理解与中国传统哲学"气"的宇宙论是一脉相承的。

此外,散布于我们身体的"气"并不只在我们身体内部流通。它也与我们身体之外的整个宇宙的"气"进行沟通和交换,将各种不良之"气"甚至虚弱之"气"转化为孟子意义上"至大至刚"的"浩然之气"。当这种沟通和交换始终进行时,我们的身体就会成为宇宙"太和"的有机组成部分。[1]事实上,正是宇宙论意义上"气"的理论以及本体论意义上"性"的理论使得中国传统哲学中存有连续性(the continuity of being)的观念得以可能,[2]而存有连续性的观念则为"与天地万物为一体"的思想提供了理论基础。

身心交关论既是儒家身心修炼传统的基础,也是中医理论的一个基本主张。从身心交关论的观点来看,我们的精神—心理状态会对我们的身体产生微妙和深远的影响。对于某些我们至今不明原因的严重的疾病如癌症等的形成,精神—心理长期的不平衡和失调很可能是重要的原因之一。这一点业已为现代西方医学的发展所证实。[3]自私、狭隘、固执、患得患失以及无节制的情绪等等,所有这些我们日常生活中几乎时时刻刻都会涌现的因素,作为"心火",都会成为身体疾病的肇因。由于儒

---

1 "太和"是张载思想中的一个重要观念。张载将"气"视为宇宙原初和基本的构成性要素。对张载而言,正是由于"气",存有的连续性方才得以可能。

2 关于存有连续性的观念,参见杜维明 "The Continuity of Being: Chinese Visions of Nature",载 Tu Weiming, *Confucian Thought: Selfhood as Creative Transformation* (Albany: SUNY Press, 1985). pp.35–50。

3 从西方传统医学史以及宗教史的角度对于身心关系的探讨,参见哈佛大学科学史教授 Anne Harrington 的 著 作 *The Cure Within: A History of Mind-Body Medicine* (New York: W. W. Norton and Company, 2008)。

家尤其理学话语的主要内容之一就是围绕身心修炼的功夫，以身心的协调和平衡为目标，在这个意义上，明末清初的儒者陆世仪（字道威，晚号桴亭，1611—1672）甚至认为读理学书可以疗疾。他说：

> 凡人遇有微疾，却将闲书、小说观看消遣，以之却病者。虽圣贤往往有此举动，此实非也。闲书、小说，最动心火，不能养心。乃以之养身，可乎？愚谓人有微疾，最当观看理学书，能平心火。心火平，则疾自退矣。（《思辨录辑要》卷九《修养类》）

当然，"观看理学书"是为了从中汲取身心修炼的道理并付诸实践而"平心火"。随着"心火平"所退之"疾"，自然也是由于精神—心理失衡不调所致的疾患。进一步而言，我们如果能够在日常生活的每时每刻都实践儒家的身心修炼，使日常生活的每一个细节都成为身心修炼功夫的契机，我们就会时时刻刻处在真正"静"、"定"的状态，能够导致"心火"产生的那些不良因素相应地就会得以化解。真正的"静"、"定"不是指我们身体的静止不动和与世隔绝，而是指我们日常生活中每时每刻心态的平衡与安宁，正如我们前引程颢《定性书》所谓那种超越了自我与外界隔绝的"内外两忘"的"定性"（真正的涵义应当是"定心"）状态。而这种真正的"静"、"定"状态的实现，必然且自然地会消除我们精神—心理的各种不平衡和失调，或将其降低至最小程度。如此，延年益寿也就是顺理成章的了。对于这种看法，王畿曾有一段很好的说明：

> 医家以喜怒过纵为内伤，忧思过郁为内伤。纵则神驰，郁则神滞，皆足以致疾。眼看色，不知节，神便着在色上；耳听声，不知节，神便着在声上。久久皆足以损神致疾，但人不自觉耳。惟戒慎不睹，恐惧不闻，聪明内守，不着于外，始有未发之中。有未发之中，始有发而中节之和。神凝气裕，冲衍欣合，天地万物且不能违，宿疾普消，特其余事耳。（《王龙溪先生全集》卷四《留都会记》）

简言之，即所谓"虽曰养德，而养生亦在其中"（同上）。[1] 这也是大多数宋明理学家的共识。

必须承认，这种真正的"静"、"定"之境是儒释道三家修身传统共同的追求。但是，除了平衡与安宁之外，对于儒家的身心修炼而言，真正的"静"、"定"还有另外一层涵义。那就是，"静"、"定"之心固然如明镜，但却不是空无内容，而是必须以德性为其蕴涵。换言之，"静"、"定"之心同时也就是道德之心。这是儒家身心修炼传统的重点。佛道两家的身心修炼也同样会达致平衡与安宁的心境，但是，从儒家的观点来看，如果没有德性作为"静"、"定"之心的内容，任何平衡与安宁的心境都不能够是根本和持久的。这就是为什么孟子充满自信地指出：尽管告子可以率先达到"不动心"的境界，但由于告子不能够理解仁义并以仁义为外物，所谓"未尝知义，以其外之"，所以他的"不动心"难以持久，不免以"气馁"告终。与之相对，孟子自己之所以始终能够保持"不动心"，就在于他的"不动心"及其作为"浩然之气"的表现是"集义所生"，即不动之心以及作为其表现的"浩然之气"是以"义"为其底里的。直至今日，我们的日常语言中仍然讲"理直气壮"、"心安理得"、"平生不作亏心事，半夜不怕鬼叫门"。现实生活的经验告诉我们，往往只有在道德上无亏欠时，我们才能真正内心踏实、坦然自若，不会失去内在的平衡而产生作为疾病隐患的种种心理纠结与夹杂。事实上，是否以德性作为"静"、"定"之心的内涵，正是区分儒家身心修炼和佛道两家身心修炼的关键之一。

最后，我愿意指出一个非常有趣和富有启发性的现象，以之作为儒家身心修炼治疗和养生意义的一个经验支持。在现代中国，有好几位长寿的儒家学者，比如梁漱溟（1893—1988）、钱穆（1895—1990）和冯友兰（1895—1990）。张岱年先生（1909—2004）在严格意义上是否可

1　关于阳明学传统中"养德"与"养生"的关系，参见彭国翔：《良知学的展开——王龙溪与中晚明的阳明学》（增订版），页283—288。

以说是以儒家为自我认同的学者，或许有不同意见，但张先生的价值观、人生观、世界观至少受儒家影响甚深，则恐怕是没有问题的。不约而同，这几位先生都是以九十五岁高龄辞世的。为什么他们能够得享高年？据我所知，所有这些儒家学者并没有练习什么特殊的气功之类的方法。他们的长寿可以说正是他们常年不懈地修身实践的结果。并且，他们长期不懈的身心修炼并不是练习某种外在于他们日常生活的特殊方法，比如每天挤出两小时去静坐、调息、打太极拳之类，[1] 而恰恰是在日常生活中的每时每刻力求体认自身的价值根源，以日常生活本身作为身心修炼，在"不离日用伦常内"的情况下追求达到"直造先天未画前"的"静"、"定"之境。由于他们能够在日常生活中的各种情况下经常保持身心的平衡与安宁，他们身体之"气"的流通贯注以及与宇宙之"气"的沟通交换便可以经常保持顺畅。如此一来，他们的身体也相应地可以经常保持健康的状态。事实上，儒家身心修炼对于延年益寿的普遍意义，历史上的儒家颇有自觉。譬如，王艮（字汝止，号心斋，1483—1541）有一位门人周魁，幼年体弱多病，甚至在投身师门时尚是抱病之躯，但长年不断的儒家身心修炼居然使其享年九十有一。对此，王艮次子王襞（字宗顺，号东崖，1511—1587）在给周魁的挽联中就曾指出，所谓"应知此学能康寿，不独先生善保躯"。[2] 当然，我们或许不能说儒家的身心修炼是这些儒者得以长寿的唯一原因。但我们可以说，这种以日常生活为身心修炼的儒家修养方法对于其长寿确实发挥了相当的作用。根据他们自己著作中的一些自我表达，我们可以看到这一点。[3]

1　钱穆先生早年曾有静坐的经验，见其《八十忆双亲、师友杂忆》（北京：生活·读书·新知三联书店，2005），页97—98。但他是否后来一直坚持，则不得而知。可以知道的是，钱先生晚年的《朱子新学案》指出朱子并不以静坐为一般的修养功夫，这似乎也暗含了他自己对于静坐的看法。

2　此事例与所引王襞诗见《重镌心斋王先生全集》卷五"门弟子配享列传"。本章所用为哈佛燕京图书馆藏万历年间刻本。

3　笔者2004年10月18日在哈佛由杜维明教授处得悉，日本的冈田武彦（1909—2004）先生前一日刚刚也以95岁高龄辞世。冈田先生也是一位认同儒家核心价值并提倡静坐的学者。关于其静坐的思想和实践，参见 Rodney Taylor, *The Confucian Way of Contemplation: Okada Takehilo and the Tradition of Quiet-sitting*。

　　事实上，对古往今来的儒者而言，日常生活中的任何境况都应当是实践身心修炼的好机会，而真正身心修炼的机会也是不能在日常生活之外去觅取的。阳明学功夫论所最为讲究的"事上磨炼"，其要旨正在于此。[1] 对于这种身心修炼来说，初学者或许一开始需要自觉地练习，有意识地在日常生活中的各种情况下去实践身心修炼。而随着功夫实践的不断深入，这种身心修炼就会逐渐成为一种自发的（spontaneous）行为，它会自然而然地体现在日常生活的每时每刻，最终达致孔子所谓"从心所欲不逾矩"的境界。到了那种境地，举手投足、动容周旋无不自然合乎法则人情，在任何境况下都会对周遭的事物做出最为恰当得体的响应，与其所在的环境水乳交融、和谐无间。用罗汝芳（1515—1588）的话来说即是："抬头举目，浑全只是知体著见；启口容声，纤悉尽是知体发挥。"（《近溪子明道录》卷六《会语》）所谓圣贤境界，大概莫过于此。

1　关于阳明学功夫论所涉及问题的讨论，参见彭国翔：《良知学的展开——王龙溪与中晚明的阳明学》（增订版），第六章。

第二章
作为身心修炼的礼仪实践
——以《论语·乡党》篇为例

本章提要

历来《论语》诠释中最受忽略的莫过于《乡党》一篇，而以往的研究也几乎完全限于礼制的角度。本章以《乡党》为例，从功夫论的角度探讨《乡党》中的义理蕴涵。依本章之见，《乡党》一篇记录的是孔子的"身教"。这种"身教"强调两点：一是将礼仪实践与日常生活融为一体。将日常生活礼仪化，同时也将礼仪日常生活化；二是将礼仪实践作为一种身心兼顾的修炼方式。正是通过《乡党》这篇对于孔子在日常生活各种不同境遇中礼仪实践的详细记录，作为身心修炼的礼仪实践不再只是一种抽象的理念，而是在作为人格典范的孔子身上得到了活生生的聚焦和突显。其中，我们不仅可以看到礼仪实践遍在于日常生活的点点滴滴，还可以看到作为"圣之时者"的孔子是如何在礼仪实践中具体贯彻"时"的境遇性原则，更可以看到礼仪实践如何展现为一种"体态"、"心态"表里共建、交关同构的身心修炼。这种作为身心修炼的礼仪实践，正是铸造君子与圣贤人格的必由之路。所谓君子与圣贤，正是那种通过身心修炼而在日常生活的任何情况下都能够使自己行为"得体"的人格典范。孔子所谓"从心所欲不逾矩"，描述的也正是这种作为身心修炼的礼仪实践的圆满成就。

一、引言

当代儒学发展迄今，尽管并非如一些批评者所谓的仅仅局限于道德形上学或哲学领域，而是在政治、社会思想方面都不乏深广的探讨，[1]但心性论探究的细致入微，的确构成当代儒学理论重建的一大特色。[2]相对而言，对于儒家传统中另一个重要向度——礼仪实践——的讨论，则似乎稍嫌不足。当然，如果我们对于当代儒学的理解不限于中文世界，而是能够将20世纪以来英文世界儒学研究的发展考虑在内，那么，关于"礼仪"（ritual）的理论反省，20世纪以来英文世界中反倒取得了较为丰富的成果。[3]不过，即使将英文世界中关于"礼仪"的研究成果纳入视野，儒家传统"礼仪实践"的一些蕴涵，仍有待于进一步的发掘和诠释。至于如何拓展这一思想课题，儒家传统基本的原始文献恐怕仍然是"源头活水"，而深入细致地检讨那些具体的原始文献，也更是诠释与重建免于"虚发"的"不二法门"。

以往对于儒家传统尤其先秦儒学的"礼仪"问题，基本上并未引入功夫论的视角。或者说，大体上认为功夫问题只是宋明儒学言说脉络下的产物，先秦儒学并无功夫论可言。换言之，在先秦儒学的礼仪实践和宋明儒学的自我修养功夫之间，应当是"所同不胜其异的"。这一点，或许是以往学界对先秦儒学与宋明儒学之间的差异提揭过重，对儒

1　参见何信全：《儒学与现代民主》（台北：中央研究院中国文哲研究所筹备处，1996）；李明辉：《儒家视野下的政治思想》（台北：台湾大学出版中心；北京：北京大学出版社，2005）；彭国翔：《智者的现世关怀——牟宗三的政治与社会思想》（台北：联经出版公司，2016）。

2　这一点具体体现在牟宗三、唐君毅等人一系列诠释与重建中国哲学的巨著之中，如牟宗三的《心体与性体》《佛性与般若》《才性与玄理》《从陆象山到刘蕺山》，唐君毅的《中国哲学原论·导论篇》《中国哲学原论·原性篇》《中国哲学原论·原道篇》《中国哲学导论·原教篇》等。

3　譬如以下著作：Herbert Fingarette, *Confucius: The Secular as Sacred* (New York: Harper Torchbooks, 1972)（该书中译本有彭国翔、张华译：《孔子：即凡而圣》（南京：江苏人民出版社，2002）；Robert Eno, *The Confucian Creation of Heaven: Philosophy and the Defense of Ritual Mastery* (Albany: State University of New York Press, 1990); Patricia B. Ebrey, *Confucianism and Family Rituals in Imperial China* (Princeton: Princeton University Press, 1991)。

家传统这两个重要阶段之间的连续与连贯未能正视所致。[1]然而，在笔者看来，从功夫论的角度来理解先秦儒学的礼仪实践，恰可以揭示其中所蕴涵的一个重要向度。事实上，先秦儒家的礼仪实践，正是自我修养功夫的一种方式，绝非种种外在社会角色的简单履行。孔子"礼云礼云，玉帛云乎哉"（《论语·阳货》）的反问，正是要人们深入反省礼仪实践的深刻蕴涵。而作为自我修养功夫的礼仪实践，进一步来说，根本是一种在日用常行中各种境遇下无时无处不在进行的身心修炼。所谓君子与圣贤，正是那种通过身心修炼而在日常生活的任何情况下都能够使自己行为"得体"（"合乎礼仪"、"合理"）的人格典范。孔子所谓"从心所欲不逾矩"，描述的也正是这种作为身心修炼的礼仪实践的圆满成就。

在先秦儒学的脉络中，"礼仪"问题可以诉诸的文献，最为人们所常用的当为《荀子》和《礼记》。这两部文献中，的确有许多丰富的材料能够引以为据。不过，本章愿意"略人所详"而"详人所略"，对于作为身心修炼的礼仪实践的思考，笔者将通过对《论语·乡党》这篇几乎被人忘却的文献的具体解读来加以论证。对《论语》的注解和诠释，古往今来可谓汗牛充栋，但通行本《论语》20篇之中，至少在现代，[2]无

1　对于先秦儒学和宋明儒学之间连续性的忽视，既有主观方面的因素，以往"文献不足征"，也是一个重要的客观方面的原因。20世纪90年代以来郭店和上博新出土的儒家文献，在一些重要的观念方面，正可以说明这两个阶段之间的连续和连贯。参见彭国翔："从出土文献看宋明理学与先秦儒学的连贯——郭店与上博儒家文献的启示"，《中国社会科学》，2007年第4期，页104—115。

2　现代学术建立以前，《乡党》篇多与礼学相关，研究者均注重考察其中所涉及的礼仪形制，极少义理的探究。如清人江永（1681—1762，字慎修，号慎斋）曾有《乡党图考》十卷（有学海堂本），其后王鸿渐（仪堂）又有《乡党图考补正》六卷（光绪三十四年黄县丁氏刊本），于《乡党》一篇所涉礼仪形制，考证备极详尽。其余各种关于《乡党》篇的研究，仅以清代为限，如《贩书偶记·经部·论语类》所载魏晋《乡党典义》一卷（道光丙午观德堂刊本）、王鎏（1786—1843）《乡党正义》十四卷（道光辛丑艺海堂刊本）、成僎（生卒不详）《乡党备考》二卷（约道光间信芳阁刊木活字本）等，皆属此类。即便以注重义理的宋明理学家包括朱熹（1130—1200）等也大都视《乡党》为记录孔子日常言行的"行状"，并未挖掘其中的思想内涵。朱子《四书集注》中对《乡党》的注释影响包括韩、日等东亚地区的儒者甚深，故此篇在韩、日以往儒家的诠释中也大体不脱考证、训诂一途。唯一的例外，或许是日本学者中江藤树（1608—1648）。藤树将《乡党》独立地加以考察，撰成《论语乡党启蒙翼传》，除考证训诂之外，也从义理的角度作出了自己的诠释。《论语乡党启蒙翼传》一书为黄俊杰教授告之，惜笔者迄今未及见。

论是学术研究还是通俗讲论，[1] 最乏人问津的恐怕非《乡党》篇莫属。然而，在笔者看来，正是通过《乡党》这篇对于孔子在日常生活各种不同境遇中礼仪实践的详细记录，从而使得作为身心修炼的礼仪实践不再只是一种抽象的理念，而是在作为人格典范的孔子身上得到了活生生的聚焦和突显（活化和具象）。其中，我们不仅可以看到礼仪实践遍在于日常生活的点点滴滴，还可以看到作为"圣之时者"的孔子是如何在礼仪实践中具体贯彻"时"的境遇性原则，更可以看到礼仪实践如何展现为一种"体态"、"心态"表里共建、交关同构的身心修炼。这种作为身心修炼的礼仪实践，正是铸造君子与圣贤人格的必由之路。

二、礼仪实践与日常生活的一体性

就体裁而言，我们可以看到，如今通行本《论语》20 篇之中，除了《乡党》一篇之外，其余各篇内容基本上都是由孔子及其弟子之间的对话构成。[2] 仅就体裁而论，已经可见《乡党》一篇的独特。就内容来看，《乡党》更是与其他各篇不同。该篇除了最后一节，从头到尾都只是记录孔子日常生活中的各种行为细节，并无任何"微言大义"。且记录之详细，几流于琐碎。如此我们不免会问：既然《乡党》一篇无论在形式还是内容上都与《论语》其他各篇"格格不入"，为什么编纂者会在《论语》中将其单列一篇呢？进一步而言，我们或许可以问：《论语》的编纂者之所以不厌其烦地"实录"孔子日常生活中的这些点点滴滴，是

1　譬如，南怀瑾先生的《论语别裁》(上海：复旦大学出版社，《南怀瑾选集》第一卷，2003 年) 于《论语》中的思想颇能深入浅出，使一般社会大众受教匪浅，但其中唯独没有讲论《乡党》一篇。盖南老先生认为该篇"都是描述孔子的生活形态，以现代新闻报道的方式来看，也可以说是孔子生活的'花絮'"(页 786)"现在讲这一篇书很难讲"。(页 787) 李零的《丧家狗——我读论语》(太原：山西人民出版社，2008) 寓庄于谐，对《论语》中知识性内容有很好的注解，对其中的思想意义也往往有独到的发挥，但作者在讨论《乡党》一篇时也注意到："本篇比较特殊，和其他篇不一样，通篇没有对话，完全是叙述体。"并且，作者也说："这篇东西很枯燥，难点很多，没有耐心，读不下去。"(页 194)

2　以往有一种不知起于何时的皮相之见，即认为宋明儒学语录的对话体裁是受到禅宗的影响所致，殊不知《论语》这部儒家最早的经典之一最为明显的体裁特征恰恰是对话体。

否其中有深意存焉呢？当然，对于《乡党》篇的编纂者来说，其意义或许不言自明，但从后人尤其当今的我们来看，意义的诠释与重建必须以一种"译码"（decoding）的方式来进行，恐怕就是舍此别无他途的了。

所谓的"日常生活"，大概无非"衣"、"食"、"住"、"行"以及平时的"言行举止"。"言行举止"中的"行"和"举止"，可以归为"行"即"行为"一类，如此，日常生活大体就可以概括在"衣"、"食"、"住"、"行"和"言"这五类之下了。而《乡党》一篇18节文字，[1] 除了最后一节之外，其他所有文字内容，几乎完全可以归入"衣"、"食"、"住"、"行"和"言"这五类。"衣"是记录孔子如何着装的；"食"是记录孔子如何饮食的；"住"是记录孔子如何起居的；"行"是记录孔子的动作举止和日常行事；"言"则是记录孔子如何说话的。下面，我们就具体来看一看《乡党》篇对这五个方面的记录，然后再分析其中的意义。

（一）言

《乡党》开篇两节就对孔子如何"言"有生动的描述：

> 孔子于乡党，恂恂如也，似不能言者。其在宗庙朝廷，便便言，唯谨尔。（第一节）

> 朝，与下大夫言，侃侃如也。与上大夫言，訚訚如也。君在，踧踖如也，与与如也。（第二节）

1　《乡党》一篇原不分节，何晏注、邢昺疏分为25节，后来朱子则分为17节，与最后山梁雌雉一节合在一起共18节。至于究竟分为多少节，亦无一定之规。如近人钱穆《论语新解》（香港：新亚研究所，1964年6月再版）据朱子分为18节，杨伯峻《论语译注》（北京：中华书局，1958年6月版）则分此篇为27节。海外学者在翻译此篇时，有据杨伯峻分为27者，如 Roger T. Ames and Henry Rosemont, Jr., *The Analects of Confucius: A Philosophical Translation* (New York: Ballantine Books, 1998)。本章分节据钱穆《论语新解》。

这两段记载中，第一段是说孔子在乡里之间，其容貌温恭谦逊，好像不能说话一样。而在宗庙朝廷之上，则能言善辩、条理分明，毫不含糊，只是非常谨慎恭敬。第二段是说孔子上朝，君主还没有来时，与地位较低的"下大夫"讲话，侃侃而谈，和气而又欢乐；与地位较高的上卿谈话，恭恭敬敬，自己也不失威仪。君主已经来了，则恭敬而不安，行步安详。

（二）衣

关于孔子的穿着，《乡党》篇有如下一段：

> 君子不以绀緅饰，红紫不以为亵服。当暑，袗絺绤，必表而出之。缁衣羔裘，素衣麑裘，黄衣狐裘。亵裘长，短右袂。必有寝衣，长一身有半。狐貉之厚以居。去丧，无所不佩。非帷裳，必杀之。羔裘玄冠，不以吊。吉月，必朝服而朝。（第六节）

这一段意思是说：孔子不用玄色和浅绛色做衣服的镶边，不用红色和紫色作为平常居家时的便装。夏天的时候，穿细的或粗的葛布单衣，但一定外面裹着衬衫才会出门。穿黑衣时里面衬羔羊皮做的裘；穿白衣时里面衬小鹿皮做的裘；穿黄衣时里面衬狐皮做的裘。平常居家穿的皮袄稍长，但右边的袖子要裁得短些。晚上睡觉时一定要有小被，有一个半人长。用狐貉皮的厚毛来做坐褥，以接待宾客。除非在丧事期间，腰上系的大带上面要佩戴各种装饰品。除非在上朝和祭祀的时候穿用整幅布做的裙子，其他时候穿的裙子一定要裁去多余的布。吊丧时不穿黑色的羔裘，不戴玄色的帽子。每月初一，一定要穿着朝服去上朝。

（三）食

关于孔子的饮食，《乡党》篇有两段记载：

　　食不厌精，脍不厌细。食饐而餲，鱼馁而肉败，不食。色恶，不食；臭恶，不食；失饪，不食；不时，不食；割不正，不食；不得其酱，不食。肉虽多，不使胜食气。惟酒无量，不及乱。沽酒市脯不食。不撤姜食。不多食。祭于公，不宿肉。祭肉不出三日，出三日，不食之矣。食不语，寝不言。虽疏食菜羹瓜，祭，必齐如也。（第八节）

　　君赐食，必正席先尝之。君赐腥，必熟而荐之。君赐生，必畜之。侍食于君，君祭，先饭。（第十三节）

第一段是说：吃饭不因为饭米精细就吃得过多；吃肉不因为烹饪的精细就吃得过多。饭食气味变了，鱼肉腐败了，都不吃。饭食和肉类颜色味道变坏了，不吃；烹饪的生熟失度，不吃；不到该吃饭的时候，不吃；没有按照一定方法切割的肉，不吃；调味品不合适，不吃。肉品虽多，不要吃得超过五谷。只有喝酒不加限制，但不及醉即止。买来的酿制时间不足一夜的酒以及街市上买来的肉干，都不吃。饮食完毕，姜碟不撤，但仍不多吃。参与国家祭祀典礼所得的祭肉，不过夜即分赐于人。自己家里或朋友赠送的祭肉，存放也不超过三天。超过三天，就不吃了。吃饭就寝时都不说话。即使是粗食、菜汤和瓜类，临食前也要作为祭品。并且，祭祀时也一定容貌恭敬严肃。第二段是说：国君赐给食物，一定要端正席位而坐，先加品尝。国君赐给生肉，一定煮熟后先供奉给祖先。国君赐给活的牲畜，一定要养着。与国君一起吃饭，在国君祭祀时，先吃饭（就像是先代国君尝食一样，为试其烹调可否，此为侍食于君的礼节）。

（四）住

　　"住"是指平时的日常起居。对此，《乡党》篇有如下的几段记载：

乡人饮酒，杖者出，斯出矣。乡人傩，朝服而立于阼阶。（第十节）

疾，君视之，东首，加朝服拖绅。君命召，不俟驾行矣。（第十三节）

寝不尸，居不容。见齐衰者，虽狎，必变。见冕者与瞽者，虽亵，必以貌。凶服者式之。式负版者。有盛馔，必变色而作。迅雷风烈必变。（第十六节）

第一段是说：遇到乡里人们一起饮酒，要等到老人先离席后，孔子才离开。遇到乡人行傩礼驱鬼，孔子一定穿上朝服，站立在家庙的东阶上。第二段是说：孔子生病，国君前来探望，孔子一定头向东方而卧，身上加披朝服，还要拖上一条用以收束朝服的绅带，表示如穿朝服。国君有命召见，孔子不等到仆者驾车，就徒步先行了。第三段是说：睡觉的时候不像尸体那样直挺四肢、仰面而卧；平常在家时不像做客那样过分讲究容仪。遇到有穿丧服者，即使平素很亲密，也一定改变容色，以示哀悼。遇到大夫和盲人，即使一天数次相见，彼此熟悉，也一定每次都表示礼貌。乘车时，遇到送丧服的人或者持有邦国图籍之人，一定手扶车前的横木表示敬意。遇到他人盛宴款待，一定从席上改容起立，表示谢意。遇到疾雷大风，一定肃然改容变色。

（五）行

"行"可以分为两类。一种是指狭义的动作举止；另一种是指广义的日常行事。首先，我们看看狭义的动作举止。《乡党》篇有三段栩栩如生的描绘，分别是讲接待外宾、上下朝和出使国外举行典礼时的行为举止：

君召使摈，色勃如也，足躩如也。揖所与立，左右手，衣前后，

襜如也。趋进，翼如也。宾退，必复命，曰："宾不顾矣。"（第三节）

入公门，鞠躬如也，如不容。立不中门，行不履阈。过位，色勃如也，足躩如也，其言似不足者。摄齐升堂，鞠躬如也，屏气似不息者。出，降一等，逞颜色，怡怡如也。没阶，趋进，翼如也。复其位，踧踖如也。（第四节）

执圭，鞠躬如也，如不胜。上如揖，下如授。勃如战色，足蹜蹜如有循。享礼，有容色。私觌，愉愉如也。（第五节）

第一段是描写孔子接待宾客时的行为举止，意思是说：国君派孔子出去接待外宾，孔子一定面色庄重，行路也如同临深履薄一样。向站立两旁的人作揖行礼，左右兼顾，衣服前后俯仰，却整齐不乱。从中庭快步趋进时，体态舒展美好，如鸟儿展开双翼。宾客辞别，一定回去复命，说："来宾不再回头了。"第二段是描写孔子在朝堂上的行为举止，意思是说：孔子走进朝廷大门时，一定敛身谨敬，好像大门容不下身子一般。站，不站在尊者通过的中门中间；走，不踩门槛。经过国君的座位，面色一定变得庄重，脚步一定轻快起来，言语也好像说不出来一样。提起下摆向朝堂上走时，恭敬谨慎，憋着气似乎不能呼吸一样。走出朝堂，降下一节台阶，面色便放松起来，流露出怡然自得的样子。下完了台阶，便疾步向前，好像鸟儿舒展翅膀一般。回到自己的位子，就显出内心恭敬不安的样子。第三段是说：孔子出使外国举行典礼，当他拿着圭时，恭敬谨慎，好像力量不够的样子。向上拿，就好像在作揖；向下拿，就好像在交给别人。面色庄重，脚步也紧凑狭窄，仿佛走独木桥一样。献礼的时候，满脸和气之色。以私人身份和会见外国君臣，则是轻松愉快的样子。

其次，我们再来看看广义的日常行事。对此，《乡党》篇也有三段记载：

入太庙，每事问。[1]（第十四节）

朋友死，无所归。曰：于我殡。朋友之馈，虽车马，非祭肉，不拜。（第十五节）

升车，必正立，执绥。车中，不内顾，不疾言，不亲指。（第十七节）

第一段是说：孔子到了太庙，每件事都要发问，即使知道，也仍然如此。第二段是说：朋友死了，没有人管，孔子就说："丧葬由我来料理吧。"朋友有馈赠，除非是祭祀用的肉，即使是车马，孔子也不拜谢。第三段是说：孔子上车，一定先端正地站好，抓住扶手带，然后再跨登上车。在车中，不回头看，不高声说话，也不用手随处指点。

对于了解孔子来说，如果《论语》其他各篇可以使我们"听其言"，那么，与其他各篇不同的是，《乡党》一篇则可以让我们"观其行"。通过《论语》其他各篇孔子与弟子们之间的对话，我们可以领悟到孔子所表达的"道理"。而透过《乡党》一篇中孔子日常生活各个方面的行为举止，作为一个活生生的人，孔子则跃然纸上。如果《论语》其他各篇主要是孔子的"言传"，那么，《乡党》一篇则几乎完全是孔子的"身教"。在"身教"胜于"言传"的意义上，我们不但不能忽略《乡党》，反而更应当深思熟虑其中的蕴涵和意义。

孔子的"身教"是什么？由《乡党》中的孔子形象，我们可以得出两点结论。第一，孔子"以身作则"所要"教"的是他的礼仪实践；第二，礼仪实践涵盖日常生活的各个方面，对孔子来说，无时无处不是礼仪实践的道场。

---

[1] 此句亦见《论语·八佾》。

　　我们或许已经无从揣测该篇编纂者的心意，但后世历代《论语》注家在注解《乡党》一篇时几乎无不指出该篇要在记录孔子的礼仪实践，或许也可以在"人同此心，心同此理"的意义上不断印证编纂者最初的心迹。因此，表面上看，《乡党》一篇只是不厌其烦地记录孔子的日常行为，既包括"公领域"，也不乏"私生活"，衣食住行，巨细无遗。其实，这些方方面面、点点滴滴，无一不是礼仪行为的实践和体现。

　　我们不妨仍然从"言"、"衣"、"食"、"住"、"行"这五个方面举例加以分析和说明。就"言"来说，譬如，孔子之所以分别有"于乡党"和"在宗庙朝廷"不同的"似不能言"和"便便言"，是因为乡里之间，交往的都是亲朋故旧，不必计较言辞；而宗庙是行礼之处，朝廷是布政之所，所言必须严密周洽。之所以对"上大夫"和"下大夫"有"侃侃如"和"訚訚如"的分别，是因为爵位尊卑的差异，要求表达方式的区别。这里的不同，在于"礼"的要求。就"衣"来说，为什么孔子的穿着会在颜色、材料和样式方面有如此的讲究，绝不是如今人一样，除了季节时令的因素之外，多从美感的角度考虑，而基本是根据礼制的要求。譬如说，为什么孔子"羔裘玄冠不以吊"，是因为"丧主素，吉主玄，吉凶异服"。[1] 就"食"来看，对于以上所引的两段，如今的解释大都从养生的角度，但这是现代人的视角，其实就当时的语境而言，更多的还是礼仪方面的考虑。与其穿着一样，孔子在饮食方面如此之多的禁忌，所谓"不食"，绝不是孔子的"偏食"和过分"讲究"，因为孔子当时并没有多少讲究吃穿所必须的"奢侈"的前提条件。最能于此有所说明的，莫过于孔子在陈国绝粮时的表现。当面临饥饿这一危及人类生命的问题时，任何人都有可能为了"吃饭"这一基本的生存条件而不顾一切。但孔子在回答子路愤愤不平的询问时，仍然强调君子小人的区别往往正是在困境中才得以显示，所谓"君子固穷，小人穷斯滥焉。"[2] 如何

1　见十三经注疏整理本《论语注疏》(北京：北京大学出版社，2000)，页147上。
2　原文见《论语·卫灵公》："在陈绝粮，从者病，莫能兴。子路愠见曰：'君子亦有穷乎？'子曰：'君子固穷，小人穷斯滥矣。'"

不妄为而流于"滥"？就在于能否守礼。就"住"来说，情况也是同样。譬如，即使抱病在床，国君前来探视，也不能失君臣之礼。所谓"东首，加朝服拖绅"，孔子披上朝服并拖上一条用以收束朝服的绅带，自然是讲求礼仪的表现，但为什么一定要头向东方呢？这仍然是为了合乎礼仪。因为孔子头朝东方，国君探视时即可"南面而视"，如此才不违君臣之礼。至于说"乡人饮酒，杖者出，斯出矣"，以及"见齐衰者，虽狎，必变。见冕者与瞽者，虽亵，必以貌。凶服者式之。式负版者。有盛馔，必变色而作。迅雷风烈必变"，也无不都是守礼的表示。最后，就"行"来说，比如第四节一大段对孔子在朝堂之上种种动作、姿态甚至面部表情的刻画入微，所谓"鞠躬如也"、"色勃如也"、"足躩如也"、"怡怡如也"、"翼如也"和"踧踖如也"以及"如不容"、"其言似不足者"和"屏气似不息者"等等，简直如同现在的电影镜头。之所以如此，也都是要栩栩如生地突显孔子在礼仪实践过程中的一举一动。

就今人而言，总不免将礼仪实践与日常生活割裂开来，由此往往产生两点认识，一是认为礼仪实践只是属于某些特定场合的行为；一是认为礼仪实践只是表面的形式。对现代世界来说，这两点或许常常是正确的观察。但是，《乡党》一篇向我们显示的两个方面：礼仪实践几乎涵盖日常生活的所有内容，以及孔子在实践各种作为日常生活点点滴滴的礼仪行为时无不有相应的情感流露，恰好针对这两点提供了否证。对于《乡党》中的孔子来说，礼仪实践不仅不外于日常生活，反而与日常生活一体相关，构成几乎日常生活的全部内容。并且，礼仪实践也不只是履行外在的仪式，而是表达内心情感的必要方式。正是透过礼仪实践，日常生活的各种行为才获得了"价值"和"意义"。也正是在这个意义上，我们可以说，孔子在将日常生活礼仪化的同时，也将礼仪日常生活化了。在完全图像化的（visualized）《乡党》中，活生生的孔子透过其言谈举止、举手投足向我们展示的，正是一幅幅作为礼仪实践的日常生活的场景和画面。

三、作为身心修炼的礼仪实践

西方学者芬格莱特（Herbert Fingarette）曾经称孔子为"The Secular as Sacred"，直译即"以凡俗为神圣"。的确，对孔子来说，无论是"天国"、"净土"还是"无何有之乡、广漠之野"，都不在此世（this world）之外。只要我们能够以礼仪实践点化日常生活的点点滴滴，那么，日常生活就会成为一种充满了"价值"和"意义"的"斯文"的生活，一个人也会相应成为一个"文质彬彬"的"君子"。如此，神圣的"天国"、纯洁的"净土"以及逍遥自由的"无何有之乡、广漠之野"，就会在我们的日常生活中实现。孔子"从心所欲不逾矩"的境界，正是消解了自由与必然、凡俗与神圣之间的鸿沟而使之一体无间的结果。不过，如何才能够既摆脱单纯生物存在的状态，又避免庸俗的圆滑与世故，在日常生活的各种场合都做到"彬彬有礼"，最终使我们的日常生活与礼仪实践融为一体，举手投足无不从容中道，所谓"从心所欲不逾矩"，关键在于全身心地投入。换言之，对孔子来说，日常生活中事无大小都要"守礼"，绝不是为了简单地符合外在的各种社会规范，而是要藉此对"礼"所蕴涵的精神价值"体之于身，验之于心"。事实上，《乡党》中一幅幅孔子的生动形象，正是孔子通过各种礼仪实践来进行身心修炼的最佳写照。

礼仪实践首先离不开身体的参与。《乡党》所记录的孔子的"衣食住行"和"言"，几乎都是由一系列的"体态"构成的。尤其是关于孔子接待外宾、上下朝和出使国外举行典礼的行为举止的描绘，更可见在礼仪实践的过程中身体所必须完成的一系列复杂的动作。在接待外宾时，要面色庄重，脚步轻快，所谓"色勃如也，足躩如也"。向站立两旁的人作揖行礼，一方面要左右兼顾地打躬弯腰，一方面还要保持衣服在前后俯仰之间整齐不乱，所谓"揖所与立，左右手，衣前后，襜如也"。上朝进门时，要鞠躬谨慎，似乎没有自己的容身之处。所谓"入公门，鞠躬如也，如不容"。经过国君的座位，要面色庄重、脚步轻快，言语好像说不出来一样。所谓"过位，色勃如也，足躩如也，其言似不足者"。走上朝堂要提起衣服的下摆，谨慎恭敬，屏着气好像不能呼吸一样。所谓"摄齐升堂，鞠躬如也，屏气似不息者"。下朝走出来，降下一级台阶，面色便放松起来，显出怡然自得的样子。下完了台阶，便疾步向前，好像鸟儿舒展翅膀一般。所谓"出，降一等，逞颜色，怡怡如也。没阶，趋进，翼如也。"出使外国举行典礼时，拿着圭时，恭敬谨慎，好像力量不够的样子。向上拿，就好像在作揖；向下拿，就好像在交给别人。面色庄重，脚步也紧凑狭窄，仿佛走独木桥一样。献礼的时候，满脸和气之色。以私人身份和外国君臣会见，则是轻松愉快的样子。所谓"执圭，鞠躬如也，如不胜，上如揖，下如授。勃如战色，足蹜蹜如有循。享礼，有容色。私觌，愉愉如也"。如此等等，无不可见礼仪实践本身就是一种"修身"的活动。每一种体态动作是否准确到位，同时也就是相应的礼仪行为是否恰当得体的反映。当时衡量一个有社会地位的人是否堪称"君子"，一个基本的标准就是看该人在各种场合中是否有"威仪"。而所谓"威仪"，很大一部分内容是就一个人礼仪实践过程中的言行举止等"体态"而言的，所谓"故君子在位可畏，施舍可爱，进退可度，周旋可则，容止可观，作事可法，德行可象，声气可乐，动作有文，言语有章，以临其下，谓之有威仪也。"[1]

　　儒家传统中身体的角色和意义，晚近在一些学者的推动之下，逐渐获得了学界较为广泛的重视。[2] 笔者也曾经讨论了宋明儒学功夫论中身

---

[1] 《左传·襄公三十一年》。杨伯峻：《春秋左传注》（台北：远流出版社，1982），页 1195。

[2] 杜维明首先提出"体知"的观念，一方面继承儒家"德性之知"和"良知"的传统，一方面援入西方如波兰尼（Michael Polanyi）的"个人知识"（personal knowledge）、莱尔（Gilbert Ryle）的"知道如何"（know how）等观念资源，强调身体、情感等因素在通过认知、体验而获得知识和智能的过程中所发挥的不可或缺的重要作用。继而杨儒宾又着力于考察先秦儒学中的身体观，黄俊杰也曾探讨身体在中国古代思想尤其儒家政治论说中的角色和意义。参见杜维明：〈论儒家的"体知"——德性之知的涵义〉，原载刘述先编：《儒家伦理研讨会论文集》（新加坡：东亚哲学研究所，1987），页 98—111；杨儒宾：《儒家身体观》；黄俊杰："中国古代思想史中的'身体政治论'"和"古代儒家政治论中的'身体隐喻思维'"，载黄俊杰：《东亚儒学史的新视野》（台北：喜马拉雅基金会，2001）。

体的向度，并利用 1990 年代以来新出土的儒家文献进一步论证了先秦儒学修身传统的身体向度。[1] 并且，笔者还特意考察了朱子读书法作为一种身心修炼的功夫论和宗教性意涵。[2] 在笔者看来，对整个儒家传统而言，并无身心之间截然的二元两分，人被视为一个身心交关的存在过程。儒家的修身功夫不只是一种单纯精神性的心性修养，同时也是一种身体的修炼。[3] 只是当初的论证并未以《乡党》为例，这里对《乡党》篇的分析，正可以进一步支援笔者的分析和判断。事实上，《乡党》中的孔子形象，恰恰是为身体在儒家传统中的重要角色和意义提供了绝好的权威性见证。唐君毅先生（1909—1978）也曾经通过与基督教、佛教和道教传统的对比，指出了儒家对于身体的重视。所谓"人之德充内形外，而显乎动静，发乎四肢，而通于人伦庶物，家国天下。则儒家之言尽伦尽制，貌似平庸，而此复有大不平庸者存。此大不平庸处，在此中之心性或仁种，既超越于此身体形骸之上，又贯彻于身体形骸中，再运用此身体形骸，以迸发昭露于此身体形骸之外，以达于人伦社会关系中之他人之精神，对他人之心性或仁种，加以吹拂，以使之亦化育而生长。此方是真正之树立吾人之现实生命，亦使人安身而立命的切挚之道。而其他之宗教因其重在由此心此性之超越性、无限性之表现，以建立超越的信仰，遂不免视此身为情欲之罪恶之所依，为苦之积聚处，为炼养之鼎炉之工具，此正是未能善于安顿此身，而树立此身之生命者也。"[4]

孔子曾经有过"礼云礼云，玉帛云乎哉"的反问。显然，这说明孔子认为礼仪实践的真正意义并不仅仅在于外在的形式。人们内心的情感丰富细腻，流动变幻，如果没有一种客观的轨道使之获得合理且具有公共性的表达，则社会生活中人与人之间难以获得彼此之间的沟通。对孔

1　参见本书第一章。

2　参见本书第六章。

3　参见本书第一章。

4　唐君毅：《唐君毅全集》卷六《中国人文精神之发展》（台北：学生书局，1991），页 371—372。

子来说，礼仪本来应当是表达人们内心各种真情实感的不可或缺的途径与方式。但是，如果礼仪异化为被迫要去服从和履行的种种外在强加于人的社会规范，那么，礼仪就会沦为纯粹的"虚文"，礼仪实践相应就会失去了其表达人们内心真实情感的功能和意义，从事礼仪活动的人也就无异于傀儡和"行尸走肉"。无论是孔子"人而不仁，如礼何"的反问还是对子夏"礼后乎"的认可，[1] 都是对这一点的明确强调。因此，除了身体的参与之外，礼仪实践同时也是一种修"心"的功夫。在礼仪实践的过程中，真情实感的由衷贯注是绝对必要的。反观《乡党》中孔子的言行举止、衣食住行，也同样印证了这一点。我们可以看到，孔子的各种礼仪行为不仅由一系列"体态"构成，同时也是其"心态"的流露。换言之，不同的"体态"也正是不同"心态"的表现。譬如，孔子在乡里和朝廷之上以及与下大夫和上大夫之所以有不同的言谈方式，所谓"恂恂如也，似不能言者"、"便便言，唯谨尔"、"侃侃如也"以及"訚訚如也"，正是由于其内心情感状态或者说"心态"的不同。

对于作为身心修炼的礼仪实践来说，"身"、"心"的分别只是理论分析的方便，就实践的过程本身来说，"体态"和"心态"是彼此交关、密不可分的。一个恰当的礼仪行为，一定是由恰当的体态和相应的心态共同建构而成。对此，我们不妨再以孔子出使外国举行典礼时的那一段记载为例加以说明。所谓"执圭，鞠躬如也，如不胜。上如揖，下如授。勃如战色。足蹜蹜如有循。享礼，有容色。私觌，愉愉如也。"这里，身体的姿势和内心情感的状态是互为表里的。当孔子拿着圭似乎力不能胜时，其心态是恭敬谨慎的；当孔子脚步紧凑，好像在沿着独木桥行走时，其心态是庄重严肃的。并且，也正是由于内心恭敬谨慎，孔子持圭才会"如不胜"；也正是由于内心庄重严肃，孔子才会面部表情"勃如战色"，走路才会脚步紧凑，如行独木桥上。整个《乡党》篇中

1　两句引文皆出自《论语·八佾》。第一句是：人而不仁，如礼何？人而不仁，如乐何？；第二句是：子夏问曰："'巧笑倩兮，美目盼兮，素以为绚兮'何谓也？"子曰："绘事后素。"曰："礼后乎？"子曰："起予者商也，始可与言《诗》已矣。"

"如也"共出现 19 次，应当是出现频率最高的两个字。而这两个字，正是同时对"体态"和"心态"的形容。就此而言，贯彻于日常生活的礼仪实践，就绝不只是一些公共仪式的简单履行和一些身体姿态的机械显示，而正是一种凝聚精神、运转身体从而使自我的存在与他人、社会、自然和宇宙一体流行、圆融无碍的身心修炼功夫。

礼仪实践作为一个"体态"与"心态"相与表里、融合无间的动态过程，由《乡党》中孔子的言行举止获得了形象和具体的展现。不过，"体态"和"心态"的互为表里、融合无间，往往很不容易做到。也正是在这个意义上，作为一种身心修炼的礼仪实践，又是一个需要不断学习的无有止境的过程。孔子曾经对子路说过"六言"（六种品德）及其"六蔽"（六种流弊）的话，所谓：

> 好仁不好学，其蔽也愚；好知不好学，其蔽也荡；好信不好学，其蔽也贼；好直不好学，其蔽也绞；好勇不好学，其蔽也乱；好刚不好学，其蔽也狂。（《论语·阳货》）

这里，"仁"与"愚"、"知"与"荡"、"信"与"贼"、"直"与"绞"、"勇"与"乱"以及"刚"与"狂"这六种品德及其流弊，相差仅在一线之间。往往稍有不慎，就会流于"愚"而犹自以为"仁"，流于"荡"而犹自以为"知"，流于"贼"而犹自以为"信"，流于"绞"而犹自以为"直"，流于"乱"而犹自以为"勇"，流于"狂"而犹自以为"刚"。而一旦产生"六蔽"而不自知，又一定会在"心态"和"体态"两个方面同时有所表露。由我们的日常经验即可知，正如"仁"、"知"、"信"、"直"、"勇"和"刚"一定会在诸如眼神、面部表情以及行、住、坐、卧等各种体态中都有所表露从而形成特定的"气象"一样，"愚"、"荡"、"贼"、"绞"、"乱"和"狂"也同样从来都不只是对"心态"或"体态"任何单方面的描述，而必然是"身心"两方面兼而言之。譬如，当我们说一个人"愚"时，一定是涵盖其精神心理状态和行为表现这身心内外两个方面。其他"荡"、"贼"、"绞"、"乱"和"狂"，也是一样。至于如何才能体现"六德"而避免"六蔽"，如孔子所说，关键在于"好学"。

孔子对"学"是极其重视的，不但《论语》以"学而时习之，不亦说乎"开篇，孔子本人的自我界定也正是"学"而非其他，所谓"十邑之内，必有忠信如丘者焉，不如丘之好学也"（《论语·公冶长》）。那么，"学"又是指什么呢？广义的"学"，当然指从理论到实践各种各样的学习，不过，由《论语》的文本尤其《乡党》一篇的语境来看，"学"更多地应当就是指学习作为身心修炼的礼仪实践，否则，是无法"时习之"的。在《论语·泰伯》篇中，孔子有一段类似于上引论"六德"与"六蔽"的文字，所谓"恭而无礼则劳，慎而无礼则葸，勇而无礼则乱，直而无礼则绞"。这里，孔子就明确点出了区别"恭"和"劳"、"慎"和"葸"、"勇"和"乱"以及"直"和"绞"的关键就在于有没有"礼"。至于如何才能做到"有礼"，这就需要将日常生活的任何场合都能作为身心修炼的契机，在日常生活的时时刻刻使我们内心的各种情感都能获得恰当的表达方式。

不过，正如《乡党》中的孔子形象所展示的，作为身心修炼的礼仪实践虽然随时随地、无时无刻不在进行，但同时又始终是因时制宜、因地制宜的。在不同的场合，对待不同的人，言行举止都需要有所不同。而这一点，就涉及了日常生活中作为身心修炼的礼仪实践的境遇性原则。能否贯彻这一原则，也是能否成就圣贤人格的一个重要保证。

四、"时"：礼仪实践的境遇性原则

本章第二部分开头已经提及，《乡党》最后一节与该篇其他各节有所不同。这一节是如下一段记载：

色斯举矣。翔而后集。曰："山梁雌雉，时哉！时哉！"子路共

之，三嗅而作。（第十八节）

这一段的意思大体是说，孔子与弟子们在山谷中行走，遇到几只雌雉。它们看见人们脸色稍有少许变动，便举身飞向天空，在空中盘旋观察再三，然后才飞下来停在一起。孔子于是说："看见这些山梁上的雌雉了吗？懂得时宜呀！懂得时宜呀！"子路向它们拱拱手，它们又振翅飞走了。

　　对比该篇其他各节，我们可以看到，如果说其余所有各节几乎都是孔子各种行为举止的描绘，并没有孔子的言论记录，那么，这里却恰好相反，整个一节的中心在于孔子的一句话，所谓"山梁雌雉，时哉！时哉！"不再有对孔子日常生活衣食住行的任何描绘。通观《乡党》全篇，只有这最后一节是"说"，前面 17 节几乎全都是"做"。[1] 或许正是由于前后反差如此之大，对于这一节，不仅历来注家认为难懂，历史上的异解也极多，甚至很多人怀疑是脱误。因为就《乡党》篇几乎完全"实录"孔子日常生活中的礼仪实践来说，最后一节显然是个"例外"。但是，依笔者之见，这一段文字之所以放在最后，并非偶然。事实上，孔子所谓"时哉"的话，恰恰道出了日常生活中作为身心修炼的礼仪实践所当遵从的最为重要的境遇性原则，正可以视为整个该篇的总结。

　　由前面对《乡党》篇的考察可见，"时"的境遇性原则贯彻于日常生活中礼仪实践的各个方面。就"言"来说，对不同身份的人，如对"下大夫"和"上大夫"，孔子说话的态度和语气有所区别。在不同的场合，如国君在与不在，孔子说话的方式也有所不同。就"衣"来说，居家穿的衣服和上朝穿的衣服，不论在色彩还是在形制上，都有所不同。如平常居家的衣服不用红色和紫色，出席丧礼时不戴紫羔和黑色的礼帽；居家穿的皮袄身材较长，而右边的袖子稍短；上朝和祭祀的时候穿用整幅布做的裙子，其他时候穿的裙子，则一定要裁去多

---

[1] 前面也有两节记录了孔子的话。一节是"问人于他邦，再拜而送之。康子馈药，拜而受之。曰：'丘未达，不敢尝。'"另一节是"厩焚，子退朝，曰：'伤人乎？'不问马。"这两节虽然似乎也记录了孔子的原话，但显然重点不在"话"本身，而仍在于孔子所为之"事"。

余的布。就"食"来说，对于不同的食品有不同的要求。如吃肉与饮酒即有所不同，吃肉不能超过五谷，酒则可以不限量，只要不喝醉即可。对于不同性质的食品，处理的方式也不一样，如参加国家庆典得到的祭肉不能过夜，自家或朋友送的祭肉则存放不超过三天。就"住"来说，自己平常居家时不过分讲究容仪，但国君前来时，即使卧病在床，也要披上朝服，加上用以收束朝服的绅带，并且头一定要朝向东方。就"行"而言，在不同的情境下，走路的姿态都不一样。如经过国君的座位时，要脚步轻快；走上朝堂时，要提起衣服的下摆；退朝走下台阶后，要快进几步。总之，在日常生活的各种礼仪实践活动中，孔子都会根据不同的场合，选择恰当合宜的行为方式。所谓"时哉"，说的正是那种因地制宜、因时制宜的境遇性原则。对于掌握"时"的原则从而在礼仪实践的过程中得心应手的孔子，芬格莱特曾经将其比喻为音乐大师，所谓"娴熟于礼的个体都类似于音乐表演的大师，尽管他总体上遵从预先定好的乐谱曲调，但是，他却以一种创造性的、艺术家的、积极主动的方式来诠释着这首乐曲。与此形成鲜明对照的，是一个刻板的空谈家或仅仅一个学徒对同一首乐曲的机械演奏，他们费力地履行着预定各种程序的每一个手法和转折变化，尽管所有的动作都做到正确无误，但是其中缺乏任何的艺术性可言。"[1] 诚然，由于礼仪实践遍布于包括衣食住行言等在内的日常生活的各种境遇，不同境遇中的礼仪实践具有不同的要求，只有"择时而动"、"因时而化"，我们的一言一行才能始终"得体"、"合礼"，身心之间的和谐无间、圆融流畅，也才能在举手投足之间获得自然充分的流露。孟子所谓"其生色也睟然，见于面，盎于背，施于四体，四体不言而喻"（《孟子·尽心上》），正是对这种身心修炼"得时"的生机盎然的精神气质的描绘。也只有始终把握"时"的境遇性原则，礼仪实践才真正是内心情感与其外部表现形式的统一，不致流于"玉帛云乎哉"的形同虚设。

---

[1]　中译本《孔子：即凡而圣》，页108。

作为"时机"，"时"不仅是指时间上的不同时刻，同时也是指空间上的各种场所。正是在时空的双重意义上，作为境遇性原则的"时"，使得作为身心修炼的礼仪实践涵盖了日常生活的点点滴滴、方方面面。儒家身心修炼的功夫之所以往往不像佛道两家身心修炼的功夫那样吸引人，就在于儒家并不在日常生活之外另觅一个修炼的时空，后者尽管有时可以使身心的修炼更为专一，但往往只能在特定的时空条件下进行，无法涵盖日常生活的全部；作为修炼成果的某种身心状态，也只能在特定的时空条件下保有，不能成为任何情况下存在的常态。佛教在中国之所以会发展到禅宗，所谓"行住坐卧，皆是禅定"（《六祖坛经·坐禅品第五》），"担水砍柴，无非妙道"（《景德传灯录》卷八），正是有见于此。儒家"时"的原则，就是要将存在的任何境遇都转化为身心修炼的机会，将生活中的所有经验都作为身心修炼的资源。如果礼仪实践不能随时随地进行，可以有时"行礼"有时"无礼"，身心修炼可以"时做时辍"，那么，"礼仪"就成了脱离生活、可有可无的东西，"学而时习之"也就无从谈起了。反观《乡党》中的孔子形象，正是善于将日常生活中的任何一种境遇作为礼仪实践的"时机"，不断地进行身心修炼，从而实现终极性的自我转化，最终"优入圣域"。

孟子曾经将孔子和伯夷、伊尹以及柳下惠三位圣人比较，并将孔子称为"集大成者"，所谓：

> 伯夷，圣之清者也；伊尹，圣之任者也；柳下惠，圣之和者也；孔子，圣之时者也。孔子之谓集大成。（《孟子·万章下》）

这里，在孟子看来，虽然伯夷、伊尹和柳下惠三位都可以说是圣人，但同样作为圣人，孔子仍然高于这三位而堪称圣人的"集大成者"。之所以如此，就在于孔子是"圣之时者"，能够"得时"。显然，对孟子来说，"时"是一个比"清"、"任"和"和"更高或至少有别于后三者而真正使孔子成为集大成者的一种价值原则。换言之，"圣"之所以为"圣"，关键就在于能够在日常生活中通过作为身心修炼的礼仪实践，根据所在的境遇随时随地对周遭的人物和事件给予最为恰当、得体的回应，始终贯彻如《中庸》所谓的"时中"原则，[1] 做到"泛应曲酬，发必中节"。[2]

五、结语

总之，本章以《论语·乡党》篇为例的考察，既在于稍事发覆，以补充该篇由于受到无论是古代注家还是现代经典诠释研究者长期忽视所产生的理解上的不足，更重在藉此彰显孔子所代表的先秦儒家以礼仪实践为身心修炼的功夫论内涵，由此发掘身心修炼的功夫实践在整个儒家传统中的一贯线索，从而也相应使儒家的功夫论不再仅仅囿于宋明儒学的脉络。

本书第一章已经指出，儒家功夫论的一个基本特征，就在于不但不以日常生活为身心修炼的负担，反而恰恰善于将人伦日用的每一个瞬间和场景作为实践身心修炼的机会，在人情世事的风云变幻中始终保有内心的祥和与自由。如果一个人只有在某种特定的身心状态（如静坐和调息）下才能不乱方寸，那么，一旦离开那种人为营造的宁静和安详，卷入纷繁复杂的大千世界，又如何保持身心的主宰与凝定呢？恰如王畿（1498—1583）所谓，较之从言语所得的"解悟"和从静坐所得的"证悟"，只有"从人情事变炼习"，能够做到"左右逢源"、"愈震荡愈凝寂"，才是身心修炼功夫纯熟所达到的"彻悟"境界。[3] 孟子所谓"义精

---

1 《中庸》第二章："仲尼曰：君子中庸，小人反中庸。君子之中庸也，君子而时中；小人之中庸也，小人而无忌惮也。"

2 该语原是朱子为其业师李侗（字愿中，称延平先生，1093—1163）所作《行状》中用来描述李侗修养所臻境界的，参见《宋元学案》卷三十九〈豫章学案〉。

3 王畿对"解悟"、"证悟"和"彻悟"的解说如下："君子之学，贵于悟也。悟门不开，无以征学。入悟有三：有从言而入者，有从静坐而入者，有从人情事变炼习而入者。得于言诠者，谓之解悟，触发印证，未离言诠。譬之门外之宝，非己家珍。得于静坐者，谓之证悟，收摄保聚，犹有待于境。譬之浊水初澄，浊根尚在，才遇风波，易于淆动。得于炼习者，谓之彻悟，磨砻锻炼，左右逢源。譬之湛体冷然，本来晶莹，愈震荡愈凝寂，不可得而澄淆也。根有大小，故蔽有浅深，而学有难易，及其成功一也。"见《王龙溪先生全集》卷十七《悟说》。

仁熟"的化境，也正是如此。由本章的考察可见，《乡党》一篇绝不只是单纯记录孔子日常生活的"流水账"，而是对孔子将日常生活与礼仪实践融为一体的"聚焦"式"录像"。并且，日常生活中无时无处不在的礼仪实践，对孔子来说根本是一种身心修炼的方式。孔子将日常生活礼仪实践化，同时也将礼仪实践日常生活化，正可以确保日常生活中任何时空条件下的举手投足、动容语默都成为一种身心修炼的功夫践履。如果我们再次回到《乡党》的文本，仔细体会孔子的一举一动、一言一行，相信我们会强烈而深刻地感受到孔子实在是随时随地、时时刻刻都处在身心修炼的状态并乐在其中。所谓"学而时习之，不亦乐乎"，只有在这个意义上才能获得更为深入的理解。事实上，正是在"时"的境遇性原则下，通过将日常生活、礼仪实践和身心修炼三位一体化，孔子从"十五而有志于学"到"七十而从心所欲不逾矩"，不断地"学而时习之"，最终以"即凡俗而神圣"、"不离俗而证真"的方式实现了身心的终极性转化，造就了圆满的"圣人"人格，为人类提供了一个可以效法的伟大典范。

第三章
"尽心"与"养气"
—— 孟子身心修炼的功夫论

本章提要

本章把帛书《五行》说部和通行本《孟子》七篇结合起来，作为了解孟子思想的整体文献依据，在既有研究的基础之上，对孟子身心修炼的功夫论进行了全面与彻底的考察。依本章之见，孟子功夫论的核心观念是"心"和"气"，而孟子功夫论不同于先秦其他诸家"治气养心之术"的地方，既在于孟子对"心"和"气"的理解，也在于孟子"尽心"与"养气"的意涵。孟子的"心"是道德法则、情感和意志的三位一体，孟子的"气"则是以"仁义"为内涵、以"刚大"为特征的作为"德气"的"浩然之气"。孟子身心修炼的功夫实践，无论"尽心"还是"养气"，都不是以外在的规范来约束自然的生命，而是由内而外扩充固有的本心和德气，使之不仅流通贯注于自己作为个体的全幅身心，进而遍及自我之外的他人和世间万物，展现为一种内在德性自我推动之下不断外化的过程。这一特点不仅在先秦诸家的功夫论中独树一帜，较之古希腊罗马传统特别是其中以斯多亚派为代表的"精神修炼"，孟子身心修炼的功夫实践不仅"心"与"身"兼顾，也更为外向和积极健动。而孟子特别提出的"大丈夫"观念，则是其身心修炼功夫所指向的理想人格。这一理想人格的"大成"，在孟子对于"圣"和"神"境界的描绘中得到了展现。

一、引言

我在本书第一章已经指出,"功夫论"是中国哲学传统中的一个重要和独特的部门。这一方面的内容,在西方现代的学术分类系统中,或许在"Religion"而非"Philosophy"中更容易找到其对应。但是,"功夫"固然是身心修炼的实践活动,而"功夫论"则是对于作为一种实践法门的理论反思和总结。没有理论反思和总结的实践,不免于"冥行闇修"的"无舵之船"。事实上,儒学作为一种尤其注重身心修炼的思想和精神性的传统(intellectual and spiritual tradition),自始即包含功夫论的内容。如果说这一方面在孔子那里更多地是通过日常生活方方面面的"身教"而"现身说法",如本书第二章对于《论语·乡党》篇的考察可见,到了孟子那里,则显然更有直接的"论述"。

孟子的思想,迄今为止海内外已有相当充分的研究。但是,相对于其中"心性论"以及"政治学"的部分,孟子的"功夫论"仍然是一个研究较为薄弱的领域。甚至可以说,"功夫论"作为一个自觉的问题意识进入孟子研究的领域,恐怕是 20 世纪现代学术建立以来,比较晚近才逐步在部分学者当中得以展开的。孟子思想中功夫论研究的相对薄弱,除了学界对于这一问题意识的自觉尚不足够之外,还有一个重要原因就是研究该问题的文献基础一直没有扩展。或者说,单纯以《孟子》这一文本为基础,孟子功夫论所能够援以为据的文献仍嫌有限。例如,孟子功夫论中一个重要的观念"浩然之气"以及如何"养"此"浩然之气",仅凭《孟子》本身,便难以获得充分有效的说明。如果我们的诠释不能"虚发",而是必须建立在坚实的文献基础之上,那么,除非在通行的《孟子》之外获得更多足以反映孟子功夫论思想的文献支持,关于孟子功夫论的研究便难以获得切实的推进。

幸运的是,20 世纪 70 年代以来,不断有新出土的先秦儒家文献问世。学者的相关研究,也日益为重新审视包括儒学在内的整个先秦时期的思想世界提供了文献基础。例如，对于孔子的思想，在《论语》之外，非但以往因疑古思潮而不敢为研究者利用的传世文献得到了肯定，成为孔子思想的可靠依据，甚至一些以往历史上长期湮没的孔子的思想材料，如郭店、上博、清华等竹简所载，也重见天日，为孔子研究增添了崭新的文献。就孟子而言，陈来先生论证帛书《五行》说部为孟子之作，笔者就认为是可从的。[1] 在这个意义上，可以说帛书《五行》说部的内容同样为进一步理解孟子的思想提供了崭新的文献补充。本章之作，就是把帛书《五行》的说部和通行本《孟子》结合起来，作为了解孟子思想的整体文献依据，在既有研究的基础之上，从"论"（arguments）与"证"（evidences）两个方面切实推进，力求对孟子的功夫论予以全面与彻底的考察。

二、"大人"与"大丈夫"：功夫实践指向的理想人格

如果说功夫论的重点在于对"功夫"的反省，即思考如何实践或者说具体的实践法门，那么，功夫实践的目标或归宿，虽然不构成功夫论的核心，却也是题中应有之义。尽管成为圣贤这样的理想人格是儒家功夫实践的通义，或者说所有儒家人物功夫论的根本问题意识都是要成为圣贤这样的人格典范，但是，在对于儒家理想人格典范的具体理解上，不同儒家人物仍然可以有各自的不同。在这一点上，较之先前的孔子和

---

[1] 参见陈来先生的两篇论文："《五行》经说分别为子思、孟子所作论——兼论郭店楚简《五行》篇出土的历史意义"和"帛书《五行篇》说部思想研究——兼论帛书《五行篇》与孟子的思想"，收入其《竹帛五行与简帛研究》（北京：生活·读书·新知三联书店，2009）。虽然帛书《五行》说部与通行本《孟子》在思想上无可置疑地一致，但有学者并未将说部视为孟子本人的作品，而是归于所谓的"孟子后学"。这一判断似乎是出于审慎，但是，如果作为帛书《五行》说部作者的孟子后学仍在荀子之前，那么，荀子所谓"子思唱之，孟轲和之"就未免成了"误判"而匪夷所思。显然，如果说部的作者是"孟子后学"而非"孟子"，身在其后而又读过该文献的荀子，就不会言之凿凿地以"孟轲和之"来指称。仅就此而言，笔者即认为陈来先生的判断更为合理。当然，将帛书《五行》说部归于孟子后学者，认为其思想应是《孟子》一书思想的后续发展，这与陈来先生认为帛书《五行》说部属于孟子中期思想而在《孟子》定本之前的说法是不相一致的。本章意在专事从义理的角度考察孟子功夫论的思想内容，无法旁及这一问题，其考证与辨析另当别论。

子思，孟子的思考就显示出他的与众不同之处。因此，在具体考察孟子关于如何从事功夫实践的论说之前，我们首先来看一看，在功夫实践所指向的目标或者说通过功夫实践成为怎样的一种人格这一点上，孟子的思想为何。

关于功夫实践所要达成的目标，即理想的人格典范，孟子首先继承了之前儒家尤其孔子所开启的思想。如所周知，"君子"是孔子之前便已存在的一个观念，而孔子的贡献则是将界定"君子"的标准从"位"转换为"德"。换言之，"君子"和"小人"不再是指贵族和庶民，而是高尚之人和奸邪之徒；区分"君子"和"小人"的标准不再是血统，而是德行。因此，在《论语》中出现109次的"君子"这一概念，主要是指作为一种理想人格的品德高尚之人，这就与《诗经》等更早文献中那种作为贵族的"不素餐兮"的"君子"区分开来。在这种意义上使用"君子"，将其视为功夫实践最终所应当成就的一种理想人格，在《孟子》那里得到了同样的反映。并且，如果说《论语》中尚有"君子"一词贵族意义的保留，[1] 在《孟子》中出现82次的"君子"，则基本都是在品德高尚之人这一涵义上加以使用的。

不过，就"君子"这一观念来说，虽然孟子对于儒家理想人格的描述主要继承了孔子，但这并不意味着孟子对于儒家理想人格的典范缺乏自己独特的思考。事实上，更能够体现孟子对于儒家理想人格的描绘的观念，反映在他关于"大人"尤其是"大丈夫"的论述之中。

（一）大人

"大人"这一观念在《诗经》《周易》等古代文献中已经出现，基本是指身居高位的政治社会人物。《论语》中只有一句话中出现过这一观

---

1 例如，《论语·子罕》中有这样一句："大宰问于子贡曰：'夫子圣者与？何其多能也？'子贡曰：'固天纵之将圣，又多能也。'子闻之，曰：'大宰知我乎！吾少也贱，故多能鄙事。君子多乎哉？不多也。'"这句话中的"君子"，孔子就保留了以往"贵族"的涵义。当然，这种意义上的"君子"，《论语》中也仅此一例。

念，所谓"君子有三畏：畏天命，畏大人，畏圣人之言。小人不知天命而不畏也，狎大人，侮圣人之言。"（《季氏》）显然，这里的"大人"是继承了《诗经》《周易》的传统而意指身居高位的政治社会人物。由此可见，孔子并没有像对待"君子"那样赋予"大人"一词以新的涵义。

然而，在孟子那里，"大人"一词不仅出现 12 次，其涵义也发生了明显的转化。比如以下四条：

> 非礼之礼，非义之义，大人弗为。（《离娄下》）
>
> 大人者，言不必信，行不必果，惟义所在。（《离娄下》）
>
> 大人者，不失其赤子之心者也。（《离娄下》）
>
> 居仁由义，大人之事备矣。（《尽心上》）

显然，根据这几条对于"大人"的描述，对孟子来说，"大人"之所以为"大人"，既在于能够体现仁、义、礼这些价值，也在于能够"不失其赤子之心"。而根据孟子"仁义礼智根于心"（《尽心上》）的观点来看，可以说"赤子之心"的内容规定原本就是"仁义礼智"；不失赤子之心，也就是能够"居仁由义"。并且，从其他出现"大人"这一字眼的语脉来看，"大人"也几乎都是指能够以本心为行为指导原则而体现仁义价值的人格典范，而与是否具备政治社会属性基本无关了。[1]

总之，"大人"已经是孟子与众不同的一个概念。在《论语》甚至后来的《荀子》等儒家文献中，"大人"主要是指具有重要政治和社会地位的人物，还不是侧重于以品德而著称的人格典范。孟子的"大人"，则明显主要是指后者。如果说将"君子"的涵义由贵族转化为品德高尚之人是孔子的一大贡献，那么，将"大人"的涵义由高位的政治社会人物转化为能够"居仁由义"而"不失赤子之心"的品德高尚之人，则可以说是孟子的一大贡献。不过，结合后文关于孟子对于"心"和"气"

---

[1] 《孟子》中大概只有一处沿袭了从政治社会地位的角度规定"大人"的旧说，所谓"说大人，则藐之，勿视其巍巍然。"（《尽心下》）

的讨论，我们也许可以说，最能反映孟子所理解的儒家理想人格特点的，除了"大人"之外，更有"大丈夫"这一观念。

（二）大丈夫

在《孟子》中，孟子自己对于"大丈夫"的描述虽然只有一处，却极为鲜明，也因此成为后世传颂的经典名句。所谓：

> 居天下之广居，立天下之正位，行天下之大道。得志与民由之，不得志独行其道。富贵不能淫，贫贱不能移，威武不能屈。此之谓大丈夫。（《滕文公下》）

这里，尽管没有出现仁、义、礼的字眼，但"居天下之广居，立天下之正位，行天下之大道"，显然正是仁、义、礼这些价值的身体力行。而"得志与民由之，不得志独行其道"以及"富贵不能淫，贫贱不能移，威武不能屈"，更是令人直接感受到孟子所描述的那种"浩然之气"。

在先秦儒家的文献中，似乎只有孟子使用了用来描述理想人格的"大丈夫"这一概念。《论语》《礼记》《荀子》《孝经》等通行本儒家经典中，都没有这一概念。而在先秦的其他思想流派中，大概也只有道家的《老子》与法家的《韩非子》中各有一处出现过"大丈夫"的字眼。《老子》第38章中所谓"是以大丈夫处其厚，不居其薄；处其实，不居其华。"至于《韩非子·解老》中"所谓大丈夫者，谓其智之大也。所谓处其厚不处其薄者，行情实而去礼貌也。所谓处其实不处其华者，必缘理不径绝也。所谓去彼取此者，去貌径绝而取缘理好情实也。"则是对《老子》中"大丈夫"一词的解释。更为关键的是，无论是《老子》本身还是《韩非子》的解释，都显然与孟子所谓的"大丈夫"形象相去甚远，可以说代表了完全不同的人格理想。

就此而言，认为"大丈夫"是孟子关于儒家理想人格最为独特的理解和规定，当不为过。并且，通过后文的讨论我们可以看到，"大丈夫"这一概念的特点与孟子以"至大至刚"来界定作为一种"德气"的"浩然之气"，恰好是彼此符合和相互支持的。在这个意义上，孟子身心修炼功夫的终极指向，固然是"君子"，这是他和孔子以及后来的荀子乃至所有儒家人物所共同的地方，但更是"大丈夫"这一孟子所特有的理想人格典范。

需要说明的是，"大丈夫"并非一个生物学意义上的男性概念，而是一个社会学意义上的人格典范。即便战国时代男性中心不言自明，孟子使用"大丈夫"这样一个在现代社会易令人产生男性中心主义（sexism）联想的词汇，我们也不应当理解为只有男性才能成为孟子描述的那种"大丈夫"。从孟子答曹交之问中对于"人皆可以为尧舜"（《告子下》）的肯定来看，"大丈夫"显然不应当是一个只向男性开放的观念。从诠释与重建的角度，如今尤其应该将"大丈夫"理解为一种每个人通过自身修养都可以达到的人格典范。反之，如果不能实践孟子所提倡的身心修炼功夫，以"优入圣域"为终极目标，那么，生物学意义上的"大丈夫"，或者说性别意义上的男性，同样可以堕入"妾妇之道"（《滕文公下》）。当然，孟子这里所谓的"妾妇"和"大丈夫"一样，也仍然并非生物学和性别意义而是社会学意义的。

（三）"圣"与"神"：理想人格典范的至高境界

事实上，就整个儒家传统而言，君子、大人、大丈夫和圣贤一样，都是对于一种理想人格的描绘。只不过这些不同的词汇，反映了在成就理想人格过程中的不同侧面和程度。如果说"君子"更多地体现了"宽裕温柔"的一面，那么，"大丈夫"则更多地显示了"发强刚毅"的一面。而无论是"宽裕温柔"还是"发强刚毅"，都是儒家理想人格兼而有之的精神气质。"圣人"代表了理想人格的最高成就和典范，"贤者"则意味着距离最高成就和典范尚有一定距离的程度。后世如周敦颐（1017—1073）所谓"士希贤，贤希圣，圣希天"（《通书·志学》），正是对于人格不断提高和境界层层升进的描述。对此，孟子也曾用他自己的语言进行过描绘：

> 可欲之谓善，有诸己之谓信。充实之谓美，充实而有光辉之谓大，大而化之之谓圣，圣而不可知之之谓神。(《尽心下》)

这里，"善"、"信"、"美"、"大"、"圣"和"神"不仅是对儒家理想人格不同侧面的描绘，也是对于功夫实践道路上不断进阶的形容。"可欲之谓善"显然和孔子的"我欲仁，斯仁至矣"(《论语·述而》)以及"为仁由己"(《论语·颜渊》)的观念遥相呼应，意在指出"仁"和"善"的价值追求与实现不受外部条件的制约，只要一念发动求仁向善，所谓"可欲"，即已在成就"仁"与"善"的途中了。而一念"欲"善，内在的"仁义"便已然启动发用，成为真实不虚的自我意识。"有诸己之谓信"，也正意在表明"善"的价值已经不再是外在于自己的抽象观念，而成为植根于自身的价值自觉。这和孟子提倡的"自得之学"，所谓"君子深造之以道，欲其自得之也"(《离娄下》)，正相符合；与孔子的"为己之学"以及《中庸》里"诚"的观念，无疑也是一脉相承。而"充实之谓美"，则是"有诸己"的更进一步，表明以"仁义"为内容的"善"在自身得到了完全与充分地实现。这在孟子看来，可以说是一种"美"。至于"充实而有光辉之谓大"，则意味着"善"的价值彰显和实现不再是一种局限于自身的行为，而必定要对身外的世界产生影响。既然是"光辉"，对周遭的照耀之功，就是可想而知的。这一点，与《中庸》的"修道之谓教"，在义理内涵上同样彼此呼应。如此"己立"("充实")而"立人"("有光辉")的教化之功，自然非崇高而伟大("大")不足以形容。不过，对孟子来说，儒家理想人格的成就并未至此而止。其终极的境界只有在"圣"与"神"这两个观念中才达至最后的圆满。如果说"圣"的涵义不仅在于理想人格充分实现了"四端之心"并发挥了"浩然之气"(详后)，更在于这种理想人格化除了那种崇高伟大的庄严之相而不再显得与众不同，那么，"神"的意思就在于：在"己立立人"和"己达达人"的作用过程中，"圣人"的化育之功不着痕迹，以"润物细无声"的方式潜移默化。所谓"不可知"，即是此意。

事实上，"圣人"化育之"神"的这种特征，作为"圣人"在"成己成物"过程中最高境界的表现，在帛书《五行》说部中就直接被称之为"大成"：

> 大成也者，金声玉振之也。唯金声而玉振之者，然后己仁而以人仁，己义而以人义。大成至矣，神耳矣。（第 21 章）

《孟子》中有"集大成也者，金声而玉振之也。金声也者，始条理也；玉振之者者，终条理也。始条理者，智之事也；终条理者，圣之事也"（《万章下》）的句子，与上面这句话完全可以相互印证。并且，"己仁而以人仁，己义而以人义"不仅是对孔子"己欲立而立人，己欲达而达人"（《论语·雍也》）的呼应，更进一步点明了对"己"和"人"来说，"立"与"达"的终极标准都在丁"仁"和"义"。而对于发挥"仁义"以立己立人的最高成就和自我人格实现，所谓"大成"，孟子正是用"神"这一概念来加以描绘和形容的。

当然，功夫论之所以为功夫论，或者说功夫论的主要内容，更多地还不在于对理想人格的理解，而在于对如何实现和达成这一人格所提出的一整套实践方法。下面，我们就进一步来考察，对孟子来说，成为君子、大人和大丈夫，需要通过什么样的方法才能实现。依笔者之见，就此而言，孟子有两个核心的观念，一是"心"；一是"气"。对孟子来说，只有通过对于"心"与"气"的修养，才能最终实现君子、大人、大丈夫以及圣贤的人格理想。

三、"心"的修养

在巫觋传统被理性化的"哲学突破"（philosophic breakthrough）或"轴心突破"（axial breakthrough）取代之后，虽然"心"和"气"成为先秦诸家思想在"修身"这一功夫论议题上共同关注的中心观念，"治气养心之术"（《荀子·修身》）也被认为是成就理想人格以及实现"天人合一"的不二法门。[1] 但是，对于"心"和"气"的理解，以及具体如何"治气养心"，诸家之说仍然各有不同。如果说"治气养心之术"正是功夫论的实际所指，那么，对于"心"和"气"的涵义为何以及如何修养"心"与"气"这两个密切相关的问题，孟子的功夫论依然给出了与众不同的回答。

即便不限于儒家一派，孟子对于"心"的关注和论述在先秦诸多思想流派中也是非常突出的。如果就儒学而论的话，先秦儒家中论"心"最为详细者，恐怕更非孟子莫属。也正是因为这一点，孟子被认为是儒家心学传统的开山鼻祖。在《孟子》中，有"不动心"、"求放心"、"存心"、"养心"、"尽心"，以及与"心"直接相关的"思"。在帛书《五行》说部中，则有"慎其心"、"独其心"、"一其心"。以下，我们就根据孟子所有关于"心"的文献，对其修心的功夫论予以考察。我们将依次探讨两个密切相关的问题：首先，心的涵义；其次，修心功夫的具体内容和特点。

（一）心的涵义

孟子对于心的界定非常明确和一贯。在《孟子》中，有"赤子之

---

1 关于这一点，参见余英时先生的《论天人之际——中国古代思想起源试探》（北京：中华书局，2014）。余先生说"治气养心之术"是后世所谓'功夫论'的远源（页62），其实无异于指出了先秦诸家存在着功夫论的共同课题。余先生此书以整个先秦的中国思想为对象，并不限于儒学一家。至于专论儒如何从巫觋传统中逐渐实现其理性化的哲学突破，参见陈来先生的《古代宗教与伦理——儒家思想的根源》（增订版）（北京：北京大学出版社，2017）。

心"(《离娄下》)、"本心"(《告子上》)、"良心"(《告子上》) 以及最为后世所知的"四端之心"("恻隐之心"、"羞恶之心"、"辞让之心"、"是非之心")(《告子上》)。而在所有这些关于心的论述中，孟子几乎都是关联于"仁义"来对心加以解说的。[1] 以"仁"、"义"、"礼"、"智"直接对应"恻隐之心"、"羞恶之心"、"辞让之心"和"是非之心"，已是大家耳熟能详的。以"义"来界说"本心"，也是孟子以"鱼和熊掌不可兼得"为喻来展开其关于"舍生取义"之论时的要点和归结。除此之外，我们不妨以研究者较少论及的"良心"这一观念为例，对此略加说明。

《孟子》中以下这段话和比喻，往往在讨论孟子的人性论时被引用。事实上，孟子最早提出并成为迄今为止中文日常语言和书写中极为常用的"良心"一词，也出现在这一段话中。所谓：

> 牛山之木尝美矣，以其郊于大国也，斧斤伐之，可以为美乎？是其日夜之所息，雨露之所润，非无萌蘖之生焉，牛羊又从而牧之，是以若彼濯濯也。人见其濯濯也，以为未尝有材焉，此岂山之性也哉？虽存乎人者，岂无仁义之心哉？其所以放其良心者，亦犹斧斤之于木也，旦旦而伐之，可以为美乎？其日夜之所息，平旦之气，其好恶与人相近也者几希，则其旦昼之所为，有梏亡之矣。梏之反复，则其夜气不足以存；夜气不足以存，则其违禽兽不远矣。人见其禽兽也，而以为未尝有才焉者，是岂人之情也哉？故苟得其养，无物不长；苟失其养，无物不消。孔子曰："操则存，舍则亡；出入无时，莫知其乡。"惟心之谓与？(《告子上》)

在这一段话里，孟子"良心"与"夜气"并举，并不是偶然的。关于"气"的"存养"以及"心"与"气"之间的关系问题，后文会有专

---

[1]   在《孟子》中大概只有一处没有以"仁义"来界定"心"之内容，即《告子上》中"欲贵者，人之同心也"。这里所同之心，是指人们都希望能够获得社会地位和名誉这样的一种心理，虽以仁义为本，但价值上属于中立，可谓一种人之常情。

门的讨论。这里需要指出的是，由这段话显然可见，对孟子来说，"良心"即是"仁义之心"。他引孔子的话表明"操存"的功夫要用在心上，也是意在强调所要"操存"的心是作为"仁义之心"的"良心"。由此对照帛书《五行》说部第22章接连两次"仁义，心也"的直接表达，就完全若合符节了。事实上，接下来我们会进一步看到，当孟子具体论述其关于心的功夫实践时，他也同样几乎处处不忘提示仁、义、礼构成心的内容。例如，在表达"存心"这一功夫论的观念时，孟子说的就是"君子所以异于人者，以其存心也。君子以仁存心，以礼存心。"(《离娄下》)

如此来看，孟子"心"的涵义非常明确，用现代哲学的语言来说，即是道德主体。并且，无论是道德理性与道德情感的两分，还是道德法则、道德情感和道德意志的三分，如果说这些观念的所指在西方哲学主流的理性主义传统中往往处于彼此区分的状态，那么，对孟子来说，作为道德主体的心就是理性与情感的合一，法则、情感和意志的合一。"四端之心"作为一种道德情感显而易见，尽管这种情感不必是康德批判哲学意义上仅限于感性领域的情感，而如牟宗三先生所谓，可以是一种不预设感性和理性两分架构之下的"本体论的觉情"(ontological feeling)。[1]而当孟子强调"理义之悦我心，犹刍豢之悦我口"(《告子上》)、"仁义礼智根于心"(《尽心上》)以及"由仁义行，非行仁义也"(《离娄下》)时，他显然又意在指出，道德法则并不是处在心外而要心去认知和符合

---

[1] 对于孟子意义上的道德情感（即"我固有之，非由外铄"的四端之心）与康德批判哲学中道德情感的不同，牟宗三先生极为敏感。他在注释《实践理性批判》中关于道德情感的部分时，专门对此提出说明："康德如此说道德情感，以及不允许假定有一种道德的感取，恰如朱子说心以及其反对以觉训仁。朱子视知觉为智之事，即是视之为'指向一对象的一种知解的（理论的）知觉之力量'。但'以觉训仁'中的那个'觉'（明道与上蔡所意谓者）却只是道德情感，而不指向对象，亦不是一知解的知觉力量，此可名曰'觉情'，此亦可说'觉'，即'恻然有所觉'之觉。康德在此只说情（情感之情），我们可加一'觉'字而直说'觉情'。但此觉情却又不只是一种感受，只是主观的；它是心是情亦是理，所以它是实体性的仁体，亦可说是觉体，此则比康德进一步。纵使就'是非之心智也'而言，智亦不是如朱子所理解，为'一种指向对象的知解的知觉力量'（借用康德语），为一认知字，而乃是本心仁体底一种决断力，实践的知觉力量（觉情之知觉力量），非知解的（知识的）知觉力量，故阳明由之而言良知以代表本心仁体也。故此'是非之心智也'之智亦同时是心是情是理者。此则既驳朱子亦驳康德。"见牟宗三译注：《康德的道德哲学》，《牟宗三先生全集》(台北：联经出版公司，2003)，第15册，页504。

的对象，而就是心之所以为心的内容所在。后世陆象山（1139—1193）和王阳明（1472—1529）所谓的"心即理"，正是继承了孟子的这一思想。同时，当孟子以"闻一善言，见一善行，若决江河，沛然莫之能御也"（《尽心上》）来形容"仁义之心"在启动之后的发用状态时，他所强调的又是作为一种道德意志的心在自我定向和自我实现时的决断（determination）和动力（dynamics）。

（二）修心的功夫

在明确孟子心的涵义这一基础之上，进一步要追问的是，如何让作为道德法则、道德情感和道德意志三位一体的心去发挥作用而最终"引人入圣"呢？以下，就让我们考察孟子修心功夫的具体方面及其特点。

孟子的修心功夫，可以分为消极意义的内向凝聚和积极意义的外向充拓两个方面。前者反映在有关"不动心"、"养心"、"存心"、"独其心"和"一其心"的讨论之中，后者则分别在"求放心"、"思"、"慎其心"和"尽其心"中得到了更为充分的阐发。当然，所谓"消极意义"和"积极意义"只是一种方便的区分。"消极"并不意味着功夫的怠惰，只是着重指出这种功夫更多地注重于心的专一凝定，从而为心的自觉呈现并不断扩充、遍及外物设定必要的启动机制。"积极"固然重在指出心的"扩而充之"这一方向和动力，但其发动的前提，也首先必须是心不受外界干扰，在"存"、"养"之下专注于自身（"一"与"独"），从而使心作为"本心"、"良心"、"四端之心"而非"物交物则引之"的"习心"呈现自身。

"不动心"的问题，是公孙丑在和孟子的问答中得以讨论的。并且，正是在公孙丑的一再追问之下，孟子不但表达了他对于"不动心"的理解，并进而表达了对"言"、"心"、"气"、"志"这几个观念及其之间关系的看法。其"知言"、"养气"之说，也正是在这一语境之中提出的。"养气"以及"心"和"气"的关系，后文会有专门的讨论。这里暂且集中于修心的问题。

公孙丑首先向孟子提出的问题是："夫子加齐之卿相，得行道焉，虽由此霸王不异矣。如此，则动心否乎？"孟子的回答非常直接，"否。我四十不动心。"非但直接否定，更指出在自己四十岁时已经能够做到"不动心"。公孙丑的发问意味着，在他看来，政治权力和社会地位足以对人心产生诱惑。所谓"动心"，即是受到包括政治权力和社会地位等荣华富贵的诱惑，而丧失其原初的平静与定向。而"不动心"作为一种心的修炼功夫，固然与一般意义上对于外界事物的不关痛痒（apathy）和无动于衷（indifference）有很大差别，也与古希腊斯多亚学派（Stoicism）所谓的"apatheia"并不相同。因为"apatheia"主要是指不受感觉、情绪影响而获得的一种内心平静，[1]而孟子的"不动心"则特别意味着心能够抵御外部世俗世界的种种刺激和诱惑，尤其是政治权力和社会地位，不为其牵动而失去原初的平静和方向。不过，无论如何，"不动心"尚不是心向外充拓的积极发用，而是在消极意义上对于外部一切可能构成心的干扰因素的拒绝和阻断。借用军事上的术语比喻来说，它还只是"被动防御"，而非"主动出击"。

当然，即便是消极意义上对于外部干扰的屏蔽，达到"不动心"的方式也有多种。面对公孙丑"不动心有道乎"和"敢问夫子之不动心，与告子之不动心，可得闻与"的追问，孟子就以北宫黝、孟施舍和曾子为代表，分别了"不动心"的几种不同情况，并辨析了他的"不动心"与告子先于他达到的"不动心"这两者之间的不同。[2]在孟子看来，北宫黝和孟施舍的"不动心"其实只是坚守于"气"而达到的一种不为外界所动的状态，尚非在"心"上用功的结果。只有曾子"吾日三省吾身"的"守约"，才是在自心上做功夫所达到的境界。至于告子的"不动心"，虽然也是在自心上做功夫，但却是以外在于自心的道德规范来

---

1 关于"apatheia"在 Stoicism 中的涵义，参见 Richard Sorabji, *Emotion and Peace of Mind: From Stoic Agitation to Christian Temptation* (New York: Oxford University Press, 2002)。

2 对于孟子"不动心"与北宫黝、孟施舍、曾子和告子"不动心"的差别，李明辉在其《孟子》知言养气章的义理结构"一文中有层次分明的辨析，值得参考。参见其《孟子重探》(台北：联经出版公司，2001)，页 10—25。

强制约束自己的结果。孟子对告子"未尝知义，以其外之也"的批评，其意正在于此。

如果说"不动心"的关键在于阻绝外诱，那么，当孟子说"养心莫善于寡欲"（《尽心下》）时，其实也是在提示一种和"不动心"同样效果的摈弃诱惑的功夫实践。事实上，在几乎所有的古典文献中，"欲"都代表着对于种种诱惑的贪恋。如此一来，既然"寡欲"是最佳的"养心"功夫，所谓"莫善于"，那么，"养心"之功与"不动心"同效，也就是显而易见的了。需要指出的是，"寡欲"一说，表明孟子提倡的并非禁欲主义（asceticism），而只是要减少过度的欲望。这可以说是儒家传统一贯的基本立场。即便后世宋明理学中的"存天理、灭人欲"一说，也不是要在一般意义上取消人们正常的感性欲望，[1]而仍然是孟子的"寡欲"之意。朱子对于"饮食之间，孰为天理，孰为人欲"这一问题的回答，所谓"饮食者，天理也；要求美味，人欲也"（《朱子语类》卷十三），即是明证。

无论是"不动心"还是"养心"，功夫的着力点主要在于专注于心本身，使之不受各种诱惑和嗜欲的扰乱而呈现自我。这种内向凝聚的特点，在帛书《五行》说部中，孟子也曾用"独其心"来加以形容：

> "君子之为德也，有与始，无与终"。有与始者，言与其体始；无与终者，言舍其体而独其心也。（第8章）

"舍其体"也就是舍弃包括身体五官等"小体"所代表的感性因素对于心的影响，这和"寡欲"说是一致的。而在"舍体"基础上的"独其心"，就是"舍小体"而"从大体"。[2]恰如陈来先生所言："即独从其

---

1   对于"存天理、灭人欲"这一长期遭受误解的命题本有和应有的涵义，陈来先生曾有很好的解释，参见其《宋明理学》(沈阳：辽宁教育出版社，1991)"引言"中"宋明理学的正名"部分。
2   "大体"指心，《五行》说部第22章有明确的表达："耳目鼻口手足六者，人体之小者也；心，人体之大者也，故曰君也。"这与《孟子·告子上》中孟子与公都子论"大体"、"小体"的说法是一致的。

心之所命、独从其心之所好。也就是使心独自地、不受身体五官影响地发挥其功能。"[1] 这样理解的话，说部第 7 章中所谓"言其所以行之义之一心也"，与"独其心"相一致，也可以理解为"一其心"，即专一于心本身。当然，与前文关于孟子心之涵义的讨论相印证，这里的心不是空空如也，而是以"义"为其内容的。先秦各家的功夫论大都讲"专一"，但未必是专一于心。如《管子·内业》中也有"一"的功夫，所谓"能搏乎？能一乎？能无卜筮而知吉凶乎？能止乎？能已乎？能勿求诸人而得之己乎？思之，思之，又重思之。思之而不通，鬼神将通之。非鬼神之力也，精气之极也。"显然，这与孟子的"一其心"不同，而是要专一于"精气"。即便也有专一于心的功夫论，如《庄子》"心斋"之类，但其心的内容，大都没有像孟子这样赋予其强烈的"仁义"内涵。事实上，孟子的功夫论也有"养气"的部分，但他对于"气"的理解，仍然与《管子》一类的"精气"观念显示了很大的不同。这一点，后文论孟子"养气"的部分会有专门的探讨。

在通过"寡欲"而摈除诱惑的同时，也就意味着心要自作主宰。如此一来，心的功夫实践，就更多地从消极地抵御外部诱惑而凝聚自身，转为呈现自身，所谓"求放心"、"慎其心"，并最终充拓自身，使心本身所蕴含和体现的内在价值得到充分的实现，所谓"尽其心"。

在孟子看来，现实世界中人之初心往往已经失去，要让心发挥其应有的功能，实现其内在的价值，就必须首先回到它作为"仁义之心"、"本心"和"良心"的原初状态。对此，孟子称之为"求放心"，所谓：

> 仁，人心也；义，人路也。舍其路而弗由，放其心而不知求，哀哉！人有鸡犬放，则知求之；有放心，而不知求。学问之道无他，求其放心而已矣。(《告子上》)

---

[1] 陈来："帛书《五行篇》说部思想研究——兼论帛书《五行篇》与孟子的思想"，《竹帛五行与简帛研究》(北京：生活·读书·新知三联书店，2009)，页 158—200。

从"学问之道无他，求其放心而已矣"的表述来看，孟子对于"求放心"作为一种修心的功夫实践，是十分推重的。因为只有首先回到心的本来状态，使之获得自觉的呈现，作为其内在价值的仁义才会得以实现。比如，只有按下灯的开关，灯才继而会发光一样。"求放心"就好比是启动灯具的开关这一步骤，是心的内在价值得以实现的第一步。当然，这里所谓"仁，人心也；义，人路也"的观念，也再次显示了对于孟子来说，仁义正是心的内容所在。丢失而需要找回的心，正是以仁义为内容的"良心"。前文曾引《告子上》中的这样一句话："虽存乎人者，岂无仁义之心哉？其所以放其良心者，亦犹斧斤之于木也，旦旦而伐之，可以为美乎？"与上引之句对照来看，这一点是显而易见的。事实上，孟子以"乍见孺子入井"这一设想的情境来论证"恻隐之心"对于人类来说的普遍与固有，也正是要指出，寻获放失之心而回归原初的动力，恰恰来自于"本心"的自觉与呈现。

而一旦"放心"找回，在孟子看来，心的作用也就会"若决江河，沛然莫之能御"。由于作为"心之所同然"的"理义"（也即是"仁义"）原本就是心的内容所在，如此一来，心的发生作用，也就是仁义价值的彰显。孟子所谓"理义之悦我心，犹刍豢之悦我口"、"心也者，悦仁义者也"（帛书《五行》说部第 22 章）以及"源心之性则巍然知其好仁义也"（说部第 23 章），正是基于他的这样一种信念。进而言之，既然是"沛然莫之能御"，那么，仁义作为心的内容，就应当获得充分的彰显和实现。这一点，正反映在孟子"慎其心"尤其是"尽其心"的观念之中。

"慎其心"出自帛书《五行》说部第 7 章，所谓"'君子慎其独'，慎其独也者，言舍夫五而慎其心之谓也。"这里的"慎"是"顺"的意思。[1]"舍夫五而慎其心"，与前文提及的"舍体"说一致，就是意味着舍弃五官的感性喜好而顺从心之所好。既然"心也者，悦仁义

---

1 帛书《五行》说部第 7 章"慎其心"中的"慎"字，众解不一，这里从魏启鹏说，见其《马王堆汉墓帛书〈德行〉校释》（成都：巴蜀书社，1991），页 11。

者也",那么,"慎其心",也就是要顺应心的所好而实现仁义的价值。事实上,"慎其心"的说法和《孟子》中"尽其心"的讲法是一致的。其间的差别在于,如果说"顺"的表达还较为欠缺主动性的力度,那么,"尽"字则无疑突显了心之仁义的实现必须完全和充分这一涵义。

"尽其心"的涵义,首先是指心的扩充。孟子在论"四端之心"时所谓的"苟能充之,足以保四海"(《公孙丑上》),就是意在强调心的作用无限广大,君主如果能在施政的过程中扩充其一念之善,那么,四海之内百姓的福祉都会得到保障。后世张载(1020—1077)所谓"大其心,则能体天下之物"(《正蒙·大心篇》)以及王阳明《大学问》开篇所论证的从孺子到鸟兽再到草木瓦石的"万物一体"说,其实都可以说是孟子"尽其心"这一观念的继承、回响与共鸣。另一方面,对孟子来说,由于心的内容就是仁义,所以"尽其心"同时也意味着作为"善"的仁义这一根本价值的充分实现。[1]

当然,孟子论"尽其心"时是和"性"、"天"这两个观念连在一起的,所谓"尽其心者,知其性也。知其性,则知天矣。存其心,养其性,所以事天也。"(《尽心上》)之所以如此,是因为对孟子来说,在"心"、"性"和"天"之间,存在着内在的一致与连续。和《中庸》"天命之谓性"的意涵一样,对孟子来说,人"性"之善,来自于"天"之所"命"(赋予),而"性"之善,又是通过"心"获得其直接与动态的表现。牟宗三先生尝以"仁义内在、性由心显"八字来概括孟子心性论的核心意旨,虽然并未言及作为"心性"之内涵的"仁义"其终极源头在于"天",但对于"心"与"性"之间的关系以及"仁义"作为"心性"的内容,还是非常准确的概括。孟子的心性论是一种主体性的道德哲学,已是不刊之论。只是这种主体性的哲学并未忽略作为价值根源

---

1 因此,就这两层涵义而言,"尽心"如果用英文来翻译(同时也是解释)的话,或许可以表达为"to fully realize the heart-mind as the embodiment of humanity"。

的"天"，[1]内在性（"心性"）的突显并没有以超越性（"天"）的丧失为代价。换言之，对孟子来说，"心性"之所以是善，其根源在于"天"所赋予。这一点，不但从"尽心"到"知性"再到"知天"以及由"存心"到"养性"再到"事天"这一叙述所显示的内在逻辑可见，并且，根据《告子上》论"心之官则思"时所谓"此天之所与我者"以及帛书《五行》说部第 7 章论专注于一心之德时所谓"德犹天也，天乃德已"的话，同样足以为证。就此而言，只有始终明确"天"作为"心性"之"仁义"与"善"的价值根源不可忽略，"尽心"、"知性"为什么必归宿于"知天"，"存心"、"养性"为什么必归结于"事天"，才是可以理解的。

在《孟子》中，与心相关的还有"思"与"知言"这两个观念，同样具有属于修心功夫的内容，需要对其涵义加以说明。孟子以"思"来说"心"的完整话语，见于《告子上》的这样两段话：

> 恻隐之心，人皆有之；羞恶之心，人皆有之；恭敬之心，人皆有之；是非之心，人皆有之。恻隐之心，仁也；羞恶之心，义也；恭敬之心，礼也；是非之心，智也。仁义礼智，非由外铄我也，我固有之也，弗思耳矣。故曰："求则得之，舍则失之。"

> 耳目之官不思，而蔽于物，物交物，则引之而已矣。心之官则思，思则得之，不思则不得也。此天之所与我者，先立乎其大者，则其小者弗能夺也。此为大人而已矣。

这里，"思则得之"与"不思则不得"的所指，显然是心。不过，既然心是"天之所与我者"、"非由外铄"，显然只能是思的主体，不

1　"天"固然有"人力所不能为者"的涵义，这在先秦诸家思想中都有反映。但是，至少在孟子"尽其心者，知其性也。知其性，则知天矣。存其心，养其性，所以事天也"这段话的语境中，把"天"理解为一种"人力所不能决定者"是不相应也不相干的。这里的"天"显然是作为价值的根源，而不是决定论（determinism）意义上的"限定"的观念，不能在"知命"的意义上去理解"知天"。假如这里的"天"是"人力所不能决定者"，所谓"事天"，即无从说起了。

能成为思的外在对象。所谓"心之官则思",就是意在指出思本身是心的一种功能。但是,既然如此,又为何存在"不思则不得"的问题呢?这里的关键在于,"思"不能理解为把心作为外在对象去认识,而是心的自我觉悟与呈现。或者说,思是指心意识到自身的存在并进而发生作用。在这个意义上,思的活动可以说就是"求放心"的功夫。"求"与"舍"所对应的,正是"思"与"不思";而"求"与"思"的"所得",正是"放心"的失而复得。严格来说,这里的"得"与"不得",并非"体"的意义上的存在与否,而是"用"的意义上的彰显(manifestation)与蛰伏(dormancy)。因此,这里的"思"不是认识论意义上的认知(cognition),而是功夫实践意义上的自觉(self-enlightenment)。只有如此,对于"我固有之"的"仁义礼智"之心来说为何仍然存在着"思"与"不思"的问题,才是可以理解的。

至于"知言"的意义,以往的研究众说纷纭。迄今为止,以李明辉先生的解释较为详尽合理,[1]读者可以参考。这里我需要略加说明和指出的是,与"思"一样,"知言"的意涵也不能从认识论的角度去理解,而需要在功夫论的意义上去把握。对于公孙丑"何为知言"的发问,孟子的回答是"诐辞知其所蔽,淫辞知其所陷,邪辞知其所离,遁辞知其所穷"(《公孙丑上》)。这里的"知",是以"心"去裁判和取舍各种言论与思想主张,不为"诐辞"所"蔽",不为"淫辞"所"陷",不为"邪辞"所"离",不为"遁词"所"穷"。作为一种以"心"判"理"的行为,"知言"主要是一种价值的判断与选择,而不是一种单纯的认知活动。

总而言之,孟子对于心的理解,决定了其修心功夫论的特点在于强调心的自觉与扩充。孟子相信心性固有天赋的仁义为其善端,只要能够对此有所自觉,不断"扩而充之",不但个体可以成为"所过者化,所存者神,上下与天地同流"(《尽心上》)的君子、大人和大丈夫,更是

1　李明辉:"《孟子》知言养气章的义理结构",《孟子重探》(台北:联经出版公司,2001),页1—40。

施政者是否能够"保四海"的必要条件。所以，虽然孟子有多种论心之说，包括"不动心"、"求放心"、"思"、"存心"、"养心"、"慎其心"、"独其心"，但心的不断扩展从而充分实现自身这一层涵义，在"尽心"两字中最能得到反映。《孟子》七篇以"尽心"为终篇之名，恐非偶然。对于孟子养心功夫的种种论述，本章之所以特别用"尽心"来概括，原因也正在于此。

四、"气"的修养

前已指出，作为身心修炼的"治气养心之术"，可谓先秦各家诸派功夫实践的共同与核心问题意识。如果说"治气"与"养心"分别对应于身心修炼功夫实践中"身"与"心"的两个部分，那么，除了"养心"之外，还必须有"治气"的功夫。在这一点上，孟子并不例外。在讨论"尽心"的同时，孟子确有"养气"之说。并且，对孟子"养气"的功夫论来说，同样包含两个密切相关的方面：首先，是对于"气"的理解；其次，是在此基础上如何进行"气"的修养。但是，正如孟子对于何为"心"以及如何"养心"有其与众不同的回答一样，孟子在其功夫论中对于"气"的界定及其具体"治气"的方法，较之当时的各种"气论"，如《管子》《庄子》等文献所说，也仍然显示了其特有的取向。

以往关于孟子"养气"功夫的研究，大都以通行本《孟子》为据。其中，关于"气"虽有"浩然之气"、"平旦之气"和"夜气"的观念，但未免语焉不详。孟子自己在谈论"浩然之气"时，也称其为"难言也"。帛书《五行》说部关于"气"的观念，则明确有"仁气"、"义气"、"礼气"和"德气"的表述。将这两部分内容合而观之，我们可以对孟子的"气论"形成一个较为全面和深入的理解。

（一）气的涵义与特点

首先，与对心的界定一样，孟子在讨论"浩然之气"、"平旦之气"和"夜气"时，都是关联于仁义的价值观念来展开其论说的。如所周知，在形容"浩然之气"时，孟子是说"其为气也，配义与道；无是，馁也。是集义所生者，非义袭而取之也。"对于"平旦之气"和"夜气"，孟子则是以"存乎人"的"仁义之心"和"良心"来加以对应。而在帛书《五行》说部中，孟子则直接有"仁气"、"义气"和"礼气"的用语，例如：

> "不变不悦"。变也者，勉也，仁气也。（第 10 章）
> "不直不逴"。直也者，直其中心也，义气也。（第 11 章）
> "不远不敬"。远心也者，礼气也。（第 12 章）

显然，"浩然之气"、"平旦之气"和"夜气"与"仁气"、"义气"和"礼气"的表述是彼此呼应、相互一致的。这些具体的对于气的指称，无论是"仁气"、"义气"、"礼气"还是"浩然之气"、"平旦之气"、"夜气"，都以仁义为其内容规定。正是由于这一点，所有这些"气"才都可以作为"德气"这一观念的不同表达。

在孟子之前和当时，"气"更为常见的所指是"精气"、"血气"，如"精气为物，游魂为变，是故知鬼神之情状。"（《易·系辞上》），"道（导）血气以求长年、长心、长德。此为身也。"（《管子·中匡》），以及"夫唯顺乎肌肤血气之情，养性命之正。"（郭店竹简《唐虞之道》），主要是指使人具有自然生命力的物质能量。而孟子以"仁"、"义"、"礼"来界定"气"，就使得他的"德气"说与通常意义上流行的"精气"、"血气"观念区别开来。当然，孟子并非完全没有在"精气"、"血气"的意义上使用"气"。在《孟子》的文本中，单独使用的"气"字，有时就是通常意义上的"精气"、"血气"之意，比如《公孙丑上》提及孟施舍的"守气"之勇时，这里的气就是一般自然生命力意义上的"血气"。但是，这里的气不是《孟子》整个文献中对于气的界定的基本涵义。对于孟子而言，他所讨论和注重的气，主要是"浩然之气"、"平旦之气"、"夜气"以及"仁气"、"义气"和"礼气"这种"德气"。[1]

不过，尽管孟子以仁、义、礼来界定其气，甚至直接使用了"仁气"、"义气"和"礼气"的用语，还不能说孟子认为仁、义、礼这些价值本身就是气。[2]包括"仁气"、"义气"和"礼气"以及"浩然之气"、"平旦之气"和"夜气"在内的"德气"，是指仁、义、礼这些价值与气融为一体时在行为者身体上所呈现的一种实然状态，并不意味着仁、义、礼作为价值本身就等同于气。二者之间，借用后世朱熹（1130—1200）论"理气"关系的表述，可以说是一种"不离不杂"的关系。从实然的角度来看，"德气"是仁、义、礼、智灌注于气并与之融合无间所形成的反映在行为者神情举止上的一种有机与整体性的风采与气象。在这种情况下，"德"与"气"是浑然一体、不容分割的。不过，从应然的角度分析来看，仁、义、礼诸德又并不就是气本身；换言之，气仍然可以有不与德合的状态。因为假如仁、义、礼、智即是气的话，那么，气就不可能如孟子所谓会出现"馁"的问题了。

对于孟子来说，仁义这一类价值虽然在发生学的意义上源自天赋（"天"之所"命"），但就其实际作用的意义而言，却又是在"非由外铄我也，我固有之"的基础上自内而外的由心所发。这是孟子气观念的第二个特点。孟子以仁义之"德"规定"气"，无形之中便使"德气"

---

[1] 以往有学者注意到孟子气论与《管子》所代表的稷下道家气论的可能关联，参见郭沫若的"稷下黄老学派的批判"（见其《十批判书》，北京：人民出版社，1954）、"宋钘尹文遗著考"（《青铜时代》，《郭沫若全集》，北京：人民出版社，1982）以及张岱年的"管子书中的哲学范畴"（《管子学刊》，1991年第3期），但如果充分意识到孟子"浩然之气"的仁义内涵，那种关联的意义恐怕更多是形式而非内容上的。再比如，以郭氏未及见而张先生未论及的《黄帝四经》为例，其中《十大经·观》也有"夜气"一词："是故赢阴布德，重阳长，昼夜开民功者，所以食之也；宿阳修刑，重阴长，夜气闭地绳孕者，所以继之也。"但这里的"夜气"显然指自然界的阴气，并无德性的蕴含。由此可见，是否以"仁义"为内涵，是区别孟子"夜气"与稷下道家"夜气"的关键。

[2] 有学者认为仁义就是气。参见梁涛："'浩然之气'与'德气'——思孟一系之气论"，《中国哲学史》，2008年第1期，页13—19。

同时也具有了一种内发性的特点。换言之，"德气"在行为者身上所表现出的风采与气度，不是符合一些外在的规范而造成的；那样的话，只有矫揉造作的生硬甚至虚伪。对孟子来说，只有植根于心的仁义礼智之德流通贯注于行为者的言行举止、动容语默，"德气"由内而外自然充沛地焕发洋溢，才会产生"其生色也，睟然见于面，盎于背，施于四体，四体不言而喻"（《尽心上》）的风度。事实上，孟子对于告子"义外"之说的批评，也正是以其"浩然之气"的内发性为根据。当然，正如前文所说，孟子在注重主体性的"心"的同时，并未忽略作为价值根源的"天"。同样，也只有始终肯定"德气"不是一个局限于行为者自身的封闭自足系统，而是源于天地并需要与天地之正气不断交流的开放的小宇宙，孟子所谓"充塞于天地之间"的话，才是可以理解的。

如果帛书《五行》说部是孟子中年之作，[1]那么，"仁气"、"义气"和"礼气"反映的就是孟子中期的思想观念。与此相较，《孟子》中的"浩然之气"、"平旦之气"和"夜气"，代表的则是孟子最终的气论。特别是"浩然之气"这一观念，可以说最能够反映孟子对于气的理解。而"浩然之气"最重要的特征，就是"至大至刚"，用现代的语言来说，就是光明正大、刚直不阿。当然，孟子的思想是一以贯之的。如果说孟子是用"义"（"配义与道"）和"直"（"直养无害"）来形容"浩然之气"，而"直"是对"义"的特征的描述，那么，可以说"浩然之气"也就是"义气"。孟子之前和当时流行的气论大都以"中和"作为气的最佳状态，后来的董仲舒以及宋儒二程和朱熹等人，也同样如此。董仲舒明确以气的"中和"状态为"最贵"。[2]程颢认为"仲尼，元气也；颜子，春生也；孟子并秋杀尽见"（《二程遗书》卷五）。程颐讲得更明白："孟子有些英气，才有英气便有圭角，英气甚害事。"（《二程遗书》卷十八）朱熹则说："孟子则攘臂扼腕，尽发于外。论其气象……孔子则浑然无

1　此处从陈来先生之说。见其"帛书《五行篇》说部思想研究——兼论帛书《五行篇》与孟子的思想"。

2　参见本书第五章。

迹，颜子微有迹，孟子其迹尽见。"（《朱子语类》卷五二）这里所谓的
"秋杀"、"英气"和"其迹尽见"，都是指孟子的"刚大"之气，同时也
流露出他们的不以为然。两相对照，孟子对于"至大至刚"的"浩然之
气"的推崇，正见其在对气的理解或者说认同上的与众不同之处。这不
仅是孟子气论的第三个特点，同时也与他心目中理想的"大丈夫"人格
的"气象"正相符合。

前文提到"其生色也，睟然见于面，盎于背，施于四体，四体不言
而喻"这句话时，意在指出"德气"在行为者身体上的自然反映。而
这，已经显示了孟子气论的身体向度，[1] 可以说是孟子气论的又一个特
点。在帛书《五行》说部第 19 章，有一系列关于"色然"的描述：

> "知而安之，仁也。"知君子所道而婑然安之者，仁气也。
> "安而行之，义也。"既安之矣，而掇然行之，义气也。
> "行而敬之，礼也。"既行之矣，又愀愀然敬之者，礼气也。

这里所谓"婑然"（少好貌）、"掇然"（抖掇貌）以及"愀愀然"（悲
伤严肃貌），都是指特定的心理状态在神情举止尤其面部表情上的流露，
是"心态"和"体态"的共同呈现。"色然"就是指形于面色，即表现
在面部表情上。而以这些种种不同的"色然"来分别指称"仁气"、"义
气"和"礼气"，可见它们已经不只是内心的状态。完整的仁、义、礼
作为价值与德行，应当是一种由内到外、由意识到行为的整体连续状
态。虽然说"仁气"、"义气"和"礼气"还未成为完成且完整的仁、义
和礼，但由"婑然"、"掇然"、"愀愀然"等各种"色然"可见，这些

1　杨儒宾先生多年来一直关注包括孟子在内的中国思想传统中的气论和身体观，对于发掘这一长期
　　未受足够重视的面向功不可没。参见其所著《儒家身体观》（台北：中研院中国文哲研究所筹备处，
　　1996）及所编《中国古代思想中的气论及身体观》（台北：巨流图书公司，1993）、《儒学的气论与
　　工夫论》（台北：台湾大学出版中心，2005）。在其带动之下，台湾地区有若干学者着力于此，发表
　　了一些研究成果。仅就孟子而言，气的身体向度固不可掩，但气与心二者不必是非此即彼的取舍关
　　系。此外，两相比较，气与心一方面固然相互融合，此在"德气"观念足以说明；但另一方面，较
　　之于气，心毕竟扮演更为主动和引领的角色。这一点，也是难以否认而需要正视的。

"德气"已经在行为者的身体上有所表现，用孟子自己的话来说，可谓"中心达于面目"（《滕文公上》）了。

陈来先生认为，"德气"是"用气来说明德行的心理动力机制和德行的进行时态"，[1]可谓善解。只是如此界定尚未明确指出其中"身体"的面向。笔者在此要补充的是，这些"德气"固然尚未完成，还只是"进行时态"而处在向行为实现的过渡阶段，但其"进行"，已经在行为者的身体方面产生了明确的反映。这是"德气"作为"气"所不能忽略的方面。用孟子自己的话来说，就是"有诸内，必形诸外。"（《告子下》）孟子著名的"践形"观，所谓"形色，天性也；惟圣人，然后可以践形"，恰恰揭示了理想人格不可化约的身体特征，这种特征，正是那种"睟然见于面，盎于背，施于四体，四体不言而喻"的风采与气象（"生色"）。

（二）养气的功夫

孟子对于气的理解和规定，决定了他养气的方法。既然气以仁义为内容，"浩然之气"就是"义气"，而且气具有内发性的特点，那么，养气的功夫就首先在于"集义"。这里，为了便于分析，我们将孟子回答公孙丑"何谓浩然之气"的完整文字列在下面：

> 其为气也，至大至刚，以直养而无害，则塞于天地之间。其为气也，配义与道；无是，馁也。是集义所生者，非义袭而取之也。行有不慊于心，则馁矣。我故曰，告子未尝知义，以其外之也。必有事焉而勿正，心勿忘，勿助长也。无若宋人然：宋人有闵其苗之不长而揠之者，芒芒然归。谓其人曰："今日病矣，予助苗长矣。"其子趋而往视之，苗则槁矣。天下之不助苗长者寡矣。以为无益而舍之者，不耘苗者也；助之长者，揠苗者也。非徒无益，而又害

---

1 陈来：《竹帛〈五行〉与简帛研究》，页161。

之。(《公孙丑上》)

孟子"浩然之气"是"集义所生者，非义袭而取之也"的话，一方面表明了义的内在性，另一方面也指出了"浩然之气"的产生来自于义的积累("集")。由于"浩然之气"是"配义与道"的，那么，只有让"道义"的价值充分流通贯注于遍布体内的气中，"浩然之气"才会产生。并且，"集"也应当是一个不断的过程，否则，一旦"道义"充值不足，有所欠缺，气就会"馁"。这也再次表明，我们不能根据"仁气"、"义气"的说法，认为仁义本身即是气，否则即不存在"馁"的问题了。

其次，如何"集义"？或者说如何让自我身体内部的"浩然之气"不断产生，成为我们追求理想人格的动力？孟子所举"揠苗助长"的比喻，就是要指示"集义"的要领在于"必有事焉"和"勿忘勿助"。这里孟子虽然说"心勿忘，勿助长也"，但"勿忘勿助"指的是培养"浩然之气"的"集义"功夫，并非是"养心"的功夫。而"必有事"之"事"，也同样是指"集义"。"必有事焉"是说对于"集义"的养气功夫要有高度的自觉，以之为"事"而"必"为。"勿忘勿助"则是指出这种集义的功夫实践既不能荒废("忘")，也不能急于求成、操之过急("助")，而要循序渐进，"盈科而后进"(《离娄上》)。当然，鉴于心与气的关系，如果不局限于上引文字的脉络，从孟子功夫论的整体来看，"集义"也未尝不能适用于"养心"的一面。这一点，我在文末总结心气关系时再做说明。

再次，"集义"不是"浩然之气"限于自我体内的一种活动，而是要通过"直养而无害"的方式，使自身的"浩然之气"不断向外扩展，遍及自我之外的他人和万事万物，所谓"塞于天地之间"。孟子认为"浩然之气"可以"塞于天地之间"，并非夸张的修辞之语。结合其"万物皆备于我"(《尽心上》)的观念，自我与其之外的他人和事物在本体论的意义上存在着连续一体的关系。这种"万物一体"的思想，在后世的宋明理学中得到了进一步的发展，成为儒家传统世界观的一个基本内容。[1]而"气"正是使得这种连续一体得以可能在物质能量方面的基础和保证。如前所述，"浩然之气"不可能是一个局限于自身的封闭系统。孟子乃至整个儒家对于自我与他人以及整个世界之间关系的理解是这样的：自我不是一个单子化的孤独个体，而是在与他人以及天地万物之间所构成的关系网络之中的一个节点。因此，任何个体行为者的"浩然之气"只有在自我与他人以及自我与天地万物这两重关系当中发挥其"至大至刚"的作用，与宇宙之中原初的清明之气连成一体，才会在"塞于天地之间"的过程中充分实现自身。就孟子而言，儒家的理想人格之所以可以"所过者化，所存者神，上下与天地同流"，正是其养成"浩然之气"并"塞于天地之间"的结果。

当然，由于"浩然之气"乃是"集义所生"，"义"在"浩然之气"不断扩充的过程中，便始终会发生一种引领的作用。就此而言，"养气"的功夫和"尽心"的功夫便交汇在一起了。事实上，虽然"心"与"气"作为两个独立的观念以及"治气养心之术"作为两个不同方面，需要我从分析的角度将孟子功夫论的"尽心"和"养气"这两个方面分别加以讨论，但是，不但"心"与"气"关系密切，就功夫的实际践履而言，"尽心"和"养气"更是交织在一起而密不可分的同一过程。

五、结语

以上对于孟子"尽心"与"养气"思想的探讨，是将《孟子》与帛书《五行》说部这两种文献结合起来作为孟子思想的素材；在此基础之上，力求对孟子身心修炼的功夫论有一全面和细致的考察。我在本书第一章考察儒家传统功夫论的一般特征时曾经指出，身心一如是儒家传统功夫论的两个基本特征之一。就此而言，孟子也不例外。"身心"这

---

1 彭国翔：《儒家传统——宗教与人文主义之间》(增订版)，第二章"万物一体的宗教性人文主义——以《西铭》为中心的考察"，页30—50。

个现代汉语中的词汇，在孟子话语系统中的基本对应方就是"气"和"心"。以下，就让我对孟子的"心"、"气"关系略加进一步的说明，作为前文讨论的补充。最后，我会对孟子身心修炼功夫论的特点和意义加以总结，以结束这篇专题性的研究。

首先，"德气"的观念，本身就表明"心"的价值与"气"的流行在实然的意义上是一体无间的关系。不但"仁气"、"义气"和"礼气"之说直接显示了这一意涵，"浩然之气"的观念也同样说明了价值（"心"）与存在（"气"）的同构关系。换言之，对孟子来说，"浩然之气"的充塞，不仅仅是单纯的"气"的扩充，必然要"配义与道"，同时也是仁义等诸德的彰显与实现。同样，"尽心"的过程，也不只是意识的活动，必然要"睟面盎背"、"施于四体"乃至"存神过化"、"与天地同流"，同时在行为者的身体上产生诸如各种"色然"的反映并及于外部世界的人与物。在这个意义上，"尽心"和"养气"作为同一功夫实践过程两个方面，必定是"心态"和"体态"的表里共建，是身心呼应的内外一体。

不过，在孟子看来，虽然"心"与"气"在功夫实践中彼此交关，但二者在功能上所扮演的角色仍有不同。这一点，在《孟子》"知言养气"章中关于"志"、"气"关系的论说中有所说明。需要指出的是，对孟子来说，"志"的涵义就是"心"。在《孟子·尽心上》中，王子垫曾问孟子"士何事？"孟子的回答是"尚志"。而当王子垫继续询问"何谓尚志"时，孟子的回答是"仁义而已矣。杀一无罪，非仁也；非其有而取之，非义也。居恶在？仁是也；路恶在？义是也。居仁由义，大人之事备矣。"显然，"尚志"就是以仁义为根据，所谓"居仁由义"，并追求仁义价值的实现。在这个意义上，"志"与"心"是可以互换的观念。事实上，孟子对于志气关系的论述，原本也是针对公孙丑所提关于"不动心"的问题。在《孟子》的语境中，"志"无疑也是指"心"而言。下面，就让我们看一看孟子在这个问题上的具体看法：

　　曰（公孙丑问）："敢问夫子之不动心，与告子之不动心，可得闻与？"

　　（孟子答）"告子曰：'不得于言，勿求于心；不得于心，勿求于气。'不得于心，勿求于气，可；不得于言，勿求于心，不可。夫志，气之帅也；气，体之充也。夫志至焉，气次焉。故曰：'持其志，无暴其气。'"

　　（公孙丑问）"既曰'志至焉，气次焉'，又曰'持其志无暴其气'者，何也？"

　　曰（孟子答）："志壹则动气，气壹则动志也。今夫蹶者趋者，是气也，而反动其心。"（《公孙丑上》）

　　从最后"志壹则动气，气壹则动志也"的话来看，孟子认为"志"与"气"是相互影响的。至于"是气也，而反动其心"的话，则再次表示"志"与"心"在这里是同一所指；"反动其心"，也就是"气壹则动志"。但另一方面，孟子"夫志，气之帅"以及"志至焉，气次焉"的话，却表示"志"对于"气"有一种引领的作用。"志"与"气"之间，前者更扮演着一种领导的角色。这和帛书《五行》说部中"心，……人体之大者也，故曰君也"（第22章）的主张是完全一致的。

　　前文已经指出，在《孟子》中，单字的"气"，往往与之前和当时流行的"气论"一样，指的是自然生命的"精气"、"血气"，尽管它并非孟子"气"观念的特色。而上引这段话中的"气"，显然也是在这个意义上来使用的。否则，如果这里的气是指"浩然之气"一类的"德气"，便不存在"持其志，无暴其气"的问题了。也正是在这个意义上，孟子才肯定"不得于心，勿求于气"。也就是说，如果不是发自于仁义之心的价值，就不应当反映和表现在身体的言行举止之上。同时，既然这里的"气"还并非"德气"，那么，从孟子认为"气"会"动志"和"反动其心"的话来看，"无暴其气"就不是无意义的虚说。就此而言，"无暴其气"与前文所论养"浩然之气"这一孟子功夫论最有特色的所在，有所不同。如果这里的"气"是指通常意义上的感性的自然生命，那么，"无暴其气"的涵义也就与"寡欲"基本相同，指的是消极意义上对于感性生命的一种节制，从而构成积极意义上"尽心"和"养浩然之气"功夫的补充。

前已提及，心与气之间的关系，可以借用朱熹论理气关系时所谓"不离不杂"的讲法来加以说明。不论气是自然生命意义上的"精气"、"血气"，还是孟子特别提出和主张的以"浩然之气"为代表的"德气"，较之于以仁义为内容规定的心而言，都可以说是"不离不杂"的。"不离"，是指在实然的意义上心气融合为一实存的整体。对"德气"来说，意味着仁义一类的价值流通贯注于行为者的身体，表现为一种心态与体态共同形成的风采与气度；对"精气"、"血气"来说，意味着德性对感性的规约和导引，"以志帅气"，自然也会在身心的整体上形成一种样态。"不杂"，是指从逻辑分析的角度，二者毕竟为两种不同性质的存在。对自然生命之气而言，以仁义为内涵的心与之不能相同，这一点显而易见；对"德气"来说，仁、义、礼等心之诸德虽贯注于气中，与之融为一体而有"睟然"与"盎然"的"生色"，却不能被化约并等同于气本身。

当然，孟子心与气的关系，与朱熹理气关系的"不离不杂"仍有不同。无论根据《孟子》还是帛书《五行》说部的相关文献，我们似乎都不能说心较之于气逻辑在先。对孟子而言，气应是宇宙间一个终极性的存在成分。如果说心必须系之于人的话，那么，即使人类不存在，气也不会因此消失。当然，如果朱熹理的逻辑在先强调理并不是气的"条理"，而是超越于气之上而与之终有不同的另类存在，那么，在这个意义上，说心较之于气逻辑在先，似乎亦无不可。

孟子对心气关系的一般理解如上所述，但是，如果考虑到他对于气的理解主要是以"浩然之气"为代表的"德气"，而不是"精气"和"血气"，那么，孟子身心修炼的功夫实践，无论是"尽心"还是"养气"，就主要表现为内在德性自我推动之下不断外化的过程。本章开头提到，先秦诸家的功夫论，几乎都以心和气这两个观念为核心。因此，也都可以借用荀子所谓的"治气养心之术"来加以概括。在这个意义上，孟子的功夫论也当然可以说是一种"治气养心之术"。但较之荀子所不同者，对于孟子来说，无论"养心"还是"治气"，都不是以外在的规范来约束自然的生命，而是由内而外扩充固有的本心和德气，使之不仅流通贯注于自己作为个体的全幅身心，进而遍及自我之外的他人和世间万物。正所谓"若决江河，沛然莫之能御"、"塞于天地之间"。事实上，孟子身心修炼功夫论的这一特点，不仅在先秦诸家的功夫论中独树一帜，较之古希腊罗马（Greco-Roman）传统特别是其中以斯多亚（Stoicism）为代表的"精神修炼"（spiritual exercise），[1] 孟子身心修炼的功夫实践不仅"精神"与"身体"兼顾，也更为外向和积极健动。

当然，孟子在"本心"、"良心"和"四端之心"的意义上来理解心，以及主要在"浩然之气"的意义上来界定他所说的气，固然决定了其身心修炼功夫论的这一特色，但这并不意味着孟子对于现实人性中的"恶"缺乏足够的意识，否则，他就不会有"无暴其气"之说。而且，对孟子来说，"本心"、"良心"和"四端之心"虽然是"我固有之"，但并不意味着"善"已经完成、理想的人格已经成就。否则的话，所有功夫论的言说即成赘词和废话，功夫实践也无其必要。事实上，当孟子说表现为"四端之心"的本善之性如"火之始燃，泉之始达"时，他一方面固然指出了"善"是人心深处最为根本的发端，"非由外铄"，同时也无疑表明人心中的这种原初之善只是善的刚刚开始，不仅远未完成，而且极其微弱；一念之间，就可能被阻塞和熄灭，不发生作用，在功能上等于不存在。唐宋以降，孟子的性善论成为儒家知识人普遍接受的看

---

1 从 "spiritual exercise" 的角度研究古希腊罗马哲学，以 Pierre Hadot 的 *Philosophy as a Way of Life: Spiritual Exercises from Socrates to Foucault* 最有代表性。后来 John M. Cooper 则试图在 Hadot 论述的基础之上，以更为分析性的论证和尽量顾及古希腊罗马哲学内在多样性的视角，来推进从 "spiritual exercise" 这一取径对于古希腊罗马哲学的研究，见其 *Pursuits of Wisdom: Six Ways of Life in Ancient Philosophy from Socrates to Plotinus* (New Jersey: Princeton University Press, 2013)。其中第 4 章专门讨论 Stoicism。

法，但晚明的儒学殿军刘宗周（1578—1645）在坚持孟子性善论的同时，却在其《人谱》中发展出了对自我意识的反省和审查近乎严酷与苛刻的功夫理论和实践，以至于连自我意识中哪怕一念的过失都不放过。这并非不可思议，反而恰恰说明，孟子以仁义作为心之内涵，认为人性本善，甚至有"德气"之说，完全不意味着他忽视了人们的感性意识中包含着种种恶的可能倾向以及由此在现实层面产生的种种现实的恶。所以，认为孟子的心性论是一种天真的乐观主义（naive optimism）这种在中西方都曾一度流行的看法，本身倒是过于天真了。同样，自觉或不自觉受到反本质主义思潮的影响而以"向善论"来诠释孟子的性善论，固然或许是为了避免把孟子的性善理解为已经完成意义上的善而导致后天的功夫实践成为多余，但其实既无必要，也非正解。[1] 如前所述，"性本善"并不意味着"善"的充分实现（其表现就是理想人格的成就），而只是为善的完成指出了一个真实不虚的始点。更为关键的是，"向善论"否认"善的端绪"在人的心性中原本固有（"性本善"之意即在此），无形中丧失了善的实现之所以可能以及理想人格之所以可能的先天必然保证。如果善原非内心固有而构成人们行善的动因，而只是一种被获取和被实现的结果，孟子"由仁义行，非行仁义"这句话，就完全无法解释了。打个比方，如果没有种子的话，无论如何浇水施肥，都不可能开花结果。而孟子身心修炼功夫论所主张的"尽心"和"养气"，让"本心"和"浩然之气""扩而充之"、"塞于天地之间"，则恰恰是意

---

1 英语世界中以向善论来解释孟子心性论大概发源于葛瑞汉（A. C. Graham），后来在安乐哲（Roger T. Ames）的论述中得到了进一步的发展，而已故华蔼仁（Irene Bloom）则对此提出质疑。双方的讨论分别见 Roger T. Ames, "The Mencian Conception of *Ren xing*: Does it Mean 'Human Nature'?" In *Chinese Texts and Philosophical Contexts: Essays Dedicated to Angus C. Graham* (La Salle, Ⅲ. Open Court, 1991). Ed. H. Rosemont Jr.；Irene Bloom, "Mencian Arguments on Human Nature (*Jen-hsing*)," *Philosophy East and West*, Vol. 44, No. 1, Jan., 1994, pp.19–53. 中文世界类似的相关讨论，参见李明辉：《康德伦理学与孟子道德思考之重建》（台北：中央研究院中国文哲研究所，1994）；刘述先："孟子心性论的再反思"，载李明辉主编：《孟子思想的哲学探讨》（台北：中央研究院中国文哲研究所，1995），页 75–95。事实上，在晚明阳明学关于"现成良知"的论辩中，已经在相当的深度上触及了这一问题。参见彭国翔："中晚明的现成良知之辨"，《国学研究》（北京），第 11 卷，2003 年6 月，页 15–46。

在强调通过不断地浇水施肥，使人们心中原有的种子茁壮成长、开花结果。

最后我想说的是，通观孟子的文献材料，也许可以说更多的内容是关于政治与社会。在战国时期那样一个乱世，和此前春秋时代的孔子一样，面对"周文疲敝"，包括孟子在内的各大思想家们把如何建立一个良好的政治与社会秩序作为其"忧患意识"的核心问题之一，是完全可以理解的。在这个意义上，身心修炼的功夫问题显然并非对于时代课题的直接回应。不过，古今中外任何深刻的思想家，其思考又都会超越于时代课题本身，而指向有关于"人"的一些普遍而根源性的问题。如何通过"尽心"、"养气"而成就"君子"、"大人"和"大丈夫"的理想人格，作为孟子身心修炼的功夫论，正是对"人之所以为人"以及如何"成人"这一普遍且根源性的问题的思考与回答。而即便就回应具体的时代课题来说，孟子身心修炼的功夫论也有其直接的意义。因为在孟子看来，较之普通庶民，掌握权力的政治人物更应当通过身心修炼而成就具有良好品行的人格，如此才可以承担起建立良好政治与社会秩序（"仁政"与"王道"）的责任。这一点，也正是儒家传统"内圣外王"之道的反映。[1]

---

1 "内圣外王"一语出自《庄子·天下》，所谓"是故内圣外王之道暗而不明，郁而不发，天下之人各为其所欲焉，以自为方。"但历来被认为可以用来概括儒家思想的整体规划。如果从此语在古典儒家的文献中使用不够频繁，即认为"内圣外王"之道是近现代儒家人物的发明创造，则不免于无谓的语言形式决定论了。

第四章
"治气"与"养心"
——荀子身心修炼的功夫论

本章提要

  荀子的功夫论有两个方面,一是功夫实践所指向的理想人格;一是作为功夫实践具体方法的"治气养心之术"。就前者而言,荀子在继承孔、孟"士"、"君子"和"圣人"观念的基础上,提出了"士君子"和"大儒"的特有观念,同时明确界说了理想人格的不同层次与形态。后者作为身心修炼的过程,指"虚壹而静"的"大清明"之"心"经由"师法"的学习,透过"礼乐"的熏陶,对自身的"气"、"性"进行对治,以"得师"和"由礼"为根本环节。"心"由"得师"、"隆礼"而"化性起伪",呈现为一个由外而内的"锻造"过程。"气"指"血气",包括自然欲望、生理本能以及心理情绪在内的身体方面。"心"是认知、判断和选择的能力,并没有道德之"善"的内容,即便是"虚壹而静"的"大清明心",本身也不以"善"为其固有内容。由于"师法"和"礼乐"都是心外的候选对象,"治气养心之术"需要面对"师"、"礼"最初如何产生以及"得师"、"由礼"能否必然的问题,成就理想人格也随之成为一种或然的选择和他律的结果。但即便如此,无论就个体还是大多数人的普遍实践而言,"得师"、"由礼"的身心修炼更为切实可行。尤其对社会文明的建设来说,即便没有"仁义内在"的预设,也更具普遍的适用性和有效性。

一、引言

我在前一章考察孟子的功夫论时曾经指出,儒学作为一种尤其注重身心修炼的思想和精神性的传统,自始即包含功夫论的内容。[1] 如何成为自己心目中的理想人格,是历史上所有儒家人物都在思考的一个核心问题。分析来看,这其中又包含两个子题:理想人格为何以及如何成就理想人格。前者是对于理想人格的理解,后者是成就理想人格的方法。这两个方面,正是儒家传统功夫论的基本内容。既然是历史上儒家人物共同关注的核心课题,那么,儒学史上各个时期的代表人物,恐怕都会在功夫论的问题上提出自己的思想主张。就此而言,在儒学史上长期以来相对没有受到足够重视的荀子也不例外。[2]

那么,荀子心目中的理想人格是什么呢?除了"君子"、"圣人"这种在孔子那里已经提出的人格典范之外,荀子是否也像孟子提出"大人"和"大丈夫"那样,在儒家理想的人格典范这一问题上提出了自己独特的观念?并且,即便是"君子"、"圣人"这样的既有观念,荀子是否也像孔子那样注入了自己新的理解和规定?此外,在如何成就理想人格这一问题上,荀子提倡的实践方法是什么?较之孔子注重将礼仪实践与日常生活融为一体以及孟子强调"尽心"、"养气",荀子所倡导的功夫实践是否也是一种身心修炼?如果是的话,其特点又是什么?显然,这些问题可以说都是荀子功夫论的题中应有之义。

---

1 参见本书第三章。

2 这里我要首先说明,荀子其人是否《荀子》文本的单一作者,不在本文讨论的范围之内。该问题最近的讨论可参考柯马丁(Martin Kern)的 "Style and Poetic Diction in the Xunzi",收入 Eric L. Hutton ed., *Dao Companion to the Philosophy of Xunzi*, chapter 1, Springer, 2016, pp.1–33. 该文从分析《劝学》的书写风格入手,根据《劝学》与《性恶》行文风格上的差异,得出《荀子》并非个人著作的结论。这一推测不无理据,但问题的重点在于:即使《荀子》各篇并非出自一人之手,各篇作者显然都认为笔下的文字反映了荀子的思想,否则不必将其归于荀子名下。换言之,《荀子》即便非荀子一人所著,而为其弟子、后学合编而成,作为研究荀子思想的文本依据,则不成问题。此如《传习录》完全非王阳明个人所撰,完全是其弟子记录编辑而成,却无疑是其思想的文献依据。

　　唐宋以降，相对于孟子的升格，荀子的地位相形见绌。无论在宋明理学还是现代新儒学中，状况都是如此。孟荀之间这种地位上的差别，主要原因在于：在如何成为儒家所追求的理想人格这一核心问题上，宋明以迄当代的儒家人物大都认为，较之孟子，荀子对于人性的理解存在理论上的根本弱点，无法担保儒家理想人格的成就。历史上儒家人物对荀子的批评，如所谓"大本已失"（程颐）、"不需理会荀卿"（朱熹）、"本源不透"（牟宗三）一类的说法，大都就此而言。[1] 这些儒家人物思想主张各不相同，但都是儒学传统内部深造自得的代表人物。他们在人性论的问题上对荀子的理解与批判为何如此众口一词，是很值得现在的研究者深思的。

　　当然，从现代学术的角度来看，尤其在传统儒家的理想人格已不再是不言自明的追求目标这一情况下，荀子人性论对于成就儒家理想人格的理论弱点，已不构成学术研究上孟荀之间彼此抑扬的原因，加之海外学界较早荀子研究的影响，[2] 以至于晚近中国大陆似乎出现一股研究荀子的潮流，完全可以理解。不过，提倡和推动荀子的研究，是否一定要从人性论入手，在推翻以往儒学人物对荀子人性论较为一致的解读的基础上才能展开呢？我们很难想象，宋明理学家以及当代新儒家对于荀子人性论的理解会那么离谱，以至于数千年来一直误解，要在如今一些学者

1　如今若干研究者在指出荀子受到轻视和批评时，常以牟宗三先生为例。实则牟先生固然认为荀子"本源不透"、"大本不立"，但现代学术以来，较早对荀子予以正视和重视并希望将荀子之学与孔孟会通的，恐怕正是牟宗三。他在《名家与荀子》"前序"所谓"然在今日而言中国文化之开展，则荀子之思路正不可不予以疏导而融摄之。"（《名家与荀子》序，《牟宗三先生全集》，第 2 册，页 166），以及书中所谓"惟荀子诚朴笃实人也。知统类，一制度，隆礼义而杀诗书，充实饱满，庄严隆重，尽人生宇宙，皆摄而统治于一大理性系统中，此其分量之重，广被之远，非彼荀子诚朴笃实者不能言，非彼天资特高者不能行。"（《名家与荀子》，页 186）"夫惟有文化之担负者，始能见出历史累积之成规成矩之不可尽废也，不可循之而滋长也，不可不循之而改作也，此荀子之所以以'后王之成名标其篇首也'，此为名理之文化来历及文化意义，惟荀子大贤能知之如此其切。"（《名家与荀子》，页 223—224）均可见其对荀子的推重。

2　二十世纪以来海内外（尤其中日）关于荀子研究的概况，参见佐藤将之（Masayuki Sato）：《荀学与荀子思想研究》（台北：万卷楼出版有限公司，2015），第三章、第五章。2003 年以前英语世界荀子研究的概况，可参考王灵康："英语世界的荀子研究"，《政治大学哲学学报》，第 11 期，2003，页 1—38。

独具的慧眼之下才能得其正解。这里的问题恐怕在于，学术思想上真正的推陈出新，恐怕不能在"为赋新词强说愁"的心态下采取"推倒豪雄"的做法来实现，而是要在充分消化吸收既有成果的基础上开辟更为广阔的领域。

事实上，除了人性论之外，荀子思想还有其他许多方面值得深入研究，古今中外所有相关于荀子的各种论说所构成的"荀学"，也拥有足够的空间供当今的研究者驰骋其中，为学界提供真正崭新的知识与思想。在我看来，荀子的功夫论就是一个非常值得探讨的问题。对于这一课题，学界迄今为止已经出现了一些相关的研究成果。[1]但较为深入和完整的专题研究，仍有进一步补充的必要。本章之作，就是希望通过对原始文献深入与细致的解析，在前辈时贤研究成果的基础上，尝试对荀子身心修炼的功夫论予以全面和彻底的考察。

二、"士君子"与"大儒"：理想人格的典范

在何为理想人格的问题上，荀子一方面继承了孔、孟的观念，如"士"、"君子"和"圣人"，另一方面也提出了"士君子"和"大儒"这样特有的观念。同时，对于理想人格所包含的不同层次，或者说理想人格所表现出的由低到高的几种不同形态，较之孔、孟，荀子也提出了更为明确的界说。

自从孔子将区分"君子"和"小人"的标准由"位"（血统）转变为"德"（品行），"君子"这个春秋时期古已有之的观念，在其语用的主要意义上，便不再是指天生具有贵族血统的人，而成为儒家向往和追求的理想人格的名称。这种意义上的"君子"，不仅为孟子所继承，也在荀子那里得到了鲜明的体现。《荀子》中出现299次的"君子"一词，几

---

1 佐藤将之的《荀学与荀子思想研究》为迄今为止海内外的荀子研究提供了较为完整的概况，从中可见，关于荀子功夫论的研究最为薄弱。最近以荀子"工夫论"为题的专门研究成果，参见王楷：《天生人成：荀子工夫论的旨趣》（北京：中国社会科学出版社，2018），第十章，页171—184。

乎都是在品行的意义上来加以使用的。[1] 以下《不苟》中的四段文字，足可为例。

> 君子行不贵苟难，说不贵苟察，名不贵苟传，唯其当之为贵。

> 君子易知而难狎，易惧而难胁，畏患而不避义死，欲利而不为所非，交亲而不比，言辩而不辞，荡荡乎其有以殊于世也。

> 君子宽而不慢，廉而不刿，辩而不争，察而不激，直立而不胜，坚强而不暴，柔从而不流，恭敬谨慎而容。夫是之谓至文。

> 君子崇人之德，扬人之美，非谄谀也；正义直指，举人之过，非毁疵也；言己之光美，拟于舜禹，参于天地，非夸诞也；与时屈伸，柔从若蒲苇，非慑怯也；刚强猛毅，靡所不信，非骄暴也；以义变应，知当曲直故也。

此外，正如孔子一样，荀子对"君子"品行的称赞，也常常通过与"小人"的对比来突显。如同样出自《不苟》的如下两段文字：

> 君子能亦好，不能亦好；小人能亦丑，不能亦丑。君子能则宽容易直以开道人，不能则恭敬缚绌以畏事人；小人能则倨傲僻违以骄溢人，不能则妒嫉怨诽以倾覆人。故曰：君子能则人荣学焉，不能则人乐告之；小人能则人贱学焉，不能则人羞告之。是君子小人之分也。

---

[1] 由于荀子特别注重"学"（这与其对"心"的理解有关，后文关于"心"的部分会有专门的说明），好学与善学的意志和能力，也和"礼义"等一样，构成"君子"的重要品行之一。这一点在《劝学》尤为明显。

> 君子小人之反也：君子大心则敬天而道，小心则畏义而节；知
> 则明通而类，愚则端悫而法；见由则恭而止，见闭则敬而齐；喜则
> 和而理，忧则静而理；通则文而明，穷则约而详。小人则不然：大
> 心则慢而暴，小心则流淫而倾；知则攫盗而渐，愚则毒贼而乱；见
> 由则兑而倨，见闭则怨而险；喜则轻而翾，忧则挫而慑；通则骄而
> 偏，穷则弃而儑。传曰："君子两进，小人两废。"此之谓也。

正是以"德"来界定"君子"的内涵而将其视为一种理想的人格典
范，荀子也曾在《非十二子》中使用过"诚君子"的表述。所谓"君子
能为可贵，不能使人必贵己；能为可信，不能使人必信己；能为可用，
不能使人必用己。故君子耻不修，不耻见污；耻不信，不耻不见信；耻
不能，不耻不见用。是以不诱于欲，不恐于诽，率道而行，端然正己，
不为物倾侧，夫是之谓诚君子。"

在中国的儒学传统中，作为对理想人格的描述，"君子"是一个使
用最为广泛的名词。这一点，荀子也不例外。[1] 不过，如果说儒家的理
想人格仍然包含不同的层次，那么，较之"君子"，"圣人"不仅具备
崇高的道德修养，同时也拥有高超的政治治理能力，兼"内圣"与"外
王"于一身，无疑代表着儒家理想人格的最高形态。对于"圣人"的这
种理解，不但孔、孟如此，从荀子对于"圣人"的各种描述，如《儒
效》所谓"井井兮其有理也，严严兮其能敬己也，分分兮其有终始也，
猒猒兮其能长久也，乐乐兮其执道不殆也，照照兮其用知之明也，修修
兮其用统类之行也，绥绥兮其有文章也，熙熙兮其乐人之臧也，隐隐兮
其恐人之不当也"，我们也可以看到。

显然，对"君子"和"圣人"作为理想人格典范的理解来说，荀子

---

1 这一点当是海内外学人的共识。例如，金鹏程（Paul R. Goldin）在其研究荀子思想的专著中便曾认
　为："将（《荀子》）全书各种不同论述和思考联系在一起的，就是整体上对'君子'的关怀。"参
　见 Paul R. Goldin, *Rituals of the Way: The Philosophy of Xunzi* (Chicago and La Salle, Ill.: Open Court,
　1999), xi。

基本上继承了孔、孟的思想。但是，对于儒家所追求的理想人格典范，正如孟子的"大人"与"大丈夫"一样，荀子也有其特别的理解。这一点，在荀子的"士君子"和"大儒"这两个概念中，得到了突出的反映。

（一）士君子

"士君子"一词是"士"与"君子"这两个词的组合。"君子"自不必言，从荀子所谓"君子居必择乡，游必就士，所以防邪辟而近中正也"（《劝学》）这句话来看，"士"显然是和"君子"一样足以使人"防邪辟而近中正"的理想人格。无论是《论语》中出现18次的"士"字，还是《孟子》中出现94次的"士"字，基本上都是对于那种理想人格的描述。孔子将"志士"与"仁人"连称，所谓"志士仁人，无求生以害仁，有杀身以成仁"（《卫灵公》），可见"士"作为理想人格在其心目中的地位；孟子所谓"无恒产而有恒心者，惟士为能"（《梁惠王上》），同样将"士"作为理想人格的推崇表露无遗。在这一点上，荀子不仅继承了孔、孟的思想，[1] 还对"士"的不同类型进一步做出了分类，如《不苟》中的"通士"、"公士"、"直士"、"悫士"，《非相》中的"诚士"，《非十二子》中的"仕士"、"处士"，《儒效》中的"辩士"、"劲士"，《王霸》中的"信士"、"贤士"等。[2] 不过，将"士"与"君子"连为一个整词，所谓"士君子"，才是最能体现荀子心目中理想人格的概念。

需要指出的是，"士君子"这一概念在《论语》和《孟子》中都未

---

1 例如，荀子在《哀公》中借孔子回答哀公之问，对何为"士"做出了这样的描述："所谓士者，虽不能尽道术，必有率也；虽不能遍美善，必有处也。是故知不务多，务审其所知；言不务多，务审其所谓；行不务多，务审其所由。故知既已知之矣，言既已谓之矣，行既已由之矣，则若性命肌肤之不可易也。故富贵不足以益也，卑贱不足以损也；如此则可谓士矣。"

2 这些不同的"士"各有特点，例如，"通士"的特点是"上则能尊君，下则能爱民，物至而应，事起而辨"；"公士"的特点是"不下比以暗上，不上同以疾下，分争于中，不以私害之"；"直士"的特点是"身之所长，上虽不知，不以悖君；身之所短，上虽不知，不以取赏；长短不饰，以情自竭"；"悫士"的特点是"庸言必信之，庸行必慎之，畏法流俗，而不敢以其所独甚"。

曾出现。在《荀子》之前，除《孔子家语》中仅有一处出现之外，[1] 其他传世的儒家经典中都不曾出现。在先秦两汉几乎所有的传世经典中，除了《墨子》之外，"士君子"一词也极为罕见。而在《荀子》中，"士君子"出现达 15 次之多。[2] 就此而言，正如"大丈夫"是孟子特有的概念一样，"士君子"则是荀子指称理想人格的一个特有名词和概念。那么，荀子又是如何形容"士君子"这样一种理想人格呢？在《正名》中，荀子这样写道：

> 以仁心说，以学心听，以公心辨。不动乎众人之非誉，不治观者之耳目，不赂贵者之权埶，不利传辟者之辞。故能处道而不贰，咄而不夺，利而不流，贵公正而贱鄙争，是士君子之辨说也。

"以仁心说，以学心听，以公心辨"，是荀子最为脍炙人口的句子之一，迄今仍然常为人所引用。不过，引用者未必都能知道，"心"所能达到的这种境界，原本正是荀子用来描绘"士君子"的。至于"不动乎众人之非誉，不治观者之耳目，不赂贵者之权埶，不利传辟者之辞"，同样是"士君子"所达至的修养境界。只有达到如此境界，才能够在

---

1 《孔子家语》中《三恕》章有这样一段："子路见于孔子。孔子曰：'智者若何？仁者若何？'子路对曰：'智者使人知己，仁者使人爱己。'子曰：'可谓士矣。'子路出，子贡入。问亦如之，子贡对曰：'智者知人，仁者爱人。'子曰：'可谓士矣。'子贡出，颜回入。问亦如之，对曰：'智者自知，仁者自爱。'子曰：'可谓士君子矣。'"宋代以来，《孔子家语》多被视为汉代王肃的伪作。20世纪初疑古思潮盛行，此说更是几成定论。但是，随着相关简帛文献的出土，如今学界大都接受了《孔子家语》为孟子之前先秦旧籍的看法。

2 在先秦两汉主要的儒家文献中，"士君子"在《荀子》中出现最多。《礼记》中有"乡人、士、君子，尊于房户之间，宾主共之也"的话。这里，士君子应该是"士"和"君子"分称，即便合称，整部《礼记》中也只有此一处。其中，《说苑》中有6处，《春秋繁露》有1处，《扬子法言》有1处（《先知》卷第九），《孔子家语》有1处（《三恕》），《潜夫论》有1处（《德化》），《风俗通义》有1处（《愆礼》）。其余先秦文献包括《诗经》《尚书》《周易》《周礼》《仪礼》《楚辞》《论语》《孟子》《孝经》《说苑》《韩诗外传》《大戴礼记》《新书》《新序》《中论》《论衡》《孔丛子》《申鉴》等，都未见"士君子"一词。在这个意义上，显然可以说"士君子"是荀子特有的一个名词和概念。儒家文献之外，在《墨子》中"士君子"出现38次。不过，这可以说是特例，其他各种主要文献包括《道德经》（包括郭店和马王堆版）、《庄子》、《列子》、《韩非子》、《公孙龙子》、《孙子兵法》、《淮南子》以及《诗经》、《尚书》、《周易》、《周礼》、《仪礼》、《楚辞》等经典文献中，都不曾出现"士君子"一词。

"辨说"这种最容易引起情绪波动的情况中始终居于"处道而不贰，咄而不夺，利而不流，贵公正而贱鄙争"的稳定状态。当然，对荀子而言，"士君子"相对于"圣人"仍处在理想人格的较低一层，因为当他从"知"的角度列举所谓"圣人之知"、"士君子之知"、"小人之知"、"役夫之知"时，[1] 显然流露出一种层级意识。但是，"士君子"作为荀子特别提出的理想人格观念，则是显而易见的。

（二）大儒

此外，《儒效》中反复出现的"大儒"一词，也是荀子用来描述其理想人格的特有概念。在先秦几乎所有的儒家文献中，只有《荀子》中出现过"大儒"一词。《荀子》中"儒"字共出现 53 次。有趣的是，其中多为复合词的形式且多用贬义，如《劝学》中的"陋儒"、"散儒"，《非相》中的"腐儒"，《非十二子》中的"瞀儒"、"贱儒"、"偷儒"（也见于《修身》），《儒效》中的"俗儒"、"小儒"等。正面褒义带"儒"的复合词，只有一般意义上的"儒者"以及"大儒"两种。一般意义上的"儒者"，如《儒效》中常为后世引用的"儒者在本朝则美政，在下位则美俗"，以及《礼论》中的"儒者将使人两得之者也，墨者将使人两丧之者也"，都是对"儒者"作为一种人格的肯定。但是从肯定的程度上来看，则"大儒"最强。《荀子》中"大儒"共出现 14 次，除《成相》中一见之外，其余都出现在《儒效》之中，最有代表性的是如下这两段话：

> 大儒之效：武王崩，成王幼，周公屏成王而及武王，以属天下，恶天下之倍周也。履天子之籍，听天下之断，偃然如固有之，而天下不称贪焉。杀管叔，虚殷国，而天下不称戾焉。兼制天下，

---

1 《性恶》中的原文如下："有圣人之知者，有士君子之知者，有小人之知者，有役夫之知者。多言则文而类，终日议其所以，言之千举万变，其统类一也：是圣人之知也。少言则径而省，论而法，若佚之以绳：是士君子之知也。其言也诐，其行也悖，其举事多悔：是小人之知也。齐给便敏而无类，杂能旁魄而无用，析速粹孰而不急，不恤是非，不论曲直，以期胜人为意，是役夫之知也。"

立七十一国，姬姓独居五十三人，而天下不称偏焉。教诲开导成王，使谕于道，而能揜迹于文武。周公归周，反籍于成王，而天下不辍事周；然而周公北面而朝之。天子也者，不可以少当也，不可以假摄为也；能则天下归之，不能则天下去之，是以周公屏成王而及武王，以属天下，恶天下之离周也。成王冠，成人，周公归周，反籍焉，明不灭主之义也。周公无天下矣；乡有天下，今无天下，非擅也；成王乡无天下，今有天下，非夺也；变埶次序节然也。故以枝代主而非越也；以弟诛兄而非暴也；君臣易位而非不顺也。因天下之和，遂文武之业，明主枝之义，抑亦变化矣，天下厌然犹一也。非圣人莫之能为。夫是之谓大儒之效。

彼大儒者，虽隐于穷阎漏屋，无置锥之地，而王公不能与之争名；在一大夫之位，则一君不能独畜，一国不能独容，成名况乎诸侯，莫不愿得以为臣。用百里之地，而千里之国莫能与之争胜；笞棰暴国，齐一天下，而莫能倾也。是大儒之徵也。其言有类，其行有礼，其举事无悔，其持险应变曲当。与时迁徙，与世偃仰，千举万变，其道一也。是大儒之稽也。其穷也俗儒笑之；其通也英杰化之，嵬琐逃之，邪说畏之，众人愧之。通则一天下，穷则独立贵名，天不能死，地不能埋，桀跖之世不能污，非大儒莫之能立，仲尼、子弓是也。

正如陈来先生已经指出的，对荀子来说，"大儒"的典型有两种，一种是像周公那样的政治人物，以其政治能力和治国功效来显示其"大儒"的特点；另一种是像孔子、子弓这样的人物，以其出处大节尤其是"穷则独善其身"来显示其"大儒"的特点。[1]这两种形态正反映了"外王"和"内圣"两个不同方面。此外，我想稍做补充的是，无论周公还

---

1 陈来："儒的自我理解——荀子说儒的意义"，《北京大学学报》，2007年第5期，页19—26。亦见作者《从思想世界到历史世界》(北京：北京大学出版社，2015)，页69—87。

是孔子，虽于外王和内圣各有侧重，都以德行为其人格的基础。可见"大儒"之所以为"大儒"，根本仍在德行。因此，从所谓"非圣人莫之能为"的话来看，至少在上引第一段话的语脉中，荀子已经将"大儒"等同于"圣人"了。也正是在这个意义上，我们可以说，和"士君子"一样，"大儒"构成荀子用以描述理想人格的一个特有术语。

除了在继承"君子"、"圣人"等既有概念的基础上使用自己特有的术语之外，在讨论什么是儒家理想人格的问题上，荀子的另一个特点是更为明确地标示了理想人格由低到高的不同层次和样态。

荀子在《劝学》中明确指出，"学"的目的是成为"士"、"君子"和"圣人"，所谓"好法而行，士也；笃志而体，君子也；齐明而不竭，圣人也。"这里已经显示出从"士"到"君子"再到"圣人"是一个不断提高的过程。而在同样是《劝学》中"学恶乎始？恶乎终？曰：其数则始乎诵经，终乎读礼；其义则始乎为士，终乎为圣人"的话中，这一点得到了进一步的印证。从其所谓"始"、"终"来看，为学的最终目标虽然是成为"圣人"，但也要从成为"士"开始，而从"士"到"君子"再到"圣人"，显然是一个层次提升的过程。而《哀公》中借孔子所谓"人有五仪：有庸人，有士，有君子，有贤人，有大圣"的话，也清楚不过地表明"士"、"君子"、"贤人"、"圣人"之间逐步递进的关系。至于"诵经"和"读礼"作为成就理想人格的必要途径，则涉及如何成为理想人格的具体功夫实践问题。

当然，荀子还曾两次用过"大人"的说法，除了《成相》中用来称呼舜之外，另一处是《解蔽》中用来形容具"大清明"之心的人。[1] 在荀子看来，只有具备了"虚壹而静"的"大清明"之心，才可以达到"大人"的境界。显然，"大人"和"君子"一样，也是荀子对于理想人格的指称。而更值得注意的是，通往"大人"境界必须以"心"的某种

---

1 "坐于室而见四海，处于今而论久远。疏观万物而知其情，参稽治乱而通其度，经纬天地而材官万物，制割大理而宇宙里矣。恢恢广广，孰知其极？睪睪广广，孰知其德？涫涫纷纷，孰知其形？明参日月，大满八极，夫是之谓大人。"

特定状态为前提，同样指示了成就理想人格的功夫实践所包涵的具体内容。这一点，正是我们下文将要重点讨论的内容。

三、"治气"与"养心"：成就理想人格的功夫实践

在正式探讨荀子如何成就理想人格的功夫论之前，需要对荀子心目中理想人格所具有的一个重要特点加以说明。这与荀子功夫实践的特点密切相关。

（一）作为身心修炼的"治气养心之术"

《大略》中有这样的话："君子之学如蜕，幡然迁之。故其行效，其立效，其坐效，其置颜色、出辞气效。无留善，无宿问。"这句话的意思是说，"君子"学习就像虫蛹蜕变那样，会迅速变化提高。所以他们对于行走的姿态加以学习，站立的姿态加以学习，坐的姿态加以学习，面容神态、说话语气加以学习。他们见到善事立即去做，有疑难问题马上请教，不等过夜。由此可见，在荀子看来，君子之学涉及身体的充分参与，其学习的结果在身体状态（"体态"）上会有相应的各种表现。

《非十二子》中曾经通过"士君子之容"与"学者之嵬容"的对比，用"体态"的各种表现来形容君子和小人的不同形象，可见对荀子来说，"君子"人格必然在形体上有所表现。后来宋明理学家常讲的"气象"，即是如此。

> 士君子之容：其冠进，其衣逢，其容良；俨然，壮然，祺然，蕼然，恢恢然，广广然，昭昭然，荡荡然。是父兄之容也。其冠进，其衣逢，其容悫；俭然，恀然，辅然，端然，訾然，洞然，缀缀然，瞀瞀然。是子弟之容也。吾语汝学者之嵬容：其冠絻，其缨禁缓，其容简连；填填然，狄狄然，莫莫然，瞡瞡然，瞿瞿然，尽尽然，盰盰然；酒食声色之中，则瞒瞒然，瞑瞑然；礼节之中，则

疾疾然，訾訾然；劳苦事业之中，则儢儢然，离离然，偷儒而罔，无廉耻而忍謑诟。是学者之嵬也。

这段话接连使用"××然"的句式，很容易让人联想到《论语·乡党》中对孔子各种"体态"的描绘。这一点，可以参见本书第二章。当然，这里不仅描绘了君子的体态，更与小人的体态对比而观。正如君子的人格必然在体态上有所反映一样，小人的人格，也必然在其言行举止和动容语默之中体现出来。所谓"嵬容"（怪异的样子），正是对小人形象的形容。因此，王先谦在注解中也引杨倞注说，"此一章，皆明视其状貌而辨善恶也。"

当然，对荀子来说，成为"士君子"、"大儒"、"圣人"，并不意味着单纯身体方面的修炼，而是必须在身心两个方面同时都有表现。[1]《修身》中对于"君子"有这样的描述："君子贫穷而志广，富贵而体恭，安燕而血气不惰，劳勌（同"倦"）而容貌不枯，怒不过夺，喜不过予。"这里，"体恭"、"血气不惰"、"容貌不枯"，是指身体方面的表现；而"怒不过夺"、"喜不过予"，则是心理和情绪的状态。显然，作为理想的人格，"君子"是一种身心兼顾的典范。学为君子，相应是一个身心修炼的过程，所谓"君子之学也，入乎耳，著乎心，布乎四体，形乎动静。""君子之学也，以美其身；小人之学也，以为禽犊。"（《劝学》）

荀子曾特意将"修身"与"治气"加以区别，所谓"以治气养生，则后彭祖；以修身自名，则配尧禹"（《修身》）。这里的意思很清楚，如

---

[1] 鉴于以往海内外学界对于荀子"礼"的思想多从政治社会的角度展开论述，有学者即特意从"身体技巧"（corporal technology）的角度来诠释"礼"的思想尤其实践，并将这一视角之下荀子的"礼"论视为对当时流于战国后期的各种养生论说的一种回应。参见 Ori Tavor, "Xunzi's Theory of Ritual Revisited: Reading Ritual as Corporal Technology," *Dao: A Journal of Comparative Philosophy*, 12:313–330, 2013. 这种诠释的角度留意到了荀子思想中"身体"的方面，值得肯定。不过，如果脱离了成就圣贤人格（以德行为其主要内涵和特征）这一问题意识和论域，尤其是在讨论"身"时忽视了"心"的方面，对于单纯"养生"和成就圣贤人格为目的的"修身"之间的区别未有足够的自觉，则讨论未免有失焦之虞。事实上，荀子对于彭祖所代表的"养生"和尧禹所代表的"修身"之间的区分，正体现了其"礼"的思想并不单纯以"身体"的修炼为目标。这一点，下文会有专门的讨论。

医家一类的"治气养生",获得的是像彭祖那样延年益寿的效果。而"修身"之所以可以"配尧舜",说明这种修养不只追求身体方面的延年益寿,还必须不断提升自我的品德,因为"尧舜"之所以为"尧舜"而非"彭祖",在于其道德品行而非自然寿命方面的突出。由此可见,对荀子来说,这一区别的意义正是要指出,与"治气养生"单纯身体方面的功效不同,"修身"是一个身心兼顾的修炼过程。我在讨论孔、孟身心修炼的功夫时曾经指出,在当时的语境和语用中,"身"并不像现代汉语中那样指"身体"(physical body),而主要是指身心的整体存在。因此,在这个意义上,"修身"一词转换为现代汉语,正是"身心修炼"一词的涵义所在;而理想人格之所以会在身心两个方面均有表现,可以说正是身心修炼的实践效果。[1]

身心修炼的功夫实践,用荀子自己的话来说,就是"治气养心之术"。显然,"气"与"心"的分别所指,即"身"与"心"这两个一体而又不同的方面。关于"治气养心之术",荀子自己在《修身》中有一段完整的论述:

> 治气养心之术:血气刚强,则柔之以调和;知虑渐深,则一之以易良;勇胆猛戾,则辅之以道顺;齐给便利,则节之以动止;狭隘褊小,则廓之以广大;卑湿重迟贪利,则抗之以高志;庸众驽散,则劫之以师友;怠慢僄弃,则照之以祸灾;愚款端悫,则合之以礼乐,通之以思索。凡治气养心之术,莫径由礼,莫要得师,莫神一好。夫是之谓治气养心之术也。

---

[1] 因此,在英文中,"修身"除了约定俗成的"self-cultivation"一词,更准确的译法或当为"spiritual and physical exercise",而不是"spiritual exercise"。所以,"physical education"译为"体育"而非"修身",是非常恰当的,说明最初的译者非常清楚"身"和"体"在古典中文中分别各自的主要所指,前者是兼"spiritual"和"physical"两个方面,而后者则主要指"physical"的方面。而在现代汉语中,"身体"一词中的"身"已经为"体"所掩,其实已经变成只有的"体"(physical)的含义了。

这段话既包含对"气"与"心"的理解，更指示了"治气养心"的方法。接下来，我就以这段话为起点，结合荀子的其他相关论述，首先考察其"气"与"心"的涵义，再分析其"治气"和"养心"的方法。

（二）"气"与"心"的涵义

《荀子》全书中，"气"字共出现在 15 个段落，凡 27 见。[1] 除了"血气刚强，则柔之以调和"之外，还有多处"血气"连用，如同样是《修身》中的以下两例：

> 凡用血气、志意、知虑，由礼则治通，不由礼则勃乱提僈；食饮、衣服、居处、动静，由礼则和节，不由礼则触陷生疾；容貌、态度、进退、趋行，由礼则雅，不由礼则夷固、僻违、庸众而野。故人无礼则不生，事无礼则不成，国家无礼则不宁。

> 君子贫穷而志广，富贵而体恭，安燕而血气不惰，劳勌而容貌不枯，怒不过夺，喜不过予。君子贫穷而志广，隆仁也；富贵而体恭，杀埶也；安燕而血气不衰，柬理也；劳勌而容貌不枯，好交也；怒不过夺，喜不过予，是法胜私也。

像这样以"血气"作为一个整词，在《荀子》出现 27 次的"气"中共有 11 次。我们知道，"血气"是先秦时代流行的一个词语，如"道（导）血气以求长年、长心、长德。此为身也"（《管子·中匡》），以及"夫唯顺乎肌肤血气之情，养性命之正"（郭店竹简《唐虞之道》），指的是使人具有自然生命力的物质能量。这种意义上的"气"，显然主要与人的身体方面相关。

1　《劝学》中一段 2 见，《修身》中三段 8 见，《非相》中一段 1 见，《王制》中一段 2 见，《君道》中一段 1 见，《正论》中一段 1 见，《礼论》中一段 2 见，《乐论》中两段 6 见，《解蔽》中一段 1 见，《赋》中一段 1 见，《大略》中一段 1 见，《尧问》中一段 1 见。

那么，除了"血气"之外，《荀子》中单独使用"气"的又是什么意思呢？我们不妨看以下两段：

> 问楛者，勿告也；告楛者，勿问也；说楛者，勿听也。有争气者，勿与辩也。故必由其道至，然后接之；非其道则避之。故礼恭，而后可与言道之方；辞顺，而后可与言道之理；色从而后可与言道之致。故未可与言而言，谓之傲；可与言而不言，谓之隐；不观气色而言，谓之瞽。故君子不傲、不隐、不瞽，谨顺其身。（《修身》）

> 水火有气而无生，草木有生而无知，禽兽有知而无义，人有气、有生、有知，亦且有义，故最为天下贵也。（《王制》）

第一段话直接将"气"与"色"相关，指的是人身体状态尤其面部表情和言语声音方面的表现。第二段话常为后人引用，其中，"气"是指整个生物界从无生命的存在（水火）到人所共有的物质性的（material）方面，而人所有之"气"，显然只能是指身体的方面。如此看来，这两段话中的"气"同样是"血气"。

事实上，无论是"血气"还是"气"，遍检《荀子》通篇所论可以看到，凡与人相关的"气"均为"血气"之意，指的是血肉之躯所携带的包括自然欲望、生理本能以及心理情绪在内的身体方面（physical condition）。孟子所论的"德气"尤其是"浩然之气"的观念，似乎并不在荀子的理解范围之内。

与"气"相较，"心"字在《荀子》一书中共出现在89个段落，凡168次。由此可见，虽然荀子用"治气养心之术"来表达其身心修炼的功夫论，但对"气"讨论的较少。"心"、"气"之间，他更为关注的仍然是"心"。先秦主要思想家中不约而同聚焦于"心"，正是中国文化发生基调变化或者说"轴心突破"（axial breakthrough）的重要特点。[1]

关于荀子"心"的涵义，《非相》中有这样一段话：

> 故相形不如论心，论心不如择术；形不胜心，心不胜术；术正
> 而心顺之，则形相虽恶而心术善，无害为君子也。形相虽善而心术
> 恶，无害为小人也。

这段话表明，对荀子来说，人的善恶最终取决于"心"所择之
"术"。这里需要特别注意的是，"心"与"术"是两个不同的概念。
"心术"是"心"在择取了"术"之后所形成的心态。"心"本身无所
谓善恶，所择之"术"为善，则"心术"为善，人即为君子；所择之
"术"为恶，则"心术"为恶，人即为小人。换言之，"心术"的善恶
并非由"心"决定，而是由"心"所择之术来决定的，所谓"心不胜
术"，即是此意。至于"术正而心顺之，则形相虽恶而心术善，无害为
君子也"，更为清楚地表明"心"的善恶取决于"术"的善恶，心顺正
术，则为善心，顺邪（恶）术，则为恶心。事实上，在《解蔽》中，荀
子即论述了各种"心术之患"以及由此而生的"蔽塞之祸"。由此可
见，"心"与"术"之间是一种认知、判断和选择的关系。[2]"择术"就
是"心"对于"术"的认知、判断和选择。"心"由所择之"术"定其
善恶。

此外，《乐论》中有这样的话："故齐衰之服，哭泣之声，使人之心
悲。带甲婴胄，歌于行伍，使人之心伤；姚冶之容，郑卫之音，使人之
心淫；绅、端、章甫，舞韶歌武，使人之心庄。"这段话的意思也很清

1　这一基调变化即个体之"心"取代了"巫"而成为天人交通之间的中介。换言之，人凭藉自我之
　　"心"，即可实现与超越界的交流。参见余英时：《论天人之际——中国古代思想起源试探》(北京：
　　中华书局，2014)。
2　东方朔曾经分析荀子"心"中"知"(知虑)与"能"(辨识)两方面的涵义，值得参考。参见
　　其"心知与心虑——兼论荀子的道德主体与人的概念"，《政治大学哲学学报》，第 27 期，2012 年
　　1 月，页 35—74。

楚，人心之所以会有"心悲"、"心伤"、"心淫"以及"心庄"这些不同的态状，由于所闻之"乐"的不同。这也表明，对荀子来说，心本身并无内容；人有何种心，是一种认知、判断和选择的结果。

同样，通过对于心要"知道"的论述，荀子指出"心"与"道"之间也是一种认知的关系。心"知道"与否和心择何术一样，决定了心的善恶。心知道，则为善；不知道，则为恶。对此，《解蔽》中是这样说的：

> 故心不可以不知道。心不知道，则不可道，而可非道。人孰欲得恣，而守其所不可，以禁其所可？以其不可道之心取人，则必合于不道人，而不合于道人。以其不可道之心与不道人论道人，乱之本也。夫何以知？曰：心知道，然后可道；可道然后守道以禁非道。以其可道之心取人，则合于道人，而不合于不道之人矣。

这里，"心不知道，则不可道"，是说心如果不能懂得道，则不认可道，不会依道而行，只会认可"非道"。显然，这里"道"为善，"非道"为恶。"心"不"知道"、"可道"，自然"心术"不正而非善心。所以才有"以其不可道之心取人，则必合于不道人"之说。"不道人"即"小人"、不善之辈、心术不正之辈。这一类人自然不会与君子为伍，只能与"不道人"相合。这也表明，"心"能否知道，并不一定。或者说，心并不是在任何状态下都能够自然知道。否则，便不会有"不知道"的情况发生了。那么，心在什么样的情况下才能知道呢？在荀子看来，只有达到"虚壹而静"的"大清明"状态，心才能知道。也只有"虚壹而静"的"大清明心"，才会选择正术，成就善心。

对荀子来说，"道"并非玄远的超越之物，而是君子所应当遵从的"礼义之统"（《荣辱》）和"礼乐之统"（《乐论》）。即便"先王之道"，也需以"礼义"为其内容，所谓"先王之道，人之隆也，比中而行之。曷谓中？曰：礼义是也。道者，非天之道，非地之道，人之所以道也，君子之所道也。"(《儒效》)而能使"心顺之"的"正术"，也同样是指以"礼义"为内容的种种"应然"的客观规范。就此而言，"术"和"道"也就是"礼"；"择术"和"知道"，也就是荀子视为"治气养心之术"重要途径的"由礼"。

至于什么是"虚壹而静"的"大清明心"？紧接着上一段引文，荀子做出了清楚的说明：

> 人何以知道？曰：心。心何以知？曰：虚壹而静。心未尝不臧也，然而有所谓虚；心未尝不两也，然而有所谓壹；心未尝不动也，然而有所谓静。人生而有知，知而有志；志也者，臧也；然而有所谓虚；不以所已臧害所将受谓之虚。心生而有知，知而有异；异也者，同时兼知之；同时兼知之，两也；然而有所谓一；不以夫一害此一谓之壹。心卧则梦，偷则自行，使之则谋；故心未尝不动也；然而有所谓静；不以梦剧乱知谓之静。未得道而求道者，谓之虚壹而静。作之：则将须道者之虚则人，将事道者之壹则尽，尽将思道者静则察。知道察，知道行，体道者也。虚壹而静，谓之大清明。

需要特别指出的是，这段话不仅解释了什么是"虚壹而静"的"大清明心"，同时也表明，在荀子看来，"大清明"只是心的一种存在状态，并非心的实然且唯一的状态，否则荀子不会说心"未尝不臧"、"未尝不两"、"未尝不动"。只有通过修养的功夫，心才会由"臧"、"两"和"动"，归于"虚"、"一"和"静"。而在解说了"大清明心"之后，荀子又在明确肯定"人心"、"道心"之别的同时，以"盘水"之喻进一步形容了人心"湛浊"与"清明"的两种状态。所谓"'人心之危，道心之微。'危微之几，惟明君子而后能知之。故人心譬如盘水，正错而勿动，则湛浊在下，而清明在上，则足以见鬓眉而察理矣。微风过之，湛浊动乎下，清明乱于上，则不可以得大形之正也。心亦如是矣。"这些都非常清楚地表明，荀子的心并不能强说为"善"。[1] 如果直接以荀子所论之心为"心善"之心，"心未尝不臧""未尝不两""未尝不动"即不可解。人们实际行为中为何会有恶？也不可解。至于荀子在此段话之后对于心的解说，所谓"心者，形之君也，而神明之主也，出令而无所受令。自禁也，自使也，自夺也，自取也，自行也，自止也。故口可劫而使墨云，形可劫而使诎申，心不可劫而使易意，是之则受，非之则辞"，也并不是在一般的意义上说心，而是顺着前文比较"虚壹而静"的"大清明"之心和"藏两而动"的世俗之心之后，对于"大清明"之心的描写。显然，对荀子来说，"心"只是一种"择"的能力，[2] 可以选择善，也可以选择恶，其本身并不就是善。即使是"虚壹而静"的"大清明心"，可以作为"神明之主"而取善弃恶，本身也并不以"善"为其固有内容。这一点，与孟子的"四端之心"有着根本的不同。

不过，既然"心"本身无所谓是非善恶，只有成为"虚壹而静"的"大清明心"之后，才能在是非善恶之间有所选择，那么，又如何才能使得"心"成为"虚壹而静"的"大清明心"呢？这就涉及荀子具体的"养心"之法了。

（三）"由礼"与"得师"："治气养心"的方法

对荀子而言，既然"气"指"血气"，用现代语言来说，"治气"也就是对人的自然欲望、生理本能和心理情绪的调节和规约。并且，由于荀子所论之性指人的自然欲望、生理本能和心理情绪，所以，"性"与"气"在荀子文中可谓同一所指。在这个意义上，荀子所有关于如何"化性"的讨论，都可以说就是关于"治气"的讨论。换言之，"气"即"性"、"治气"即"化性"。

---

1 有学者即以荀子之"心"为"善"，参见梁涛："荀子人性论辨正——论荀子的性恶、心善说"，《哲学研究》，2015 年第 5 期。

2 唐君毅先生曾将荀子的"心"称为"统类心"，见《中国哲学原论·导论篇》（台北：台湾学生书局，1986），页 131—141。不过，"统类"的发生，既需以认知、分辨和择取为前提，其本身也是一个认知、分别和择取的过程。

至于"养心"，荀子有"养心莫善于诚"、"诚心守仁"和"诚心行义"的表述，完整的论述和语脉如下：

> 君子养心莫善于诚，致诚则无它事矣。唯仁之为守，唯义之为行。诚心守仁则形，形则神，神则能化矣。诚心行义则理，理则明，明则能变矣。变化代兴，谓之天德。天不言而人推高焉，地不言而人推厚焉，四时不言而百姓期焉。夫此有常，以至其诚者也。君子至德，嘿然而喻，未施而亲，不怒而威。夫此顺命，以慎其独者也。善之为道者，不诚则不独，不独则不形，不形则虽作于心，见于色，出于言，民犹若未从也；虽从必疑。天地为大矣，不诚则不能化万物；圣人为知矣，不诚则不能化万民；父子为亲矣，不诚则疏；君上为尊矣，不诚则卑。夫诚者，君子之所守也，而政事之本也，唯所居以其类至。操之则得之，舍之则失之。操而得之则轻，轻则独行，独行而不舍，则济矣。济而材尽，长迁而不反其初，则化矣。（《不苟》）

这段话在《荀子》中比较特别，是极为少见的接近《中庸》思路的一段话。这里"诚"的涵义与《中庸》里的"诚"也是一致的，是指以"仁义"为内容的价值。而由前文对于荀子"心"之涵义的分析可知，"心"是一种认知、判断和选择的能力，本身并无善恶的内容。"养心莫善于诚"的意思，就是由"心"的认知、判断和选择，将"诚"作为其自身的内容，使"心"成为"诚心"。同样，"守仁"、"行义"的意思是使"仁义"成为驻守于心的价值并加以实践。那么，在什么样的情况下，"心"才能将"诚"（"仁义"）作为自身的内容而为"诚心"呢？

不过，"气"与"心"虽然偏指身心两个不同的方面，但荀子并未将"治气"与"养心"的方法分属于两种不同的功夫实践。事实上，"凡治气养心之术，莫径由礼，莫要得师，莫神一好。夫是之谓治气养心之术也"，已经表示，在荀子看来，"由礼"、"得师"和"一好"是

"治气"与"养心"的共同法门。正是在这个意义上，荀子将"治气"与"养心"的方法并称为"治气养心之术"。这一点，与孟子分别讨论"养气"与"尽心"的功夫实践有所不同。

表面上看，"治气养心之术"有三个环节："由礼"、"得师"和"一好"。"一好"的意思是指一种专一的身心状态，而"神"则是言其成效。这样的话，"一好"应该并不构成"由礼"和"得师"之外的一个独立环节，而是作为实践"由礼"和"得师"时需要始终具备的那种专一的身心状态。如此看来，荀子"治气养心之术"的具体实践方法，关键在于"由礼"和"得师"。

"礼"字在《荀子》中凡 343 见，是《荀子》中出现频率最高的一个概念，足见荀子对它的重视。"礼"的涵义是指各种"应当"的规范和原则，如《劝学》中所谓"礼者、法之大分，类之纲纪也。"从"礼义"作为一个整词在《荀子》中经常出现来看，也足见作为"应当"的"义"构成"礼"的内容。既然"礼"主要指以"应当"为其内容的规范和原则，"由礼"就是对于规范和原则的遵循。而荀子《礼论》通篇的核心意旨，正如以下这段话所示，就是强调礼的作用可以使人的身心在日常生活中得到安顿。

> 故情貌之变，足以别吉凶，明贵贱亲疏之节，期止矣。外是，奸也；虽难，君子贱之。故量食而食之，量要而带之，相高以毁瘠，是奸人之道，非礼义之文也，非孝子之情也，将以有为者也。故说豫、娩泽，忧戚、萃恶，是吉凶忧愉之情发于颜色者也。歌谣、謸笑、哭泣、谛号，是吉凶忧愉之情发于声音者也。刍豢、稻粱、酒醴、鬻鬻、鱼肉、菽藿、酒浆，是吉凶忧愉之情发于食饮者也。卑絻、黼黻、文织，资粗、衰绖、菲繐、菅屦，是吉凶忧愉之情发于衣服者也。疏房、檖貌、越席、床第、几筵，属茨、倚庐、席薪、枕块，是吉凶忧愉之情发于居处者也。两情者，人生固有端焉。若夫断之继之，博之浅之，益之损之，类之尽之，盛之美之，

使本末终始，莫不顺比，足以为万世则，则是礼也。非顺孰修为之
君子，莫之能知也。

正是因为"礼"的这种功用，在荀子看来，"由礼"与否，会在人
们的日常生活包括饮食起居等各个方面产生不同的后果。所谓：

凡用血气、志意、知虑，由礼则治通，不由礼则勃乱提僈；食
饮、衣服、居处、动静，由礼则和节，不由礼则触陷生疾；容貌、
态度、进退、趋行，由礼则雅，不由礼则夷固、僻违、庸众而野。
（《修身》）

这里"血气"、"志意"、"知虑"涵盖"气"与"心"（身心）两个
方面。从"气"的方面来看，如果说"治气"即"化性"，那么，在荀
子看来，"化性"必须通过"由礼"才能实现，或者说，"由礼"正可以
说是如何"化性"的具体方法。《性恶》中有这样的话："古者圣王以人
之性恶，以为偏险而不正，悖乱而不治，是以为之起礼义，制法度，以
矫饰人之情性而正之，以扰化人之情性而导之也。"这同样表明，荀子
认为，必须通过礼义和法度的矫饰，人之性情方能得其正。

不过，对荀子来说，作为"治气养心之术"的功夫实践，在"得
师"与"由礼"这两个方面之中，"师"似乎比"礼"更为重要。对此，
《修身》中下面这段话讲得很清楚：

礼者，所以正身也；师者，所以正礼也。无礼，何以正身？无
师，吾安知礼之为是也？礼然而然，则是情安礼也；师云而云，则
是知若师也。情安礼，知若师，则是圣人也。

显然，由"礼者，所以正身也；师者，所以正礼也"的话可见，
"师"是使得"礼"不失其正的保证。正是在这个意义上，"师"比

"礼"更为重要。"师"的重要性，在《劝学》中所谓"学之经莫速乎好其人，隆礼次之"这句话中，也可得到进一步的支持。这里，"好其人"中的"人"，即是"师"；"好其人"即是"得师"。

就荀子而言，"得师"也称为"隆师"，所谓"故非我而当者，吾师也；是我而当者，吾友也；谄谀我者，吾贼也。故君子隆师而亲友，以致恶其贼。"（《修身》）而"得师"的目的，是在于以"师法"作为身心修炼的准绳。对于"师法"的重要，荀子在《儒效》篇中从正反两种后果做出了说明：

> 故人无师无法，而知则必为盗，勇则必为贼，云能则必为乱，察则必为怪，辩则必为诞；人有师有法，而知则速通，勇则速畏，云能则速成，察则速尽，辩则速论。故有师法者，人之大宝也；无师法者，人之大殃也。人无师法，则隆性矣；有师法，则隆积矣。[1]而师法者，所得乎积，非所受乎性。性不足以独立而治。性也者，吾所不能为也，然而可化也。积也者，非吾所有也，然而可为也。注错习俗，所以化性也；并一而不二，所以成积也。习俗移志，安久移质。并一而不二，则通于神明，参于天地矣。

这种有无"师法"可依的不同后果，荀子也曾用"求贤师"、"择良友"与"与不善人处"的对比来加以说明，所谓"夫人虽有性质美而心辩知，必将求贤师而事之，择良友而友之。得贤师而事之，则所闻者尧舜禹汤之道也；得良友而友之，则所见者忠信敬让之行也。身日进于仁义而不自知也者，靡使然也。今与不善人处，则所闻者欺诬诈伪也，所见者污漫淫邪贪利之行也，身且加于刑戮而不自知者，靡使然也。"（《性恶》）

"师法"当然是"得师"之后才可以从"师"处学习而得。那么，

---

1 "积"字原作"情"，据《群书治要》本补。说见王念孙《读书杂志》、王先谦《荀子集解》。

何为"人师"呢？对此，荀子在《儒效》中有这样一段描述：

> 其为人上也，广大矣！志意定乎内，礼节修乎朝，法则度量正乎官，忠信爱利形乎下。行一不义，杀一无罪，而得天下，不为也。此君子义信乎人矣，通于四海，则天下应之如欢。是何也？则贵名白而天下治也。故近者歌讴而乐之，远者竭蹶而趋之，四海之内若一家，通达之属莫不从服。夫是之谓人师。

而在《致士》中，对于如何才称得上"师"，荀子又提出了四个方面的标准，所谓"师术"。对荀子来说，只有具备了这四个方面的品格，才"可以为师"。

> 师术有四，而博习不与焉：尊严而惮，可以为师；耆艾而信，可以为师；诵说而不陵不犯，可以为师；知微而论，可以为师。故师术有四，而博习不与焉。

显然，从这两段文字来看，在荀子的心目中，能够做到"尊严而惮"、"耆艾而信"、"诵说而不陵不犯"以及"知微而论"的"师"，只能是指历史文化传统中的"士君子"、"大儒"和"圣人"。[1] 在自我通过身心修炼以成就理想人格的过程中，正是这些"人师"及其"师法"的典范作用，使得身心修炼的功夫实践更为切实可行。

需要补充说明的是，在"师"与"礼"之外，"乐"也被荀子视为身心修炼不可或缺的一个方面。在荀子看来，音乐具有"入人也深"和"化人也速"的特点，所以他有专门的《乐论》来阐释他对于音乐的看法。虽然更多的是关联于圣王如何运用音乐作为一种教化百姓的方式来加以论述，但音乐作为一种身心修炼的方式，其意也自在其中。我们先

---

[1] 牟宗三先生也认为"师"就是"笃行之大君子"，称"此笃行之大君子既为师，又为法，故曰师法。"见其《名家与荀子》，《牟宗三先生全集》，第2册，页183。

来看《乐论》中下面这段话：

> 夫乐者，乐也，人情之所必不免也。故人不能无乐，乐则必发于声音，形于动静；而人之道，声音动静，性术之变尽是矣。故人不能不乐，乐则不能无形，形而不为道，则不能无乱。先王恶其乱也，故制雅颂之声以道之，使其声足以乐而不流，使其文足以辨而不諰，使其曲直、繁省、廉肉、节奏，足以感动人之善心，使夫邪污之气无由得接焉。是先王立乐之方也，而墨子非之奈何！

这是从人情不能不有所流露、而流露则"不能无乱"来指出"乐"的必要。因为在荀子看来，音乐是使人情的流露能够不失中正的有效和必要手段。音乐的目的，就是要使人们喜悦之情的流露在声音方面能够"乐而不流"，在文字方面能够"辨而不諰"，在日用常行中"感动人之善心，使夫邪污之气无由得接"。

同时，荀子认为，对于君子人格的造就，音乐作为身心修炼的功夫具有明显的效果。对此，《乐论》中有如下的表述：

> 君子以钟鼓道志，以琴瑟乐心；动以干戚，饰以羽旄，从以磬管。故其清明象天，其广大象地，其俯仰周旋有似于四时。故乐行而志清，礼修而行成，耳目聪明，血气和平，移风易俗，天下皆宁，美善相乐。故曰：乐者、乐也。

至于《乐论》中所谓"故听其雅颂之声，而志意得广焉；执其干戚，习其俯仰屈伸，而容貌得庄焉；行其缀兆，要其节奏，而行列得正焉，进退得齐焉"，更是直接强调音乐的效果可以使人在身心两个方面都能够得到很好的修养，所谓"志意得广"、"容貌得庄"、"行列得正"以及"进退得齐"。也正是由于对于音乐的这种看法，使得荀子对于墨子"非乐"的主张不以为然，而有"墨子非之奈何"的反问，并讥讽墨子为"犹瞽之于白黑也，犹聋之于清浊也，犹欲之楚而北求之"。

由此可见，对荀子来说，和"礼"一样，"乐"也是"治气养心"的一种方式，所谓"且乐也者，和之不可变者也；礼也者，理之不可易者也。乐合同，礼别异，礼乐之统，管乎人心矣。穷本极变，乐之情也；著诚去伪，礼之经也。"（《乐论》）也正因此，荀子除了经常"礼义"连称之外，也不乏"礼乐"并称的用法。[1]

四、结语

以上，我们考察了荀子功夫论的两个基本方面，一是功夫实践所指向的目标，即荀子心目中的理想人格；一是功夫实践的具体方法，即作为身心修炼的"治气养心之术"。前者在继承了孔、孟"君子"、"圣人"观念的基础上以"士君子"和"大儒"为其特征，后者以"由礼"和"得师"为主要内容。不过，正如"择术"和"知道"都取决于"心"的选择一样，由于"礼"和"师"都是外在的客观存在，"礼"之"由"与否，"师"之"得"与否，也都有赖于"心"的取舍。因此，"心"、"师"、"礼"、"气"在"治气养心"的身心修炼过程中具有并展现为怎样的内在关系与逻辑结构，可以说是理解荀子身心修炼功夫论的核心。这一点，就让我在本文结语部分加以总结。同时，我也将对荀子和孟子各自主张的"治气养心"与"尽心养气"的功夫论稍事比较，并对荀子"治气养心之术"在先秦的思想世界乃至整个"轴心时期"（axial age）的定位及其所面对的理论问题略加分析。在我看来，要把握荀子身心修炼功夫论的特点，这几个方面都是题中应有之义。最后，我会对荀子身心修炼功夫论的价值和意义加以提示，以结束这篇专题研究。

"治气"与"养心"作为身心修炼不同侧重的两个方面，从逻辑上看，应该是先"养心"再"治气"，因为"治气"的主体是"心"。不过，由于能够承担"治气"主体角色的"心"并不是泛指一般经验意

---

1 《荀子》中"礼义"共出现115次，"礼乐"共出现19次。

义上的各种"心",而只能是"虚壹而静"的作为"天君"的"大清明心"。因此,只有使"心"成为"虚壹而静"的"大清明心","心"才能作为"天君"发挥"治气"的作用。换言之,"天君"明而不暗,"天职"、"天功"、"天情"、"天官"、"天养"、"天政",方能得其成就。达到这样一种状态,才能够称之为"知天"。[1]

不过,即使"心"成为"虚壹而静"的"大清明心","心"对"气"的治理,仍要透过"礼乐"的直接形塑作用,所谓"由礼"。[2]同时,"礼乐"的修习与内化,又必须以"师法"为津梁。因此,在逻辑上,"得师"又应当是"由礼"的前提。由"师法"而"礼乐",然后才能收"治气"之效。这可以说就是"治气"功夫的实践步骤。而在这一过程中,"心"贯穿始终,起到了一个形式主体(formal subject)的作用。之所以说是"形式主体",如前文所论,对荀子而言,"心"本身只起到认知、选择和判断的作用,直接使"气"得到治理的"内容"方面,是"心"通过"师法"而修习与内化的"礼乐"("术"、"道")。"礼乐"虽不能说是"主体",因为二者都是客观的外部存在,却是"心"对治"气"所不可或缺的内容方面。此外,"治气"功夫的实践步骤固然如此,"养心"功夫或者说"心"之得"养"与否的实践步骤,也是同样。只有通过"师法",经由"礼乐"的熏陶,"心"才能不流于"奸心"(《非十二子》)、"利心"(《非十二子》)、"诈心"(《仲尼》)、"倾侧之心"(《君道》、《臣道》)、"倍叛之心"(《礼论》),而始终保持"虚壹而静"的"大清明"状态,并具体表现为"仁心"、"学心"、"公心"的状态。

因此,"治气"与"养心"虽然可以分别而言,就功夫的实践步骤

---

1 《天论》云:"天职既立,天功既成,形具而神生,好恶喜怒哀乐臧焉,夫是之谓天情。耳目鼻口形能各有接而不相能也,夫是之谓天官。心居中虚,以治五官,夫是之谓天君。财非其类以养其类,夫是之谓天养。顺其类者谓之福,逆其类者谓之祸,夫是之谓天政。暗其天君,乱其天官,弃其天养,逆其天政,背其天情,以丧天功,夫是之谓大凶。圣人清其天君,正其天官,备其天养,顺其天政,养其天情,以全其天功。如是,则知其所为,知其所不为矣;则天地官而万物役矣。其行曲治,其养曲适,其生不伤,夫是之谓知天。"

2 "莫径由礼"一句中虽然没有提到"乐",但前文已经指出,荀子在他处专门论证了"乐"对于身心修炼的作用。

来说，却是一个一体无间的展开过程，即作为主体的"心"经由"师法"的学习，透过"礼乐"的熏陶，对自身的"气"、"性"进行对治，从而最终成就"士君子"、"大儒"和"圣人"的人格形态。总之，这种"心"由"得师"、"隆礼"而"化性起伪"（"治气"）的身心修炼功夫，就是荀子"治气养心之术"的核心所在。

荀子虽然在对理想人格的理解上继承了孔、孟"君子"、"圣人"的观念，但较之孟子"尽心养气"的功夫论，其"治气养心之术"显示出了完全不同的特点。总体来说，如果说孟子身心修炼的功夫是一种由内而外的"实现"（realization），那么，荀子的身心修炼功夫则是一种由外而内的"锻造"（molding）。二者差异的关键就在于对"心"和"气"的不同理解。前已指出，孟子那种"我固有之，非由外铄"的"四端之心"，在荀子对"心"的理解中是不存在的；那种以"仁义礼智"为内容的"德气"和"浩然之气"，也无法在荀子对"气"的理解中找到对应。孟子基于"四端之心"和"浩然之气"，其身心修炼的功夫必然展开为一个从内到外不断"扩充"而"实现"自身的过程。荀子的"心"并没有道德的内容，即便是"虚壹而静"的"大清明心"，本身也并不具备"善"。只有在"得师"、"隆礼"之后，经由"师法"和"礼乐"的"锻造"，使"气"得"治"、"性"得"化"，"仁义"才能驻守于"大清明心"之中，"道德心"（道德主体）方才可以建立。并且，日常的世俗之"心"转化成为"虚壹而静"的"大清明心"，本身也需要在"师法"和"礼乐"的作用之下才会形成。由于"师"和"礼"都是外在于自我的客观存在，所以，"心"由"得师"、"隆礼"而"化性起伪"的这种身心修炼功夫，必然呈现为一个从外而内的"锻造"过程。

在孔子的思想中，"仁"和"礼"分别具有"内"和"外"的不同特点，即"仁"是内在于人心的道德情感、道德法则和道德意志，"礼"是外在于人的客观道德规范，可以说是道德情感、道德法则和道德意志客观化的结果。因此，后世常有孟子传承孔子"仁学"而荀子传承孔子"礼学"的说法。这当然是一个不错的判断。但是，如果缺乏对孟子和荀子思想细致与深入的把握,那种孟荀分别继承和发展了"仁"与"礼"的说法,就不免成为顺俗浮说的泛泛而论了。

荀子"治气养心之术"一语,可以用来形容先秦乃至整个中国思想传统中身心修炼的功夫论。但是,正如上述孟子和荀子的不同,诸家对于"心"与"气"的理解并不一致,各自提出和主张的"治"、"养"之法也多有异趣。例如,严格而论,除非"治"取其广义而不限于"对治"之意,对于孟子的"德气"或"浩然之气"来说,就只有"扩充"而不存在"治"的问题。至于"心"的问题,则更为复杂,因为对于先秦时期的各个思想家来说,"心"更可以说是"治气养心之术"这一身心修炼功夫论的枢纽所在。余英时先生曾经指出,先秦时期中国思想界"轴心突破"的基本特征,表现为"心"逐步取代"巫"而成为个体自我与超越界(天、道)连接与沟通的中介。不过,除了这一转换并非一蹴而就之外,在这一转换过程中,"巫"在"天人之际"的中介这一角色里面残留的程度,以及"心"如何使天人之间的沟通得以实现,对于先秦时期不同的知识人而言各不相同。那么,在这个问题上,较之其他诸家,荀子的思想有何特征呢?这里,我无法也无需细究诸家的异同,鉴于以往多有学者认为荀子"心"、"气"的思想源于管子,而作为战国时期道家思想的代表,庄子对于"心"、"气"的观念也多有论述,我仅取管子、庄子为对照,指出荀子的与众不同。如此,已大体可在先秦思想的脉络中见出荀子身心修炼功夫论的特色。

无论《管子》还是《庄子》,当论述"心"在"知道"或者说沟通天人的过程中所扮演的角色时,都有一个共同的特征,即尚未抹去"巫"的痕迹。虽然《应帝王》中壶子"四门示相"令神巫季咸"自失而走"的故事生动显示了"巫"在"天人之际"的中介地位已经为"心"所取代,但"心斋坐忘"、"唯道集虚"的同时,还需要"鬼神将来舍"(《人间世》),尤其是有关"神人"(《逍遥游》)、"至人"(《齐物论》)和"真人"(《大宗师》)的描述,仍然保留了"巫"的浓重色彩。同样,管子《内业》虽然有"凡道无所,善心安处;心静气理,道乃可止"的表述，但同篇还有"思之思之，又重思之。思之而不通，鬼神将通之"的话，《心术》中更有"虚其欲，神将入舍。扫除不洁，神乃留处"的表达。这里的"鬼神"也仍然是"巫"的反映。管子和庄子的例子都表明，对于沟通天人的中介角色来说，"巫"的因素仍然存在，并非只有单纯的心力即可。"鬼神"所代表的超出人类理性之外的力量在其中发挥作用，即是明证。有趣的是，《孟子》中一个"鬼"字都没有，在总共出现4次的"神"字中，只有"使之主祭而百神享之，是天受之"(《万章上》)这句话中的"神"是"鬼神"之"神"的意思。不过，这是不是意味着在孟子那里"巫"的因素已经荡然无存了呢？这是一个有趣的问题，这里无法枝蔓，需另外专门探讨。

对荀子来说，"虚壹而静"的"大清明心"去"知道"、"择术"的过程，也可以说是"心"在天人之际的沟通中发挥中介的作用，但与管子和庄子相较，却有两点很大的不同：其一，如前文所论，荀子的"道"主要是指"礼义之统"(《荣辱》)和"礼乐之统"(《乐论》)，"术"是指"师法"和"礼乐"，都不是某种超越的形而上之道。荀子的"天"也基本上是作为客观法则意义上的"自然之天"，[1]既无孟子"尽心、知性、知天"意义上作为价值源头的"天道"涵义，更没有墨子"天志"意义上作为"主宰之天"的人格神涵义。其二，荀子对于鬼神的看法，与管子、庄子差别巨大。《荀子》中"鬼"字只出现9次，包括两次引《诗经》中"为鬼为蜮、则不可得"的话在内，都是在贬义的意义上使用。而"神"字虽然出现39次，但相当一部分涵义是指"圣人"之"心"运用时所表现的那种难以言传的高深莫测状态，如《天论》所谓"不见其事而见其功，夫是之谓神。"尤其是"圣人"这类理想人格在

1　荀子"天"的涵义，可参考 Robert Eno, *The Confucian Creation of Heaven: Philosophy and the Defense of Ritual Mastery* (Albany: SUNY Press, 1990), pp.154–169. 晚近有学者对从"自然之天"的角度理解荀子之"天"提出异议，参见伍振勋："荀子'天论'的旨趣：'知天'论述的主题"，《台大中文学报》，第46期，2014，页51—86。该文为理解荀子的"天论"增加了新的诠释视角，但不必构成从"自然之天"的角度理解荀子之"天"的驳论。这里的关键在于，诚如 Eno 已经指出的，《荀子》中"天"的涵义原本是多向度的，但较之先秦其他诸家的天论，尤其是有别于孔、孟"天"观念的特别之处，仍在其"自然之天"的涵义。

"内圣外王"两个方面发生作用时所呈现的状态，如《儒效》中对"神"的解释："曷谓神？曰：尽善挟治之谓神，万物莫足以倾之之谓固。神固之谓圣人。"显然，荀子的"神"并不具有"巫"的神秘色彩。他批评庄子"蔽于天而不知人"（《解蔽》），恰可由此得以理解。而对于那种认为荀子的"治气养心之术"直接来源于《管子四篇》（《内业》、《心术》上下和《白心》）的看法，且不论荀子在"血气"意义上对于"气"的理解与《管子》中在"精气"、"灵气"等意义上对于"气"的理解是否能够完全重合，仅就"心"在沟通天人过程中所扮演的角色或者说如何"知道"而言，根据我们这里的分析，双方的差异也已经是显而易见的了。由此可见，如果说先秦时期"轴心突破"的由"巫"到"心"本质上是一个逐渐"祛魅"（disenchantment）的理性化（rationalization）过程，那么，荀子可以说是这一过程中理性化最为彻底的思想家。

前文已经指出了荀子身心修炼功夫论的内在关系与逻辑结构，不过，这一"治气养心之术"是否能够充分保证"士君子"、"大儒"之类理想人格的实现，其实面临两项困难。

其一，对于"治气养心之术"两个最重要的实践环节"得师"和"由礼"来说，从发生学的角度来看，作为"师"的"士君子"、"大儒"和"圣人"与作为种种规范的"礼"最初如何产生，是荀子的思想难以解释的。迄今为止对荀子"性恶"论的种种辩解，其实都是要试图解决这一理论困难。因为如果人性本恶，需要"得师"、"由礼"而"化性起伪"，且"士君子"、"大儒"和"圣人"起初与众人并无不同，也都是"化性起伪"之后方才成就的人格，而"礼"必须是"士君子"、"大儒"和"圣人"创制的结果，那么，最初的"师"和"礼"如何产生和形成，便势必陷入无穷后退的循环而不可解。只要"善"缺乏内在于人的根源，这一困难就始终无法解决，在这个意义上，学界若干学者所谓"性朴"的辩解是不成功的。[1] 作为一种描述，它无法在《荀子》中获得

---

[1] 例如：林桂榛："论荀子性朴论的思想体系及其意义"，《现代哲学》，2012年第6期，页106—111；周炽成："荀子人性论：性恶论，还是性朴论"，《江淮论坛》，2016年第5期，页82—89。

坚实与全面的文献支持；作为一种主张，它更无法解释"师"与"礼"的产生何以必然的问题。至于"心善"之说，其实已经是试图为"善"寻求内在于人的一种折中。但是，此说同样难以成立。只要"善"不是"心"内在的价值，仍在"心"外而需要"心"在选择之后才能获得，那么，"心"何以一定选择"善"而非"恶"，就始终没有必然的保证。由此，"师"和"礼"最初为什么会出现，也只能归之于偶然。

其二，即便我们不从发生学的角度去回溯追究最初的"师"、"礼"如何出现，而肯定人类已经存在于一个"师"、"礼"兼备的社会，对荀子来说，仍然需要面对人心"得师"、"由礼"是否有其必然性的问题。荀子认为"圣人之所以同于众，其不异于众者，性也；所以异而过众者，伪也"（《性恶》），可是，"圣人"之"伪"，为什么一定会发生呢？前文已经分析指出，在荀子看来，人心并不必然好善恶恶、好治恶乱，否则荀子便不会引古《道经》中的"人心"、"道心"之说而认为人心"未尝不臧"、"未尝不两"、"未尝不动"并指陈种种"心术之患"了。即便是"虚壹而静"的"大清明心"，也同样并无"善"内在于自身之中，而需要通过"得师"、"由礼"方可获致。既然如此，对于外在于人心的"师"与"礼"，人心何以必须去"得"和"由"，或者说何以必"伪"，便无法获得一种必然的保证。

荀子"治气养心之术"所不得不面临的这两项理论困难，关键即在于"善"无论在"性"还是"心"中都缺乏根源，只是一种心外的候选对象。在这种情况下，不论"师法"还是"礼乐"，对于荀子的"心"来说，就毕竟只是一种外在的楷式和规范，可以主动自觉选择遵从，但仍为"他律"，[1] 无法成为孟子那样基于"四端之心"而"由仁义行"的

1　那种试图将荀子的礼义诠释成自我规范和自律的做法，是缺乏理据而并不成功的。参见邓小虎："荀子中'性'与'伪'的多重结构"，《台湾大学哲学论评》，第 36 期，2008 年 10 月，页 1—28。该文亦为作者《荀子的为己之学：从性恶到养心以诚》（北京：北京大学出版社，2015）的第三章。可以说礼义并不外在于被转化的性情，但那是性情已经被转化之后的事；可以说人能够主动自觉地选择依礼义而行，但如此恰恰须以礼义外在于人心、只是人心的候选对象为前提。所谓"由仁义行"与"行仁义"的根本区别，就在于"仁义"是"我固有之"的内在价值，还是需"由外铄"的外在典范。

自我立法。[1] 如此一来，通过身心修炼的功夫实践以成就理想人格的道路，无形中便成为一种或然的选择。事实上，古往今来儒学传统内部对于荀子不约而同地批评，如本文开头提到的，非但焦点正在于此，更实有其颠扑不破的理据，未可轻易翻案。不过，荀子身心修炼的功夫论自有其价值和意义（significance），既不会因其内在的理论困难而丧失，更不必通过在人性论上造作翻案的方式确立。

孟子肯定"四端之心"的"我固有之，非由外铄"，并以"由仁义行"和"行仁义"的区分敏锐地揭示人性中固有善端的萌蘖，的确为理想人格的成就建立了一种必然。但是，这种必然还只是一种理论上的担保。在实际的人生中，只有通过"尽心养气"的身心修炼才有可能最终实现。否则，如"火之始燃"、"泉之始达"的"四端之心"，也常常会"其流不远而污"（程颢语），甚至于始终处在蛰伏的休眠状态而不发生作用。换言之，"体"的存在并不能保证"用"的自然发生。而不发生作用的"四端之心"（"本心"、"良知"），在功能的意义上与不存在并无不同。我们在现实中常常能够看到的是，非但"四端之心"的"我固有之"并不会自然导致人们的善念和善行"若决江河、沛然莫之能御"，反而恰恰因为"是非之心"、"羞恶之心"的"人皆有之"，人们时常不免会反过来"恼羞成怒"。"恼羞成怒"足以证明人们内在"是非之心"、"羞恶之心"的存在，不然的话，人们对自己的不当行为浑然不觉，便根本不会有"羞恶"之感。但是，"是非之心"、"羞恶之心"的自觉，却并没有导致"知耻而后勇"、"见贤思齐"，随之生起的却是"恼怒"的意识、情绪和行为，即不愿意自己不当的行为受到别人的指责，甚至连自己意识到不当都不愿其发生，这就不能不值得我们深思了。显然，这一日常生活中极为常见的心理反应和状态，表明善的内在性虽然为善念善行提供了必然性的担保，可以避免荀子所必须面对的"心"择善与

---

1 把孟子的"性善"论曲解为"向善"和这种认为"心"趋向于"善"的"心善"论一样，都既不符合《孟子》中"非由外铄我也，我固有之"的自我叙述，更无形之中将"善"推出人自身之外，使之成为一个外在的对象。二者同样面临"择善"无法必致而流于或然的问题。

否的或然性。但是，这种必然性只是理论上的，并不能确保善念善行在实践领域的发生。再者，"自律"较之"他律"，无论就发生的可能性还是普遍性而言，在实践领域中未必较之"他律"更为优越。换言之，像孟子所描述的那种"由仁义行"的道德实践以及身心修炼，既不容易在个体身上时时出现，更不容易在大多数人中广泛发生。而与此相较，荀子"得师"、"由礼"的身心修炼功夫，即便究极而言确属"他律"，但无论就个体还是大多数人的普遍实践而言，却更为切实可行。尤其对一种社会文明（social civility）的建设来说，即便没有"仁义内在"的预设，也完全可以施行。因为按照荀子的思想，凭藉"得师"、"由礼"的身心修炼而"化性起伪"，正是针对现实人性中的种种驳杂乃至邪恶。而即使按照孟子的思路，也并不能否认现实人性中的这一方面。这也就是宋明理学家虽然贬低荀子，却也必须意识到"论性（孟子性善意义上的性）不论气，不备"（二程语）而有"气质之性"的观念。如果从"以理言性"和"以气言性"的角度理解孟子与荀子的"性"不过各有所指，则荀子的"治气养心之术"与孟子"仁义内在、性由心显"的人性论非但不相冲突，反而可以相互支援。

因此，对于现实之中绝大多数人来说，要想通过身心修炼的功夫实践成就理想人格，或至少成为社会中的"文明人"（civilized people），荀子的"治气养心之术"恐怕更具有普遍的适用性和有效性，有益于理想人格的塑造和文明社会的造就。这一点，应该是荀子身心修炼功夫论最大的价值与意义所在。

第五章
"修身"与"治国"
——董仲舒身心修炼的功夫论

本章提要

　　作为汉代儒学的重要代表人物，董仲舒的思想中是否存在功夫论的问题？以往海内外有关董仲舒的研究并未措意，而只是侧重于其思想的其他方面。但是，仔细研读《春秋繁露》中〈循天之道〉、〈身之养重于义〉和〈通国身〉这三篇文献，我们可以看到，董仲舒有一整套关于身心修炼的功夫理论。并且，在他看来，修身与治国又具有密切的关系。对于治理国家的君主来说，其身心修炼尤为重要。本章聚焦〈循天之道〉、〈身之养重于义〉和〈通国身〉这三篇以往学界较为忽视的文本，结合其他相关的文献，以对文献细致与深入的解读为基础，着重探讨董仲舒身心修炼功夫论的意涵，同时指出董仲舒思想中修身与治国的紧密关联。

一、引言

迄今为止，相对于先秦、宋明以及现代，汉代儒学的研究未免薄弱，长期以来似乎缺乏应有的推进。以汉代儒学最为重要的人物董仲舒而言，虽然既有若干研究成果的发表和出版，也有相关的学术会议召开，但董仲舒思想中内在具有的一些方面，比如身心修炼的功夫理论，在既有的研究成果中还未见应有的探讨。之所以如此，大体有两方面的原因：一是相关的文献没有受到正视，二是问题意识的局限。不过，带着某种特定的问题意识去解读董仲舒的文献，然后加以阐释，固然不失为一种研究的方法和取径，但笔者认为，立足于研究对象自身的原始文献，内在于文献固有的义理脉络，至少就哲学思想史的研究而言，应当是必由之路。即便是带有特定问题意识的诠释，也不能完全脱离这一基础。

就笔者阅读所见，在既有的有关董仲舒思想的研究中，《春秋繁露》卷七〈通国身第二十二〉、卷九〈身之养重于义第三十一〉以及卷十六〈循天之道第七十七〉这三篇文献，都是极少为研究者引用并加以分析的，而其中恰恰包涵有关身心修炼功夫的完整论说以及"修身"与"治国"紧密相关的思想。[1] 这既有可能是研究者在文献运用上的自觉审慎，也有可能是缺乏对于这三篇文献的重视。关于前者，涉及到哪些文献可以作为研究董仲舒思想的根据这一问题。《隋书·经籍志》始著录《春秋繁露》一书，但刘歆所著记载西汉杂史的《西京杂记》中已经提到董仲舒作《春秋繁露》。不过，宋代以来，一直有学者如程大昌（1123—1195）、程廷祚（1691—1767）、戴钧衡（1814—1855）、苏舆（1874—1914）、戴君仁（1901—1978）等人质疑《春秋繁露》中许多篇章并非

---

1 有学者对〈循天之道〉中的部分文字有所触及，但要么根据传统的看法，仅仅视之为养生之道，如徐复观：《两汉思想史》卷二（上海：华东师范大学出版社，2001），页253—254，董仲舒部分第十节〈董氏的天的哲学之三——天人关系〉中第四部分〈天与养生〉；要么从现代的视角观察，仅仅归之为性健康的问题，如余治平：《唯天为大：建基于信念本体的董仲舒哲学研究》（北京：商务印书馆，2003），页340—350。

出自董仲舒之手，尤袤（1127—1194）、黄云眉（1897—1977）等更怀疑整个《春秋繁露》是伪书，而朱熹甚至也以尤袤之说为据，认为不是董仲舒的著作，所谓"尤延之以此书为伪。某看来不是董子书"（《朱子语类》卷八十三）。现代日本学界一些学者如庆松光熊、田中麻纱、近藤则之等人，承历史上中国学者的余续，对于《春秋繁露》一书是否能够作为董仲舒的文献依据，也持颇为怀疑的态度。但是，这种过度的怀疑不但历史上一直存在不同意见，[1] 近年来更是受到了一些学者的有力批评。长期在日本求学和任教的邓红曾经有专文检讨日本学界关于《春秋繁露》伪篇问题的争论，反驳了从庆松光雄到田中麻纱已再到近藤则之等日本学者认为《春秋繁露》存在大量伪篇的观点。[2] 徐复观先生（1903—1982）曾经论证《春秋繁露》"只有残缺，并无杂伪"。[3] 最近，基于对《春秋繁露》的最新校释，中国大陆的资深学者钟肇鹏更是进一步对历史上各种质疑逐一响应，指出《春秋繁露》完全可以视为研究董仲舒的代表作，"其中有残脱错讹，而无伪篇"。[4]

美国学者桂思卓（Sarah Queen）有专书研究《春秋繁露》。根据徐复观将《春秋繁露》一书的内容分为三类，即"董氏的《春秋》学"、"董氏的天的哲学"和"有关郊天即朝廷礼制的探讨"，[5] 桂思卓将《春秋繁露》各篇文字进一步分为五类，分别是：注解章（Exegetical chapters），黄老章（Huang-Lao chapters），阴阳章（Yin-yang chapters），五行章（Five-phase chapters）和礼仪章（Ritual chapters）。但与徐复观不同的是，桂思卓不认为《春秋繁露》的作者可以归于董仲舒一人。她

---

1 如南宋楼大防（生卒不详）、黄震（1213—1280）和近人金德建（1909—1996）等人。

2 邓红："日本中国学界有关《春秋繁露》伪篇问题的论争"，见其《董仲舒思想研究》（台北：文津出版公司，2008），〈附录三〉，页264—276。

3 徐复观：《两汉思想史》（上海：华东师范大学出版社）卷二，页195。

4 钟肇鹏："春秋繁露考辨"，见其《春秋繁露校释》（校补本）（下）（石家庄：河北人民出版社，2005），〈附录七〉，页1188—1196。其中特别还针对汤用彤先生在《汉魏两晋南北朝佛教史》中认为〈循天之道〉"非董子所作"的说法进行了辨正。

5 这是徐复观在其《两汉思想史》卷二董仲舒部分的划分。第三部分"有关郊天即朝廷礼制的探讨"，原见于香港中文大学1975年出版的《两汉思想史》卷二中。但是，2001年华东师范大学出版的《两汉思想史》卷二中则删去了这一部分。这是需要提请读者注意的。

认为《春秋繁露》很可能是不同的作者在不同时期编撰的一部集成。[1]
桂思卓之说不无道理,这也是古已有之的看法。然而,桂思卓的问题在
于:她并不能够准确地断定哪些篇章是出自董仲舒,而哪些篇章是出自
董仲舒之外的他者。认为《春秋繁露》是不同作者不同时期的合成之
作,也不过是缺乏足够文献基础的推测。事实上,她立论的根据只是
《春秋繁露》各篇之间在思想和表述上并不一致。她的五部分的分类,
也只是指出了《春秋繁露》一书中的不同方面。但是,正如以往诸多学
者以及最近钟肇鹏先生指出的那样,这种不一致以及思想内涵的多方面
性,也可以是董仲舒在不同时期思想的变化以及他吸收融汇各家的反
映。因此,桂思卓虽然对《春秋繁露》各篇进行了细致的研究,但其贡
献并不在于推翻《春秋繁露》的作者是董仲舒一人的看法。后者虽然也
是一种推断,可如今尚不能证伪。

　　本章的出发点,是将《春秋繁露》视为董仲舒思想的反映,尤其是
将本章所要引以为据并详加分析的〈循天之道〉、〈身之养重于义〉以及
〈通国身〉三篇作为董仲舒修身和治国思想的依据。在这三篇文献中,
最能反映董仲舒身心修炼功夫论的是〈循天之道〉和〈身之养重于义〉
这两篇,其中又以〈循天之道〉的内容最为充分。而〈通国身〉一篇,
则是董仲舒将修身与治国连为一体思想的集中表现。当然,在〈循天
之道〉〈身之养重于义〉中,也有一些涉及治国思想的文字。这也说明,
对董仲舒来说,修身与治国具有密不可分的关系。在笔者看来,这三篇
文字中所表达的身心修炼的功夫论思想,正是对先秦孟子以来儒家功夫
论的发展,并不能仅仅根据其中直接引用了不少黄老的语汇,就认为其
思想属于黄老。桂思卓将这一部分内容归为"黄老章",认为"这些篇
章的显著特征之一是缺乏对于儒家文本的兴趣",[2] 尤其是她认为〈循天

1　参见 Sarah Queen, *From Chronicle to Canon: The Hermeneutics of the Spring and Autumn, According to Tung Chung-shu* (Cambridge: Cambridge University Press, 1996), chapter 4。该书有朱腾中译本《从编年史到经典:董仲舒的春秋诠释学》(北京:中国政法大学,2010 年)。

2　*Ibid*, p.85.

之道〉一篇对于儒家经典的征引只有《诗经》，[1] 未免失察。事实上，〈循天之道〉中直接征引并继承了孟子和公孙尼子的"养气"论。也正是在这个意义上，笔者认为，董仲舒继承和发扬了先秦儒家身心修炼的功夫论。以下，笔者将基于对〈循天之道〉、〈身之养重于义〉以及〈通国身〉三篇文字的分析，结合相关的文献，展示董仲舒有关身心修炼的功夫理论，并探讨他对于修身与治国之间密切关系的看法。依笔者之见，董仲舒身心修炼的功夫论以"中和"为目标，以"养气"为途径，包涵天人同构、身心同构、义利同构和德政同构四个方面的内容。

二、"中和"与"养气"：天人同构

在〈循天之道〉开始的一段，[2] 董仲舒即提出了两个重要的命题：一是"循天之道以养其身，谓之道也"；一是"能以中和养其身者，其寿极命"。这两个命题所在的完整脉络如下：

> 循天之道以养其身，谓之道也。天有两和，以成二中，岁立其中，用之无穷。是故北方之中用合阴，而物始动于下；南方之中用合阳，而养始美于上。其动于下者，不得东方之和不能生，中春是也；其养于上者，不得西方之和不能成，中秋是也。然则天地之美恶在？两和之处，二中之所来归，而遂其为也。是故东方生而西方成，东方和生，北方之所起；西方和成，南方之所养长；起之，不至于和之所，不能生；长之，不至于和之所，不能成。成于和，生必和也；始于中，止必中也。中者，天地之所终始也；而和者，天地之所生成也。夫德莫大于和，而道莫正于中。中者，天地之美达理也，圣人之所保守也。《诗》云："不刚不柔，布政优优。"此非中和之谓与？是故能以中和理天下者，其德大盛；能以中和养其身

---

1 *Ibid*, footnotes 40.
2 该篇文字传统上分为五段。《春秋繁露校释》（校补本）分为九段。

者，其寿极命。[1]

从先秦以来，各家各派都将"道"视为最高的思想和实践的范畴。什么是"道"，也历来是最难言说的。所以老子才有"道可道，非常道"之说。这里，董仲舒开宗明义，认为能够遵循天道以养其身，这就是"道"。但是，怎样才算是"循天之道以养其身"，需要一个标准。这个标准就是"中和"。这一段的最后一句，"能以中和理天下者，其德大盛；能以中和养其身者，其寿极命"，即是指出判断是否做到了"循天之道以养其身"的衡量准则，在于"中和"的实现。至于引《诗经》中"不刚不柔，布政优优"的话，[2] 以及所谓"能以中和理天下者，其德大盛"的表达，则反映了董仲舒将"养身"与"治国"关联起来的思想。这一点，下文将有专门讨论，此处不赘。

"中和"的观念自然并非董仲舒首创，《中庸》所谓"中也者，天下之大本也；和也者，天下之达道也"，"致中和，天地位焉，万物育焉"，已将"中和"作为一个极其重要的概念。上引文中一段：

> 中者，天地之所终始也；而和者，天地之所生成也。夫德莫大于和，而道莫正于中。中者，天地之美达理也，圣人之所保守也。

说明董仲舒继承了《中庸》以"中和"为天下之大本达道的思想。事实上，在〈循天之道〉中，后面还有两处提到"中和"，都将其视为天地之道的最高价值。

> 天地之经，至东方之中，而所生大养；至西方之中，而所养大成。一岁四起业，而必于中。中之所为，而必就于和，故曰和其要

1　《春秋繁露校释》（校补本），页 1023。标点略有改动。
2　引文出自《诗经·商颂·长发篇》，《毛诗》作"敷政优优"，《齐诗》作"布政优优"。《孔子家语·正论解》、《后汉书·陈宠列传》、《文选》王元长永明十一年〈策秀才文〉中俱作"布政优优"。

也。和者，天之正也，阴阳之平也，其气最良，物之所生也。诚择其和者，以为大得天地之泰也。天地之道，虽有不和者，必归之于和，而所为有功；虽有不中者，必止之于中，而所为不失。[1]

中者，天地之太极也，日月之所至而却也。长短之隆，不得过中。天地之制也，兼和与不和，中与不中，而时用之，尽以为功。是故时无不时者，天地之道也。顺天之道，节者，天之制也；阳者，天之宽也；阴者，天之急也；中者，天之用也；和者，天之功也。举天地之道，而美于和，是故物生皆贵气而迎养之。孟子曰："我善养吾浩然之气者也。"谓行必终礼，而心自喜，常以阳得生其意也。公孙之养气曰："里藏，泰实则气不通，泰虚则气不足；热胜则气耗，寒胜则气滞；泰劳则气不入，泰佚则气宛至；怒则气高，喜则气散；忧则气狂，惧则气慑。凡此十者，气之害也，而皆生于不中和。故君子怒则反中，而自说以和；喜则反中，而收之以正；忧则反中，而舒之以意；惧则反中，而实之以精。"夫中和之不可不反如此。[2]

董仲舒将"中和"视为"天道"的极致，并没有超出《中庸》的观念。所不同者，只是他将"中和"与"阴阳"、"四方"、"四时"的观念相配合，体现了其哲学思想与众不同的特色。

〈循天之道〉开篇的一段文字，是以"养身"为中心的。"循天之道以养其身"，这是对"养身"的一般规定。"以中和养其身"，则是对"养身"进一步的内容规定。能够使身体达到"中和"的状态，就会长寿。那么，如何达到"中和"这一"养身"的理想状态呢？董仲舒认为，必须通过"养气"来实现。其实，在上引两段文字中，他已经将"中和"与"养气"关联起来了。

---

1 《春秋繁露校释》(校补本)，页 1034。
2 同上。

在上引第一段中，董仲舒认为，"和者，天地之正也，阴阳之平也，其气最良"，表明"和"本身就是气的一种状态。作为阴阳二气的一种最佳状态，所谓"最良"，"和"的特点是"平"。第二段中，董仲舒更是征引孟子与公孙尼子的养气说，[1] 来论证"中和"之气必须通过"养"来实现，所谓"贵气而迎养之"。换言之，从这两段的语脉来看，对于董仲舒而言，"中和"本来就是宇宙以及人体中阴阳二气最为均衡和圆满的一种状态。当这种状态在人身得以实现时，"养身"也就获得了"其寿极命"这一最为理想的效果。

董仲舒引公孙尼子所论十种"气之害"，可以说已经指出了具体的"养气"的方法。从中，我们能够看到，身体状态的十种不同情况，分别对应"气"的十种偏离"中和"的状态。

泰实→气不通

泰虚→气不足

热胜→气耗

寒胜→气滞

泰劳→气不入

泰佚→气宛至

怒→气高

喜→气散

忧→气狂

惧→气慑

这里所谓"不通"、"不足"、"耗"、"滞"、"不入"、"宛至"、"高"、"散"、"狂"以及"慑"，都是气的运行和流通没有达到"中和"的表现。因此，"养气"的方法，自然首先就是要化除这十种"气之害"。

---

1 按：《汉书·艺文志》载儒家有《公孙尼子》二十八篇，〈养气〉即《公孙尼子》中之篇名。

　　由于房事是最为耗损精气的行为，董仲舒即以之为例，具体说明了应当如何"养气"。他说：

> 处其身所以常自渐于天地之道，其道同类，一气之辨也。法天者，乃法人之辨。天之道，向秋冬而阴来，向春夏而阴去。是故古之人霜降而迎女，冰泮而杀止。与阴俱近，与阳俱远也。天地之气，不致盛满，不交阴阳。是故君子甚爱气而游于房，以体天也。气不伤于以盛通，而伤于不时、天并。不与阴阳俱往来，谓之不时；恣其欲而不顾天数，谓之天并。君子治身不敢违天。是故新牡十日而一游于房，中年者倍新牡，始衰者倍中年，中衰者倍始衰，大衰者以月当新牡之日。而上与天地同节矣，此其大略也。然而其要皆期于不极盛不相遇。疏春而旷夏，谓不远天地之数。[1]

这里"君子甚爱气"和"君子治身"中的"爱气"和"治身"，即是"养气"之意。房事不能与四时阴阳二气的节奏相配合，称为"不时"；恣欲过度，不顾天数，称为"天并"。二者都是不知"爱气"、"治身"的表现。房事就频率而言，三十岁的年轻力壮者十日一次，四十岁的中年人二十日一次，五十岁者四十日一次，六十岁者八十日一次，七十岁者十个月一次。从四时的季节讲，房事在春夏两季应当较为稀疏，不宜过于频繁。这样才符合天地之道的节奏，所谓"上与天地同节"，"不远天地之数"。当然，具体的频率如何并不绝对，关键在于根据年龄和身体的状况有所节制，[2] 即所谓"不致盛满，不交阴阳"，"不极盛不相遇"，如此方能做到"爱气"、"治身"。

　　房事所涉及的"爱气"，自然主要是就人体而言，所以这里和"爱

1　《春秋繁露校释》（校补本），页 1043。

2　如《玉房秘诀》即谓："年二十，常二日一施；三十，三日一施；四十，五日一施。年过六十以去，勿复施焉。"按：《玉房秘诀》早佚。今本初为清人叶德辉辑自日人丹波康赖所著《医心方》卷二十八，后收入《双梅景暗丛书》。

气"相连的是"治身"。但是,"养气"和"爱气"中的"气",显然并不限于人体内部之气。即便在上引有关房事的文字中,已经可以清楚地看到,董仲舒所论之"气",是"天地之气"。因此,"养气"是"养天地之精气",并且要配合四时的"节气",并不是作为人的个体在与外部世界隔绝的情况下孤立地修养身体之气的行为,而是一个个体之气向外界的"天地之气"保持开放,不断吸收"天地精气","吐故纳新"的过程。这一点,董仲舒也有明确的说明:

> 故天地之化,春气生而百物皆出,夏气养而百物皆长,秋气杀而百物皆死,冬气收而百物皆藏。是故惟天地之精气,出入无形。而物莫不应,贵之至也,君子法乎其所贵。[1]

由此可见,"养气"所涉及的,并不只是"人"的因素,同时还有"天地"或者说"天"的因素。就此而言,通过"养气"而达到"中和"的状态,是一个天人同构的关系和过程。并且,若论"气"的本源,更需要归之于天地。在终极的意义上,"天"仍然是一个决定性的因素。所谓"君子治身不敢违天",强调的正是这一点。

对于这种天人同构的关系,董仲舒还从人之寿命长短的问题进行了论证。只是在这里,侧重由"天"转向了"人"。在〈循天之道〉的最后一段,董仲舒说:

> 天下之人虽众,不得不各雠其所生,而寿夭于其所自行。自行可久之道者,其寿雠于久,自行不可久之道者,其寿亦雠于不久。久与不久之情,各雠其生平之所行,今如后至,不可得胜,故曰:寿者雠也。然则人之所自行,乃与寿夭相益损也。其自行佚而寿长者,命益之也;其自行端而寿短者,命损之也。以天命之所损益,

---

1 《春秋繁露校释》(校补本),页1032。

> 疑人之所得失，此大惑也。是故天长之而人伤之者，其长损；天短
> 之而人养之者，其短益。夫损益者皆人，人其天之继欤？出其质而
> 人弗继，岂独立哉！[1]

在〈循天之道〉倒数第二段的最后一句，董仲舒也提到人的寿命长
短虽然"受于天"，但"养有得失"，所谓：

> 短长之质，人之所由受于天也。是故寿有短长，养有得失，及
> 至其末之，大卒而必雠，于此莫之得离，故寿之为言，犹雠也。[2]

在董仲舒看来，人的寿命长短虽由天命所定，但后天的行为，会对既定
的天命发生损益的作用。善的行为会使人的寿命增加，恶的行为会使人
的寿命缩短。这种天人之间彼此影响的同构关系，董仲舒称之为"雠"。
最后一句所谓"岂独立哉"的反问，正是意在强调天与人之间这种相互
作用、彼此影响的同构关系，指出了人与天地并立，有参赞天地化育的
能力。[3]这一点，同样是继承了《中庸》的思想。以往的研究认为董仲
舒思想的主要特色在于"天人感应"，这种"雠"，可以说就是"天人感
应"的一种表现。不过，以往"天人感应"的说法过于强调了"人"这
一方对于天道的被动反映。事实上，从这里董仲舒强调人们主体的善恶
行为会对其命定的寿命发生影响这一论断来看，人并不只是被动地反映

1　《春秋繁露校释》（校补本），页1054。

2　《春秋繁露校释》（校补本），页1050。

3　中国思想传统中天人关系尤其"天人合一"，其思想内涵有一个演变的过程。余英时先生在其
"Between the Heavenly and the Human"一文（收入杜维明和 Mary Evelyn Tucker 合编的 *Confucian
Spirituality*, Vol.1, Crossroad Publishing Company, 2003, pp.62–80）中有精要的说明。在中文中，他在
给李建民《生命史学：从医疗看中国历史》（上海：复旦大学出版社，2008）一书所作序文中，也
对"天人合一"的思想内涵在中国思想史上的演变有钩玄提要的说明。参见余先生《会友集》（增
订版）（台北：三民书局，2010），页189—193。最近，余先生又出版了《论天人之际》（北京：中
华书局，2014），对"天人合一"的观念进行了系统的讨论。本章所论"天人同构"，在涵义上与
Charles Hartshorne 所代表的过程神学（process theology）中上帝与人类之间"双向超越"关系的思
想有类似之处，但董仲舒以及儒家并不接受基督教神学"无中生有"（*creatio ex nihilo*）的观念，对
天的理解当然也不同于上帝。此当别有专论，此处不赘。

天道，而本身就是天道运行过程中的一个重要的参与因素。

在"养气"这一天人同构的过程中，主体行为的价值和道德因素，是"气"是否能够得"养"的一个重要方面。换句话说，"养气"必须是一个包含确定价值取向的道德行为。对此，董仲舒不仅在上引文字中提到，即"自行端"与"自行伏"的对照，在〈循天之道〉的另外两段，董仲舒更是明确指出了"养气"所包含的价值与道德要素。他说：

> 故仁人之所以多寿者，外无贪而内清净，心平和而不失中正，取天地之美，以养其身，是其气多且治。……天之气常动而不滞，是故道者亦不宛气。苟不治，虽满不虚。是故君子养而和之，节而法之，去其群泰，取其众和。[1]

> 凡养生者，莫精于气。是故男女体其盛，臭味取其胜，居处就其和，劳佚居其中，寒暖无失适，饥饱无过平，欲恶度礼，动静顺性，喜怒止于中，忧惧反之正，中和常在乎其身，谓之得天地泰。得天地泰者，其寿引而长；不得天地泰者，其寿伤而短。[2]

如此看来，"养气"不是一个与价值无涉的行为，"外无贪而内清净，心和平而不失中正"，本身即是一种价值取向，而"仁人"一说，更是将"养气"所包含的价值与道德因素表露无遗。这样看来，通过"养气"而要达到的"中和"，作为"气"的一种圆满的状态，所谓"得天地泰"，不仅是一种自然生命的成果，同时也是一种价值与道德生命的成就。也正是这一点，使得董仲舒的"养气"说与单纯的黄老道家养生思想区别开来。

---

1 《春秋繁露校释》(校补本)，页 1040。
2 《春秋繁露校释》(校补本)，页 1049—1050。

三、"养气"与"养心"：身心同构

《中庸》里面对于"中和"的规定是"喜怒哀乐之未发谓之中，发而皆中节谓之和"。显然，"中和"在这里描述的是一种情感和心理的状态。同样，在〈循天之道〉中，对于董仲舒来说，达到"中和"的"养气"功夫，同时也是一个"养心"的过程。

上一节引文中董仲舒所引公孙尼子之说中，有这样一段话：

> 怒则反中，而自说以和；喜则反中，而收之以正；忧则反中，而舒之以意；惧则反中，而实之以精。

这里所谓"怒"、"喜"、"忧"和"惧"，说的都是人们的情感和心理状态。这句话也是表明"中和"不仅仅是一种"气"的状态，同时也是一种"心"的状态。因此，达致"中和"就不仅需要"养气"，同时还需要"养心"。这一点，董仲舒在〈循天之道〉也有明确的说明。

为什么"养气"同时意味着"养心"？因为对董仲舒来说，气和心本来一体相关。更进一步而言，"气"的根本处即在于"心"。他说：

> 民皆知爱其衣食，而不爱其天气。天气之于人，重于衣食。衣食尽，尚犹有间，间气而立终。故养生之大者，乃在爱气。气从神而成，神从意而出，心之所之谓意。意劳者神扰，神扰者气少，气少者难久矣。故君子闲欲止恶以平意，平意以静神，静神以养气。气多而治，则养身之大者得矣。[1]

这里"天气"一说，意在强调"气"并不限于人体自身之气，而是天地

---

[1] 《春秋繁露校释》(校补本)，页1048。标点略有改动。

之气。"爱气"一说，也就是"养气"之意。对此，我们前文已经指出。
这里需要特别注意的，是董仲舒明确提出了他对于"气"、"神"、"意"、
"心"四者之间关系的看法。在指出"养生之大者，乃在爱气"之后，
董仲舒紧接着指出"气从神而成，神从意而出，心之所之谓意"。这里，
"气"、"神"、"意"、"心"的逻辑关系展现为：

心→意→神→气

由于"气"追本溯源仍在于"心"，"爱气"、"养气"最终也必须落
实在"心"的层面，由此可见"心"较之"气"而言的优先性。这一
点，董仲舒在〈循天之道〉的另一段话中说得很明白：

凡气从心。心，气之君也，何为而气不随也？是以天下之道
者，皆言内，心其本也。[1]

不过，由于"心"与"气"之间存在着"意"和"神"这两个不可化约
的环节，"爱气"与"养气"的功夫，就必然不能脱离"意"和"神"。
具体来说，由于"意劳者神扰，神扰者气少，气少者难久矣"，那么，
"爱气"与"养气"之功，首先就在于如何避免"神扰"。至于如何避免
"神扰"，则在于如何避免"意劳"。由于"心之所之谓意"，避免"意
劳"，又必须从"心"入手。如此，从心→意→神→气这一逻辑结构来
看，具体的"养气"功夫便展现为一个"闲欲止恶以平意，平意以静
神，静神以养气"的过程。显然，这里所谓"闲欲止恶"，借用《大学》
的语汇来说，正是"正心"的功夫。如果能够在"心"上做到"闲欲止
恶"，由于"意"是"心之所之"，那么，"意"就会"平"。一旦做到
"平意"，由于"神从意而出"，那么，"神"就会"静"。一旦做到"静

---

1 《春秋繁露校释》(校补本)，页 1040。标点略有改动。

神"，由于"气从神而成"，那么，"气"就会得其"养"。

从"闲欲止恶"到"平意"，从"平意"到"静神"，从"静神"到"养气"，我们可以看到，对董仲舒来说，"养气"的功夫和"养心"的功夫密不可分。如果从现代"身心关系"的角度来看，董仲舒的"养气"与"养心"，显然可以说是一种"身心同构"的关系。身体是否能够延年益寿，必然与心理和精神方面的状态密切相关。因此，在上引"凡气从心。心，气之君也，何为而气不随也？是以天下之道者，皆言内，心其本也"这句话之后，董仲舒紧接着说道：

> 故仁人之所以多寿者，外无贪，内清净，心平和而不失中正，取天地之美，以养其身，是其气多且治。[1]

此处"外无贪，内清净"与"闲欲止恶"彼此一致、相互呼应，都是"养心"的功夫。而"养心"做到"心平而不失中正"，也就是"取天地之美，以养其身，是其气多且治"的"养气"功夫。

前已指出，"养气"本身是一个价值与道德行为，"养心"更是如此。而这种"养心"和"养气"一体同构的身心修炼功夫，在作为自然生命的身体方面，会产生"多寿"的效果。在这段话之后，董仲舒也以自然界长寿的动物"鹤"和"猿"为例，指出了一些具体的"养气"之法，他说：

> 鹤之所以寿者，无宛气于中，是故食冰。猿之所以寿者，好引起末，是故气四越。天气常下旋于地，是故道者亦引气于足。天之气常动而不滞，是故道者亦不宛气。气苟不治，虽满必虚。是故君子养而和之，节而法之，去其群泰，取其众和。高台多阳，广室多阴，远天地之和也，故圣人弗为，适中而已矣。[2]

---

1 《春秋繁露校释》(校补本)，页1040。
2 同上。

这里，我们再次看到，"气"是否得其"治"与"养"的标准，仍在于"中和"。

四、"养身"与"重义"：义利同构

《春秋繁露》中〈对胶西王越大夫不得为仁〉一篇中有这样一句话："仁人者，正其道不谋其利，修其理不急其功，致无为而习俗大化，可谓仁圣矣。"[1] 在《汉书·董仲舒传》里，这句话被班固重新表述为"正其谊不谋其利，明其道不计其功"。后者远较前者广为流传，成为董仲舒"重义轻利"思想的经典表达，更是受到后来历代儒家学者尤其宋明理学家的高度推崇。

不过，董仲舒这种在"义利"之间取"义"斥"利"的义利观，就其思想的各个方面来说，并不是绝对的。至少就其身心修炼的功夫论来说，"利"与"义"就并非一种相互排斥的关系。在〈身之养重于义〉开篇，[2] 董仲舒指出：

> 天之生人也，使人生义与利。利以养其体，义以养其心。心不得义，不能乐；体不得利，不能安。义者，心之养也；利者，体之养也。[3]

这里的"体"和"心"，大致对应于现代汉语中的"身"（body）和"心"（heart-mind），分别指人的物质、自然的生命以及精神、价值的生命这两个不同的方面。这两个方面虽然不同，却又不可分割，共同构成人的生命整全。而先秦以来古典儒学文献中的"身"，往往兼指物质、

---

1 《春秋繁露校释》（校补本），页603。标点略有改动。
2 该篇文字传统的版本做一段。《春秋繁露校释》（校补本）将该篇文字分为四段。
3 《春秋繁露校释》（校补本），页589。标点略有改动。

自然的生命以及精神、价值的生命。以英文来解释的话，"养身"中的"身"所对应的并非"body"，而是"self"，实兼"body"和"heart-mind"两者而言。用以上这段话中董仲舒的语汇来说，就是兼指"体"和"心"两个方面。后世宋明儒学中使用频率极高的"修身"一语中的"身"，其实也是兼指人的形躯、身体和精神、心志两方面来说的。因此，"养身"就意味着同时"养其体"和"养其心"。用我们现代的语言表达，"养身"正是身心修炼的功夫。而就"利以养其体，义以养其心"来看，如果说"体"和"心"需要并重，那么，"义"和"利"两个方面显然是缺一不可的。"天之生人也，使人生义与利"这开篇的首句，其实正是首先指出了"义"和"利"对于人来说是两种天然的不可或缺的价值。

在这个意义上，如果说〈循天之道〉中以"中和"为目标的"养气"兼"养心"的身心修炼功夫展现为一个"天人同构"和"身心同构"的过程，那么，在〈身之养重于义〉中，董仲舒的"养身"又是一种"义利同构"的身心修炼。

既然"身"兼"体"和"心"两个方面，指出了"义者，心之养也；利者，体之养也"，也就表明了对于"修身"来说，义利不但需要并重，而且也是一体相关的，正如"体"和"心"合于一"体"那样。不过，在上引文之后，董仲舒紧接着又说：

> 体莫贵于心，故养莫重于义，义之养生人大于利。[1]

本来，"体"和"心"虽然不可分割，构成生命的整全。但分别而言，"体"和"心"的所指又各有侧重，前者主要是指人的物质、自然生命，后者则主要指的是人的精神、价值生命。但是，当董仲舒说"体莫贵于心"时，似乎已经不仅仅是在分别生命的两个方面的前提下，强调人的

---

1 《春秋繁露校释》（校补本），页 589。

精神、价值的生命比物质、自然的生命更为可贵，而是同时将"心"直接视为"体"的最为可贵的部分。这样一来，"体"和"心"这生命两个不同方面之间的差异，似乎已经泯然无际了。但是，对于"体"和"心"之间的关系来说，无论是二者所指侧重的不同，还是彼此之间的连续一体，从董仲舒的这一段话中，我们都可以看到，就"养身"而言，董仲舒虽然没有将"义"和"利"彼此对立而取"义"斥"利"，却在"义"与"利"二者之间仍然不免坚持前者的优先性。[1]

这里，对本章语境中所使用的"同构"一词的涵义，笔者要顺带略加说明。就"义利同构"来说，正如以上论述所示，"同构"首先意味着"义"和"利"两个因素彼此交关，对于"养身"来说不可偏废，应当并重；但另一方面，若一定要在两个因素之间进行价值上的比较，又必须意识到"义"较之"利"更为优先。前一个方面的"交关"和"并重"，是实践层面的；后一个方面的"优先"，是价值层面的。这是"同构"一语所包含的两个方面的涵义。这种"同构"的意义，不但适用于"义利"关系，也适用于"天人"关系和"身心"关系。在前文的分析中，我们已经看到这一点。

事实上，不仅就身心修炼的功夫来说，"天人"、"身心"和"义利"之间具有这种同构的关系。进一步来看，对董仲舒而言，在身心修炼和治理国家这所谓"修身"与"治国"两者之间，同样存在这样一种"同构"的关系。

五、"治身"与"治国"：德政同构

如前文曾经提到的，在〈循天之道〉第一段末尾，董仲舒已经有将"修身"与"治国"关联起来的话语。他引《诗经》中"不刚不柔，布政优优"的话语，认为这就是"中和之谓"，并紧接着指出：

---

1 桂思卓将"身之养重于义"翻译为"For Nourishing the Self, Nothing Outweighs Righteousness"，无疑是正确的。只是"义"翻译成"righteousness"是否恰当，或可商榷。

> 是故能以中和理天下者，其德大盛；能以中和养其身者，其寿极命。

"以中和理天下"，说的即是"治国"；"以中和养其身"，说的即是"修身"。

而在〈身之养重于义〉开头论述了养身与重义的问题之后，接下来的文字整个都是在讨论如何治国的问题。

> 民不能知而常反之，皆忘义而殉利，去理而走邪，以贼其身而祸其家。此非其自为计不忠也，则其知之所不能明也。今握枣与错金以示婴儿，婴儿必取枣而不取金也。握一斤金与千万之珠以示野人，野人必取金而不取珠也。故物之于人，小者易知也，其于大者难见也。今利之于人小，而义之于人大者，无怪民之皆趋利而不趋义也，固其所闇也。[1]

这一段文字中，董仲舒以婴儿"取枣而不取金"和野人"取金而不取珠"的喻例，指出老百姓（"民"）通常具有"小者易知"、"大者难见"的特点，因而往往不明道理（"闇"），"皆趋利而不趋义"，不免因小失大。

紧接着上引这段话之后，董仲舒讨论的对象由"民"转向了他心目中理想的君主。他说：

> 圣人即事明义，以照耀其所闇，故民不陷。《诗》云："示我显德行。"此之谓也。先王显德以示民，民乐而歌之以为诗，说而化之以为俗。故不令而自行，不禁而自止，从上之意，不待使之，若

---

1 《春秋繁露校释》（校补本），页593。

自然矣。故曰：圣人天地动、四时化者，非有他也，其见义大故能动，动故能化，化故能大行，化大行故法不犯，法不犯故刑不用，刑不用则尧、舜之功德。此大治之道也，先圣传授而复也，故孔子曰："谁能出不由户，何莫由斯道也。"[1]

今不示显德行，民闇于义不能照，迷于道不能解，因欲大严憯以必正之，直残贼天民，而薄主德耳，其势不行。仲尼曰："国有道，虽加刑，无刑也；国无道，虽杀之，不可胜也。"其所谓有道无道者，示之以显德行与不示尔。[2]

这里的"圣人"、"先王"和"先圣"，即董仲舒心目中圣王合一的理想君主。只有圣明的君主"显德以示民"，通过"示显德行"的治国之道，老百姓才能够不再"趋利而不趋义"，从"闇于义不能照，迷于道不能解"这种因小失大的状态中觉醒。而君主是否能够向百姓显示德行，也就是一个国家"有道"还是"无道"的标志。百姓能够"不令而自行，不禁而自止，从上之意，不待使之，若自然矣"，显然是儒家仁政理想之下的一个结果。董仲舒引孔子之语和尧、舜之例，而将君主"显德以示民"的治国方式称为"大治之道"，显然是先秦孔孟以来儒家仁政、王道和德治政治思想的一贯反映。

由上可见，这种将"养身"和"治国"关联起来的思想，在〈循天之道〉和〈身之养重于义〉中已经有所反映。不过，最能够集中体现这一思想的，大概要算〈通国身〉这一篇文字了。

〈通国身〉一篇文字不长，全文如下：

气之清者为精，人之清者为贤。治身者以积精为宝，治国者以积贤为道。身以心为本，国以君为主。精积于其本，则血气相

---

1 《春秋繁露校释》（校补本），页595。

2 《春秋繁露校释》（校补本），页597。

承受。<u>贤积于其主，则上下相制使</u>。血气相承受，则形体无所苦。<u>上下相制使，则百官各得其所</u>。形体无所苦，然后身可得而安也。<u>百官各得其所，然后国可得而守也</u>。夫欲致精者，必虚静其形。<u>欲致贤者，必卑谦其身</u>。形静志虚者，精气之所趣也。<u>谦尊自卑者，仁贤之所事也</u>。故治身者，务执虚静以致精。<u>治国者，务尽卑谦以致贤</u>。能致精，则合明而寿。<u>能致贤，则德泽洽而国太平</u>。[1]

这段文字包涵"治身"与"治国"两个方面的内容。笔者特意将"治国"部分的文字用下划线标出，以便与"治身"部分的文字分开。我们将下划线的文字单独列出，即成以下完整的论述：

> 人之清者为贤，治国者以积贤为道。国以君为主，贤积于其主，则上下相制使。上下相制使，则百官各得其所。百官各得其所，然后国可得而守也。欲致贤者，必卑谦其身。谦尊自卑者，仁贤之所事也。治国者，务尽卑谦以致贤。能致贤，则德泽洽而国太平。

而剩下的文字则同样变成这样一段完整的文字：

> 气之清者为精，治身者以积精为宝。身以心为本，精积于其本，则血气相承受。血气相承受，则形体无所苦。形体无所苦，然后身可得而安也。夫欲致精者，必虚静其形。形静志虚者，精气之所趣也。故治身者，务执虚静以致精。能致精，则合明而寿。

　　划线文字所成的一段，显然讲的是治国之道。在董仲舒看来，"国

1　《春秋繁露校释》（校补本），页417。标点略有改动。

以君为主",作为一国之主,君主要"卑谦其身",才能够获得贤明之士的辅佐。能够延揽天下的贤明之士,所谓"积贤"、"致贤",使之为国家效力,做到"上下相制使",就可以使"百官各得其所",于是,国家也就可以"得而守"了。如此君臣相协,就可以实现"德泽洽而国太平"的长治久安。

而余下自成一段的文字,则与〈循天之道〉中的文字相呼应,讲的是"治身"和"养气"之道。这一段话中,首先说明"精"是"气之清者",然后指出"治身"的关键在于"精"的积聚。既然"精"是"气之清者",而"治身"即是"积精",那么,"治身"也就是"养气"了。不过,无论是"积精"还是"养气",又必须归结到"心"上,因为"心"是"身"的根本,所谓"身以心为本"。当然,这里的"身"其实是兼"心"与"体"("形"和"体")二者而言的。用现代的观念和语言来说,这里的"身"不只是身体或肉体,而是同时包含精神(心)和身体(身)两个方面的。只有将精气的积聚灌注到"心"上,所谓"精积于其本",身体也才能够由于"血气相承受"而获得"无所苦"的健康状态。身体健康,整个身心("身")才能得到最终的安顿。所谓"形体无所苦,然后身可得而安也"。至于如何"致精",则必须从"形"(身体)和"志"(精神)这身心两个方面同时入手,所谓"形静志虚"。这里,我们再次看到董仲舒"治身"、"养气"的论述是一种身心修炼的功夫论,具有鲜明的"身心同构"的特点。

根据以上对〈通国身〉整篇文字的拆解和分析,我们可以看到,其中"治身"与"治国"这两方面的内容,完全可以分开来各自表述。而即使分开来各自表述,两方面的内容也完全彼此完整而融贯。那么,董仲舒为什么要将两段完全可以各自独立表述的文字嵌在一起作为一段文字来说呢?

显然,对董仲舒来说,"治身"和"治国"不是两个孤立的环节。如果说〈通国身〉这一篇文字的言说对象主要是君主,那么,虽然这篇文字本身似乎并未交代两者之间的关系。但是,仔细审视〈通国身〉一篇并结合《春秋繁露》中的其他相关文字，我们就会看到，对于君主而言，"治国"与"治身"在实践上具有相当的类似性。这一点，我们只要对比并玩味"卑谦其身"和"虚静其形"两种功夫所包涵的高度一致性即可明了。不仅如此，对于君主来说，自我的"治身"更是构成其"治国"的基础。一个不能"形静志虚"的君主，显然无法做到"谦尊自卑"。而不能"卑谦其身""以致贤"，也就无法做到"上下相制使"和"百官各得其所"。这样的话，君主自己既不能"明而寿"和"德泽洽"，国家自然也就无法"得而守"和"太平"了。因此，对董仲舒而言，"治身"与"治国"表现为一种"德政同构"的关系。事实上，〈通国身〉的篇名本身，尤其其中的"通"字，再也鲜明不过地表达了董仲舒视"治国"与"修身"为一体的观念。这一点，也正是儒家传统"内圣外王"思想的反映。"外王"并不是"内圣"的直接延伸，双方各有其自身独立的领域。但"外王"又必须以"内圣"为基础，如此才会有真正的"善政"而不是徒具形式的合理性。

如果我们不限于本章所著力分析的这三篇文献，而是扩展到整个《春秋繁露》，我们就会发现，在董仲舒的思想世界中，人的个体存在（"身"）、社会与国家（"国"）以及整个宇宙（"天"、"天地"），整个呈现为一种一体同构的关系和过程。这一点，其实也是以往董仲舒研究中最为学者津津乐道的所谓"天人感应"和"灾异"思想的实质所在。此外，将"治身"与"治国"紧密关联在一起讨论，这一特征也并非董仲舒当时的独唱，而是汉代较为普遍的一种思维方式的反映。不过，这两点既非本章的主旨，且海内外学者以往所论多有，[1]也就无需在此赘言了。

---

1 比如，海外学界中李约瑟（Joseph Needham）较早就指出了中国古代思维方式中将人类和自然视为一个完整的生命有机体（organism），见其 Science and Civilization in China, Vol.2, History of Scientific Thought (Cambridge: Cambridge University Press, 1956)。席文（Nathan Sivin）则留意到了秦汉思想中"养生"与"治国"之间一体性的思维方式，见其为《黄帝内经·灵枢》节译部分所写的导言，见 W. T. de Bary 和 Irene Bloom 合编的 Sources of Chinese Tradition (New York: Columbia University Press,1999), Vol.1，p.273。

六、结语

　　本章的目的在于详人所略，尝试揭示董仲舒研究中以往受到忽略的一面，以求对推进汉代儒学的研究略做准备。根据以上的分析，我们可以看到，儒家传统身心修炼的功夫理论，并没有在汉代湮灭而要等到宋明儒学的兴起后才有长足的发展。在董仲舒的思想中，已经包涵了一套完整的身心修炼的功夫论。先秦公孙尼子的"养气"说，由于"文献不足征"，其思想内涵如今不得其详。[1]孟子"知言"、"养气"、"不动心"以及"尽心、知性、知天"的功夫论，参见本书第三章。大体而言，我们可以说，在包罗和融通诸家之说的基础上，董仲舒将"天人"、"身心"、"义利"和"德政"连为一体，极大地丰富和发展了先秦儒家身心修炼的功夫论。总而言之，董仲舒身心修炼的功夫论具有以下几个方面的特征。

　　首先，现代汉语中"身"和"心"的所指，在董仲舒处分别是"形"、"体"、"气"和"心"。而董仲舒所说的"身"，则是同时包涵了"形"、"体"、"气"和"心"这两个方面的。因此，现代汉语中的"身心修炼"，在董仲舒的话语中，就是"身之养"。所谓"修身"、"养身"、"治身"，就董仲舒而言，都不只是单指其中"身"的方面，而恰恰是同时兼指"身"与"心"两方面而言的身心修炼功夫。对董仲舒来说，笛卡尔意义上的"身心二元论"是不可想象的。人的"形躯"、"身体"和"心志"、"精神"一定是彼此渗透、一体交关的。董仲舒身心修炼的功夫论，可以说再次印证和具体诠释了儒家甚至整个中国哲学中身心一如、彼此交关的观念。

　　其次，无论是"养气"、"养心"还是"养身"，董仲舒身心修炼的

---

[1] 杨儒宾先生曾经根据现存的有限文献，探讨了公孙尼子的"养气"说及其与孟子思想的关系，参见杨儒宾："论公孙尼子的养气说——兼论与孟子的关系"，《清华学报》，新22卷3期，1992年9月，页223—253。

功夫都不只是单纯的自我修养，而是将个体的身心修炼置于人类和宇宙一体相关的整体与有机脉络之中。从董仲舒的论述来看，"中和"所描述的原本就既是人体与宇宙间一气流行的均衡与和谐，又是人心与天地之心彼此交感的安定与平和，如〈天辨在人〉一篇中所谓"天乃有喜怒哀乐之行，人亦有春夏秋冬之气者，合类之谓也"，[1]〈阴阳义〉一篇中所谓"天亦有喜怒之气、哀乐之心，与人相副。以类合之，天人一也"。[2]因此，作为个体身心修炼的终极境界，"中和"也只有在自我的"一体之气"与充塞于整个宇宙的"天地之气"彼此之间的一气流行之中，在自我的喜怒哀乐与天地之心的交感共振之中，或者说，在儒家的"天地万物为一体"中，才能达致。

第三，身心修炼的功夫既是自然生命的滋养，同时也是价值与道德生命的完善。正如孟子已经指出，气若非"集义所生"，不免于"气馁"那样，董仲舒也强调了"心"在"养气"与"治身"这一身心修炼或者说"身之养"的过程中所发挥的主导作用。而"养心"的关键，在于"仁义"，所谓"养莫重于义"。"仁人"能够"外无贪内清净"与"闲欲止恶"，"心"得到了"义"的滋养，也就自然会获得"气多且治"的长寿效果。在这个意义上，"重义"对于"养身"的身心修炼来说，都可以说是"大利"。孟子所谓"集义"而养"浩然之气"的观念，以及后来阳明学所谓"养德而养生在其中"的思想，[3]和董仲舒身心修炼功夫论中"义利同构"且"重义"的看法，都是彼此一致的。这一点，也是儒家传统身心修炼功夫论的一个基本特征。

最后，董仲舒身心修炼的功夫论，就本章取材文献的脉络而言，其主要的言说对象应当是一国的君主。也正是因此，"治身"与"治国"才密不可分，君主的"治身"，甚至成为其"治国"的必要条件。这一

1　《春秋繁露校释》（校补本），页748。
2　《春秋繁露校释》（校补本），页767。标点略有改动。
3　参见彭国翔：《良知学的展开——王龙溪与中晚明的阳明学》（增订版），第五章第三节中"养德与养生"的部分。

特征在〈通国身〉一篇中格外明显。不过,作为身心修炼的"修身"功夫,自有其独立的意义,也不必一定关联于"治国"而只能为君主所实践。事实上,我们可以看到,在〈循天之道〉中,身心修炼功夫的实践主体,其君主的色彩就极为淡薄。换言之,正如《大学》所谓"自天子以至于庶人,壹是皆以修身为本",所有人都可以践行儒家身心修炼的功夫。董仲舒之所以有时会强调"修身"与"治国"之间的同构关系,不是要把儒家身心修炼的功夫限定为君主的专利,而毋宁是认为君主由于掌握大权,对天下苍生负有重大的义务和责任,因而更应当通过身心修炼以提升和完善自我的德性与自然生命,从而确保天下的大治与太平。如果我们不限于本章取材文献的脉络,就更应当可以看到身心修炼功夫实践主体的普遍性了。也正是因为这一特征,到了宋明理学,身心修炼的"修身"功夫就不再与君主的"治国"密切相关,而益发显示出其实践主体"自天子以至于庶人"的普遍。晚明儒学所呈现的民间化色彩,正是这一普遍性的写照。另一方面,由于汉代以降君主极权日益强化,儒家身心修炼的"修身"功夫反倒越发不是君主的日常生活的实际功课,而无奈只能成为儒家士大夫"格君心之非"的道德劝诫了。董仲舒将"修身"的言说对象指向"治国"的君主,其实无形中已经显示了这一中国传统政治的宿命。

第六章
身心修炼
——朱子经典诠释的功夫论意涵

本章提要

晚近对儒家经典诠释传统的研究多取道西方诠释学的相关理论。对于最能够体现儒家经典诠释传统特征的朱子而言，迄今为止，关于其读书法或经典诠释的研究，亦不约而同以西方诠释学理论尤其伽达默尔的诠释学为主要参照和对话方。在笔者看来，对历代大儒来说，读书或儒家经典的诠释，固然包涵丰富的反省人类理解现象的"诠释学"活动，但同时，它更是一种通达圣人境界的身心修炼功夫，具有强烈的宗教学意涵。这一点，在儒家传统中最具理性色彩的朱子那里，表现得同样明显。对朱子来说，读书或儒家经典的诠释，正是通达圣人境界的一种身心修炼的功夫。对于这一看法的论证，本章将分为以下几个部分：首先，笔者指出，读书在朱子处具有举足轻重的地位。就朱子而言，读书首先意味着儒家经典尤其是"四书"的精思熟读，而不是对一般书册的泛观博览。在这个意义上，"读书"就意味着儒家经典的诠释。并且，朱子所提倡的一系列功夫实践，如"居敬"、"穷理"、"格物"等，几乎无不需要通过读书来具体落实。其次，笔者指出，在朱子看来，读书或经典诠释活动本身即是一种身心修炼的功夫。对朱子来说，虽然儒家的经典不是认知的对象，而是我们要全身心领会的圣人之言的记载；读书本身也不是目的，而是要变化气质并最终成就圣贤人格。但同时，读书本身却又是变化气质并成就圣贤人格的必由之路。换言之，朱子将经典诠释活动本身作为身心修炼的功夫，将经典诠释作为与圣人之心心心相印的实践法门。作为身心修炼的经典诠释活动既有迁善改过之功，又具有身心治疗的意义和效果。也正是由于这一点，使得读书在朱子那里不仅具有一套认识论意义上的诠释学意义，更具有一种价值实践的宗教学意涵。第三，笔者将说明，在其对于不同儒家经典的具体诠释中，甚至在其更为广义的诠释活动包括品评人物、辨别儒释、讨论儒家传统中的重要观念甚至教导门人中，朱子自己是如何贯彻读书作为一种身心修炼这一意识的。最后，笔者将通过对比朱子读书法和基督教传统中所谓"圣言诵读法"（*lectio divina*）的同异，来进一步说明在朱子那里作为一种身心修炼实践的经典诠释活动所具有的宗教学意涵。在此基础上，笔者还将指出朱子将经典诠释活动作为一种身心修炼功夫所蕴涵的儒家宗教性的独特所在。

一、引言

余英时先生曾经指出："中国传统的读书法，讲得最亲切有味的无过于朱熹。……朱子不但现身说法，而且也总结荀子以来的读书经验，最能为我们指点门径。我曾经比较过朱子读书法和今天西方所谓'诠释学'的异同，发现彼此相通之处甚多。'诠释学'所分析的各种层次，大致都可以在朱子的《语类》和《文集》中找得到。"[1] 朱子对读书的确极为重视，因而对于读书的方法有一整套的论说。不仅在《朱子语类》卷十和卷十一中，有专门讨论读书的〈读书法〉上下两卷，并且，在《文集》中，朱子关于读书法的言论也俯拾皆是。宋代张洪等人曾经专门遍采朱子有关读书的言论，编为《朱子读书法》四卷。元代程端礼所撰《读书分年日程》三卷，亦几乎全采朱子读书法。近人钱穆先生则于其大著《朱子新学案》中采《文集》《语类》言论，分上、中、下三部分专论〈朱子读书法〉。因此，朱子之后历代学者，从宋代的真德秀到当代的余英时先生，几乎都将朱子读书法视为治学、修身的正道和坦途，实非偶然。由于朱子读书法中委实蕴涵可以与现代西方诠释学理论相互发明的丰富内容，在目前整个东亚儒学经典诠释传统研究这一巨大课题中，对于朱子读书法或经典诠释的研究成为一个重要的子课题，可以说是"理有固然，势所必至"的。以往中外学者的相关研究，大都与现代西方诠释学的各种理论相互参照，明同别异，对于深化和丰富我们如今对于朱子读书法或经典诠释的理解，做出了重要贡献。[2]

1　余英时："怎样读中国书"，见余英时：《钱穆与中国文化》(上海：上海远东出版社，1994)，页310。该文亦见余英时：《中国文化与现代变迁》(台北：三民书局，1992)。

2　迄今为止，以西方诠释学为参照考察朱子读书法或经典诠释的研究有：(1) 郑宗义："论朱子对经典解释的看法"；(2) 邵东方："朱子读书解经之诠释学分析——与伽达默尔之比较"，二文俱收入钟彩钧主编：《朱子学的开展——学术篇》(台北：汉学研究中心，2002)；(3) Mathew Arnold Levey, "Chu Hsi Reading the Classics: Reading to Taste the Tao—'This is a Pipe', After All"；(4) Jonathan R. Herman, "To Know The Sages Better Than They Knew Themselves: Chu Hsi's Romantic Hermeneutics", both in Ching-I Tu ed., *Classics and Interpretations: the Hermeneutic Traditions*（转下页）

　　不过，笔者认为，余英时先生指出"'诠释学'所分析的各种层次，大致都可以在朱子的《语类》和《文集》中找得到"，并不意味着我们可以反过来说现代西方诠释学的理论足以涵盖朱子读书法或经典诠释活动的所有面向。在笔者看来，以现代西方诠释学为背景和参照来考察朱子读书法或经典诠释活动，有所"见"的同时也不免会有所"蔽"。之所以如此，关键在于：儒家传统很难仅仅纳入现代西方学术分类下的"哲学"这一门学科。或者说，就目前的学术分类而言，仅在"哲学"这一学门之下来研究，很难充分和完整地发掘出儒家传统的丰富蕴涵和不同面向。尽管现代西方的诠释学理论尤其晚近以伽达默尔为代表的哲学诠释学强调理解本身不仅只有理论思辨的意义，同时必然指向实践领域，可以说是一种实践哲学，[1] 但是，姑且不论哲学诠释学的"实践"观念与儒家历来强调的在"日用常行"中的"身心修炼"仍有不同，更为重要的是，由于现代西方诠释学整体上通过反省人类理解活动的现象而建立，仍然是近代以来以理性主义为主导的西方"哲学"这一门类下的一个分支和流衍（ramification），如此，其理论的核心或切入点就毕竟在于"认知"。与此相较，基于道德实践相对于理论思辨的优先性这一基本立场，儒家传统整体上始终不以"认知"为核心或切入点。由此而来的是，儒家的经典诠释传统中尽管有许多可以和现代西方诠释学彼此相通甚至相互发明之处，但无论在对于经典性质的理解还是对于经典诠释活动意义的自觉方面，双方都有很大差异。朱子大概是儒家传统中最为理性和最具知性倾向的一位人物，这恐怕也是以现代西方诠释学为参照来考察儒家经典诠释传统时朱子成为焦点之一的一个重要原因。然而，即便从这一角度来研究朱子读书法及其经典诠释，在阅读朱子的相

（接上页）in Chinese Culture (New Jersey: Transaction Publishers, 2000)；（5）陈立胜："朱子读书法：诠释与诠释之外"，收入李明辉主编：《儒家经典诠释方法》（台北：喜玛拉雅研究发展基金会，2003）；（6）吴展良："圣人之书与天理的恒常性：论朱子的经典诠释之前提假设"，《台大历史学报》第33期，2004年6月，页71—95。

1　参见 Hans-Georg Gadamer, "Hermeneutics as Practical Philosophy", in Reason in the Age of Science, trans. Frederick G. Lawrence (Cambridge, Mass.: MIT Press, 1981), pp.82–112.

关文献时，以往的一些研究者也不能不留意到一个值得进一步深究的现象，即无论朱子视经典为"圣人之言"的记录因而具有神圣性，[1] 还是朱子将经典的阅读和诠释视为一种精神转化和精神践履，[2] 都已经超出了作为一种"哲学"的"诠释学"的范围，而进入到了"宗教学"的领域。这一点，以往的研究者虽亦曾注意并指出，但恐尚未及深论。在此，笔者愿意详人所略，对于朱子经典诠释活动作为一种身心修炼的功夫实践这一向度专门加以探讨。当然，这里的讨论或许仍不免只是初步的，希望将来有更多这一方向的专精深入之作。

广义的"诠释学"传统与基督教具有极为密切的关系，无论其早期发展包涵"圣经诠释学"（biblical exegesis）的阶段，[3] 还是当代基督教神学中发展出的所谓"神学诠释学"（theological hermeneutics），[4] 都显示了这一点。但是，作为一个确定的用语，现代西方"诠释学"基本上还是指从施莱尔马赫（Schleiermacher）到当代主要包括伽达默尔、贝蒂（Emilio Betti）、赫尔诗（E. D. Hirsch）和利科（Paul Ricoeur）在内的一种经由反省人类理解活动而建立的"哲学"传统。譬如，作为一门关于理解和诠释的学科，诠释学的发展一般被认为经历了六个发展阶段：（1）作为圣经注释理论的诠释学；（2）作为语文学方法论的诠释学；（3）作为理解和解释科学或艺术的诠释学；（4）作为人文学科普遍方法论的诠释学；（5）作为此在和存在理解现象学的诠释学；（6）作为

1　前引陈立胜"朱子读书法：诠释与诠释之外"一文中，指出了朱子经典诠释中的"圣书意识"或者说文本神圣性的意识；吴展良"圣人之书与天理的恒常性：论朱子的经典诠释之前提假设"一文，在比较朱子经典诠释基本思路与现代西方哲学诠释学的同时，也指出了作为朱子经典诠释前提的以心性修养为基础的圣人之学并不在现代西方哲学诠释学（吴文所用名词为"存有诠释学"）的视域之中。

2　前引郑宗义"论朱子对经典解释的看法"一文中，明确指出了朱子经典诠释并非一种纯粹认知的活动，而具有精神转化和精神践履的向度。当然，更早如钱穆先生也已指出，朱子读书法同时即是一种"涵养"和"践履"。见钱穆：《朱子学提纲》（台北：东大图书公司，1991），页166。

3　关于"圣经诠释学"，参见 Richard N. Longenecker, *Biblical Exegesis in the Apostolic Period* (Michigan: Eerdmans, 1975)。也可参见 Paul Ricoeur, *Essays on Biblical Interpretation*, translated by Denis Savage (New Haven: Yale University Press, 1980)。

4　关于"神学诠释学"，参见 Werner G. Jeanrond, *Theological Hermeneutics: Development and Significance* (London: SCM Press, 1994)。

实践哲学的诠释学。[1] 目前所谓的"诠释学"，基本上是指后面 3 种。而其中第 6 种，即伽达默尔提倡的作为实践哲学的诠释学，更是被一些学者认为代表了"20 世纪诠释学的最高发展"。[2] 事实上，即便是在当今的神学诠释学中，诠释学也主要是被作为一种哲学方法来运用的。就此而言，在迄今为止以诠释学理论为参照来考察朱子读书法或经典诠释活动的研究成果中，学者们几乎都不约而同地选取了伽达默尔的哲学诠释学来作为西方诠释学的代表，无形中也恰恰说明了诠释学主要是被作为一种"哲学"来理解的。

　　在笔者看来，对朱子来说，读书或儒家经典的诠释，固然包涵丰富的反省人类理解现象的"诠释学"活动，但同时，它更是一种通达圣人境界的身心修炼功夫，具有强烈的宗教学意涵。对于这一看法的论证，本章将分为以下几个部分：首先，笔者指出，读书在朱子处具有举足轻重的地位。就朱子而言，读书首先意味着儒家经典尤其是"四书"的精思熟读，而不是对一般书册的泛观博览。在这个意义上，"读书"就意味着儒家经典的诠释。并且，朱子所提倡的一系列功夫实践，如"居敬"、"穷理"、"格物"等，几乎无不需要通过读书来具体落实。其次，笔者指出，在朱子看来，读书或经典诠释活动本身即是一种身心修炼的功夫。对朱子来说，虽然儒家的经典不是认知的对象，而是我们要全身心领会的圣人之言的记载；读书本身也不是目的，而是要变化气质并最终成就圣贤人格。但同时，读书本身却又是变化气质并成就圣贤人格的必由之路。换言之，朱子将经典诠释活动本身作为身心修炼的功夫，将

1　参见洪汉鼎：《诠释学——它的历史和当代发展》(北京：人民出版社，2001)，页 21—27。Palmer 也曾经将诠释学的发展阶段概括为 6 个，包括：(1) 圣经注释理论；(2) 一般文献学方法论；(3) 一切语言理解的科学；(4) 人文学科的方法论基础；(5) 存在和存在理解的现象学；(6) 重新恢复和破坏偶像的解释系统。参见 Richard E. Palmer, *Hermeneutics: Interpretation Theory in Schleiermacher, Dilthey, Heidegger and Gadamer* (Evanston: Northwestern University Press, 1982)。尽管 Palmer 对于第 6 个阶段的理解和规定更多地是根据利科而与洪汉鼎主要根据伽达默尔所进行的理解和规定有所不同，双方将"诠释学"主要理解为一种对于人类理解现象的哲学反思活动则并无区别。

2　洪汉鼎：《诠释学——它的历史和当代发展》，页 21。

经典诠释作为与圣人之心心心相印的实践法门。作为身心修炼的经典诠释活动既有迁善改过之功，又具有身心治疗的意义和效果。也正是由于这一点，使得读书在朱子那里不仅具有一套认识论意义上的诠释学意义，更具有一种功夫论意义上的宗教学意涵。第三，笔者将说明，在其对于不同儒家经典的具体诠释中，甚至在其更为广义的诠释活动包括品评人物、辨别儒释、讨论儒家传统中的重要观念甚至教导门人中，朱子自己是如何贯彻读书作为一种身心修炼这一意识的。最后，笔者将通过对比朱子读书法和基督教传统中所谓"圣言诵读法"（lectio divina）的同异，来进一步说明在朱子那里作为一种身心修炼实践的经典诠释活动所具有的宗教学意涵。在此基础上，笔者还将指出朱子将经典诠释活动作为一种身心修炼功夫所蕴涵的儒家宗教性（Confucian religiousness）的独特所在。

二、经典诠释的重要性

在朱子那里，"读书"无疑具有举足轻重的地位。但凡有人初见朱子并欲从学，朱子都要求首先要阅读朱子对于儒家经典的注解。所谓：

> 朋友乍见先生者，先生每曰：若要来此，先看熹所解书也。（《语类》卷一百二十一〈朱子十八〉〈训门人九〉）

而当有人询问朱子教学的宗旨时，朱子曾明确自陈"读书"即是其教学宗旨：

> 世昌问：先生教人，有何宗旨？曰：某无宗旨，寻常只是教学者随分读书。（《语类》卷一百二十一〈朱子十八〉〈训门人九〉）

并且，就朱子而言，读书不仅是宗旨，同时还是为学的入手处，即所谓

"端绪"：

> 问学问之端绪。曰：且读书，依本分做去。(《语类》卷一百十五〈朱子十二〉〈训门人三〉)

需要说明的是，对朱子来说，所谓"读书"，基本上是指儒家经典尤其"四书"的研读，而不是一般的泛观博览。在所读之书中，"经"的地位要远远超过"史"、"子"等。换言之，与儒家经典相比，其他书籍如史书等的阅读显然要退居其次。因此，在朱子那里，"读书"可以说就是儒家经典的诠释活动，而朱子的"读书法"，也自然构成其儒家经典诠释的理论。从以下的几段话中，我们能够很清楚地看到儒家经典在朱子"读书"观念中的优先性：

> 读书须是以经为本，而后读史。(《语类》卷一百二十二〈吕伯恭〉，亦见朱鉴《文公易说》卷十七)

> 看经书与看史书不同。史是皮外物事。没紧要，可以札记问人。若是经书有疑，这个是切己病痛。如人负痛在身，欲斯须忘去而不可得。岂可比之看史，遇有疑则记之纸邪？(《语类》卷十一〈学五〉〈读书法下〉)

> 今人只为不曾读书，祗是读得粗书。凡读书，先读《语》《孟》，然后观史，则如明鉴在此，而妍丑不可逃。若未读彻《语》《孟》《中庸》《大学》，便去看史，胸中无一个权衡，多为所惑。(《语类》卷十一〈学五〉〈读书法下〉)

> 读书且从易晓、易解处去读，如《大学》《中庸》《语》《孟》四书，道理粲然，人只是不去看。若理会得此四书，何书不可读？何

理不可究？何事不可处？(《语类》卷十四〈大学一〉〈纲领〉)

而在"四书"之中，又有阅读的先后顺序。朱子认为：

> 学问须以《大学》为先，次《论语》，次《孟子》，次《中庸》。《中庸》工夫密，规模大。(《语类》卷十四〈大学一〉〈纲领〉)

为什么要有这种先后的顺序，朱子认为是由于四部经典本身的内容使然。他说：

> 某要人先读《大学》，以定其规模；次读《论语》，以立其根本；次读《孟子》以观其发越；次读《中庸》以求古人之微妙处。《大学》一篇，有等级次第，总作一处，易晓，宜先看。《论语》却实，但言语散见，初看亦难。《孟子》有感激兴发人心处。《中庸》亦难读，看三书后，方宜读之。(《语类》卷十四〈大学一〉〈纲领〉)

这种排序，反映出朱子对于"四书"性质的理解。

当然，朱子决非只读"四书"等"经"。事实上，朱子不仅遍注群经，对史书也精思熟读。对于读史，他也有一整套的看法和步骤。譬如：

> 问读史之法。曰："先读《史记》及《左氏》，却看《西汉》《东汉》及《三国志》，次看《通鉴》。温公初作编年，起于威烈王；后又添至共和后，又作《稽古录》，始自上古。然共和以上之年，已不能推矣。独邵康节却推至尧元年，《皇极经世》书中可见。编年难得好者。前日周德华所寄来者亦不好。温公于本朝又作《大事记》。若欲看本朝事，当看《长编》。若精力不及，其次则当看《国

纪》。《国纪》只有《长编》十分之二耳。"(《语类》卷十一〈学五〉〈读书法下〉)

> 读史当观大伦理、大机会、大治乱得失。(《语类》卷十一〈学五〉〈读书法下〉)

但强调以"四书"为核心的"经"的优先性，可以说是朱子关于读书问题的一个基本特点。也正是在这个意义上，读书对于朱子来说首先意味着儒家经典的诠释活动。因此，需要说明的是，在本章对朱子的讨论中，"读书"和"经典诠释"是一对可以互换的概念。

无论朱子是否在读书活动中进一步强调了阅读儒家经典较之阅读一般书籍的优先性，总体而言，正如上引"宗旨"、"端绪"之类的话所显示的，朱子认为读书或经典诠释活动是极为重要的。《论语》中有子路认为读书不重要而孔子不以为然的话：

> 子路使子羔为费宰，子曰："贼夫人之子。"子路曰："有民人焉，有社稷焉。何必读书，然后为学。"子曰："是故恶夫佞者。"（〈先进〉第十一）

范祖禹（字淳甫，又字梦得，1041—1098）对此曾有解释，认为子路有失先后本末的次序，因此孔子批评子路是对的。范氏之说是这样的：

> 范曰："古者'学而后入政，未闻以政学也'。[1] 道之本在于修身，知修身则知所以治人。知所以治人则知所以治天下国家矣。圣人之道在方册，读而求之者，将行之也。尧舜禹必稽古而行，皋

---

[1] "学而后入政，未闻以政学也"出自子产之口。《左传》〈襄公三十一年〉载："子皮欲使尹何为邑。子产曰：'少，未知可否？'子皮曰：'愿吾爱之，不吾叛也。使夫往而学焉，失亦愈加治矣。'子产曰：'不可。……侨闻学而后入政，未闻以政学也。'"

陶亦稽古而言，何可以不读书也？先学而后可以治民。子路乃欲使
子羔以政为学，失先后本末之序，而不知其过，故夫子以为佞。"
（《论孟精义》之《论语精义》卷六上）

对于这段公案，朱子在《四书或问》《论孟精义》《语类》等著作中多有
解释，亦认为子路之言不当，而赞同范祖禹之说。譬如，在《四书或
问》中，有这样一段朱子与学生的对话：

> 或问："子路所谓'何必读书然后为学？'夫子不之许也，而
> 谢、杨、尹氏皆以为不然，何哉？"
> 曰："杨氏之说高矣。夫三代以上，六经虽未具，然以《书》
> 《礼》考之，则舜之教胄子敷五典，与夫成周乡官乐正之法，其所
> 以优游涵养，而诱掖夫未成之才者，盖有道矣，岂遽使之从事于人
> 民社稷之间，以试其未能操刀之手，而不虑夫美锦之伤乎？范氏盖
> 得此意。然犹必以读书为言，则似不足以解诸说之疑者。然三代而
> 下，既有书矣，则事物始终、古今得失、修己治人之术，皆聚于
> 此，好学者岂可以不之读而遽自用乎？以此而论，则范氏之说，正
> 为不过。"（《四书或问》卷十六〈论语〉）

显然，这段问答与前文所论朱子对于读书活动重要性的一再强调是彼此
一致的。

陆象山与朱子鹅湖之会时曾经有"尧舜以前所读何书？"的质疑。[1]
尽管象山本人其实并非废书不观，其质疑用意也是强调人之"本心"先
天内在，在本质上未必有赖于读书的"外铄"。对此，在同样讨论子路
所谓"何必读书然后为学"的问题时，朱子曾经有过如下的回应：

1　鹅湖之会在淳熙二年乙未（1175），时朱子四十六岁。

> 上古未有文字之时，学者固无书可读。而中人以上，固有不待
> 读书而自得者。但自圣贤有作，则道之载于经者详矣。虽孔子之
> 圣，不能离是以为学也。(《文集》卷四十三〈答陈明仲〉)

朱子的态度很明确，尽管理论上可以说"中人以上，固有不待读书而自
得者"，但实际上自从圣人将天地之道载于经典之后，任何人离开读书
或经典诠释活动，都可以说是无法"明道"的。所谓"虽孔子之圣，不
能离是以为学也"。

　　事实上，朱子思想的一系列核心观念几乎无不与经典诠释活动密切
相关。从"读书"与"居敬"、"穷理"、"格物"这三个朱子思想中至关
重要的观念之间不可分割的关系，我们可以进一步看到经典诠释活动在
朱子处是何等的重要。

　　"居敬"是朱子思想的核心观念之一，而对于朱子来说，读书即是
居敬之法。他说：

> 初学于敬不能无间断，只是才觉间断，便提起此心。只是觉
> 处，便是接续。某要得人只就读书上体认义理，日间常读书，则
> 此心不走作。或只去事物中滚，则此心易得汩没。知得如此，便
> 就读书上体认义理，便可唤转来。(《语类》卷十一〈学五〉〈读书
> 法下〉)

此段话后来亦收入康熙御制《性理大全》卷五十三〈学十一〉〈读书法
一〉。这里，我们已经看到，朱子明显将读书活动视为一种身心修炼的
过程，所谓"日间常读书，则此心不走作"。这正是"读书"或经典诠
释活动在朱子那里具有特别的功夫论意涵之所在。本章下面所要详加讨
论的，也正是这一点。

　　如果说强调"格物穷理"是朱子治学最为突出的特点，那么，"穷理"
功夫的首要处即在于读书。这一点，朱子曾有明确而恳切的表达，所谓：

　　为学之道，莫先于穷理。穷理之要，必在于读书。读书之法，莫贵于循序而致精。而致精之本，则又在于居敬而持志。此不易之理也。夫天下之事莫不有理。为君臣者，有君臣之理；为父子者，有父子之理；为兄弟、为夫妇、为朋友，以至出入起居、应事接物之际，亦莫不各有其理焉。有以穷之，则自君臣之大，以至事物之微，莫不知其所以然与其所当然，而亡纤芥之疑。善则从之，恶则去之，而无毫发之累。此为学所以莫先于穷理也。至论天下之理，则要妙精微，各有攸当，亘古亘今，不可移易。惟古之圣人为能尽之。而其所行所言，无不可为天下后世不易之大法。其余则顺之者为君子而吉，背之者为小人而凶。吉之大者，则能保四海而可以为法；凶之甚者，则不能保其身而可以为戒。是其粲然之迹，必然之效，盖莫不具见于经训史策之中。欲穷天下之理，而不即是以求之，则是正墙面而立耳。此穷理所以必在于读书也。（《文集》卷十四〈行宫便殿奏札二〉）

此段文字作于绍熙五年甲寅（1194）十月，乃朱子上宁宗札子，[1] 亦收入宋李幼武纂集的朱子《宋名臣言行录》外集卷十二、宋张洪等同编的《朱子读书法》卷一〈纲领〉。其他如元程端礼撰《读书分年日程》〈卷首〉、明杨士奇等撰《历代名臣奏议》卷八〈圣学〉、清《御纂朱子全书》卷六十三〈治道一〉〈总论〉、清康熙御制《性理大全书》卷四十四〈学二〉等，也都收录了这段文字，足见其重要。在这一段话中，"读书"、"穷理"、"居敬"和"持志"完全紧密相关，和上引朱子以读书为居敬之方的文字对照，同样可见读书对于朱子来说是一种身心修炼的活动。这里，朱子甚至将对圣人经典的顺逆与吉凶联系起来，尤其可见其中的宗教性蕴涵。

1　按：此年七月光宗内禅宁宗。据余英时先生说，此时乃政治变化的一关键时期。参见余英时：《朱熹的历史世界》（北京：生活·读书·新知三联书店，2004）。

对朱子来说，非但"穷理之要，必在于读书"，"格物"功夫也必须具体体现在经典诠释活动之中。

> 读书是格物一事。今且须逐段子细玩味，反来覆去，或一日，或两日，只看一段，则这一段便是我底。脚踏这一段了，又看第二段，如此逐旋捱去。捱得多后，却见头头道理都到。这工夫须用行思坐想，或将已晓得者，再三思省，却自有一个晓悟处出，不容安排也。书之句法义理，须只是如此解说。但一次看，有一次见识。所以某书一番看，有一番改，亦有已说定，一番看，一番见得稳当，愈加分晓。故某说读书不贵多，只贵熟尔。然用工亦须是勇做进前去，莫思退转始得。(《语类》卷十一〈学四〉〈读书法上〉)

并且，不仅"读书"是"格物"的具体功夫，朱子甚至还认为"读书"是"格物"的首要功夫：

> 问："程子言'今日格一件，明日格一件，积习既久，自当脱然有贯通处'；又言'格物非谓尽穷天下之理，但于一事上穷尽，其他可以类推'，二说如何？"曰："既是教类推，不是穷尽一事便了。且如孝，尽得个孝底道理。故忠可移于君，又须去尽得忠，以至于兄弟、夫妇、朋友。从此推之，无不尽穷始得。且如炭，又有白底，又有黑底，只穷得黑，不穷得白，亦不得。且如水，虽是冷而湿者，然亦有许多样，只认冷湿一件，也不是格。但如今下手，且须从近处做去。若幽奥纷拏，却留向后面做。所以先要读书，理会道理。"(《语类》卷十八〈大学五〉〈或问下〉)

"格物"、"穷理"、"居敬"这几个观念，都可以说是朱子从程颐处继承来的。如程颐论"格物穷理"曰：

　　凡一物上有一理，须是穷致其理。穷理亦多端：或读书讲明义
理；或论古今人物，别其是非；或应接事物而处其当，皆穷理也。
（《二程遗书》卷十八）

　　或问："格物须物物格之，还只格一物而万理皆知？"曰："怎
生便会该通？若只格一物便通众理，虽颜子亦不敢如此道。须是
今日格一件，明日又格一件，积习既多，然后脱然自有贯通处。"
（同上）

不过，在程颐那里，这些功夫和儒家的经典诠释活动之间关系如何，似
乎并没有明确的说明。所谓"穷理亦多端"，读书不过为"穷理"之一
端，并未像朱子那样将其提升到如此重要的地位。大体来说，"格物"、
"穷理"、"居敬"对于程颐来说恐怕更多地还是一些功夫实践的一般原
则。而到了朱子那里，这些一般的原则在相当程度上都被集中（但不是
化约）到了儒家的经典诠释活动之上。如此一来，就使得学者的功夫实
践更具有可操作性。而朱子制定的一整套读书的课程和步骤，尤其使得
具体体现于儒家经典诠释活动中的"格物"、"穷理"、"居敬"功夫实践
有所依据。

　　朱子对于读书极为重视和强调，但如果不能完整和深入理解朱子在
什么意义上重视和强调读书，包括所读何书和为何读书，也确实不免容
易导向知性探究一路。不过，至少就朱子本人而言，无论是当初陆象山
指责其对于经典诠释的再三致意为"学不见道"和"支离事业竟浮沉"，
还是如今人牟宗三先生判"朱子是学人之学之正宗，而非内圣之学之正
宗"，[1]对朱子均未免有欠公允。对读书脱离"身心性命"而流于单纯知
性探究的危险，其实朱子本人一直保持高度的警觉。譬如，朱子曾经有
这样一封书信：

1　牟宗三：《从陆象山到刘蕺山》，《牟宗三先生全集》，第 8 册，页 33。

熹穷居如昨，无足言者。但远去师友之益，兀兀度日。读书反己，固不无警省处，终是旁无疆辅，因循汩没，寻复失之。近日一种向外走作，心悦之而不能自已者，皆准止酒例，戒而绝之，似觉省事。此前辈所谓"下士晚闻道，聊以拙自修"者。若充扩不已，补复前非，庶其有日。旧读《中庸》慎独、《大学》诚意毋自欺处，常苦求之太过，措词烦猥，近日乃觉其非。此正是最切近处，最分明处。乃舍之而谈空于冥漠之间，其亦误矣。方窃以此意痛自检勒，懔然度日，惟恐有怠而失之也。至于文字之间，亦觉向来病痛不少。盖平日解经，最为守章句者。然亦多是推衍文义，自做一片文字。非惟屋下架屋，说得意味淡薄，且是使人看者，将注与经，作两项功夫做了。下稍看得支离，至于本旨，全不相照。以此方知汉儒可谓善说经者，不过只说训诂。使人以此训诂，玩索经文。训诂经文，不相离异。只做一道看了。直是意味深长也。（《文集》卷三十一〈答张敬夫〉第二十八书）

这一封书信作于淳熙二年乙未（1175），当时非但朱子年方四十六岁，且《四书集注》等代表其思想成熟的著作尚未写成，[1] 绝非如王阳明所谓最后才幡然悔悟的"晚年定论"。[2] 无论如何，由前引朱子所谓"日间常读书，则此心不走作"的话以及以上朱子将读书视为"格物"、"穷理"、"居敬"的具体实践来看，儒家的经典诠释活动在朱子那里显然不只具备认知的意义。事实上，对朱子来说，经典诠释活动本身就是一种身心修炼的功夫实践。

1　陈建《学蔀通辨》卷二已经指出，该书信在《四书集注》之前，不得为晚。而作于淳熙二年乙未，则据陈来《朱子书信编年考证》（上海：上海人民出版社，1989），页 130—131。

2　关于王阳明"朱子晚年定论"的问题尤其是历史上围绕该问题的讨论，陈荣捷先生曾经有详细的考察。参见陈荣捷："从朱子晚年定论看阳明之于朱子"，载陈荣捷：《王阳明传习录详注集评》（台北：学生书局，1992），附录，页 437—445。又按：王阳明《朱子晚年定论》中所录此信不仅为节录，略去后面"大学中庸章句略修一过"等句，且个别字眼与《文集》中不同。如"但远去师友之益"，《晚年定论》作"自远去师友之益"。

三、作为身心修炼的经典诠释

朱子之所以将读书视为一种身心修炼的功夫实践，首先取决于儒家经典在朱子的心目中不只是认识论意义上的文本（classics or texts），而具有神圣的意义，颇类似于西方宗教传统中的所谓"圣书"（holy book）或"圣典"（scripture）。这一点，具体体现在朱子对儒家经典性质的看法、阅读经典的方式和态度，以及阅读经典的最终目的这三个方面。

无论在《文集》还是《语类》之中，朱子都有许多要求读书必须"虚心"而深入了解经典涵义的说法，譬如：

> 然读书且要虚心平气，随他文义体当，不可先立己意，作势硬说，只成杜撰，不见圣贤本意也。(《文集》卷五十三〈答刘季章〉第十书)

> 凡看书，须虚心看，不要先立说。看一段有下落了，然后又看一段。须如人受词讼，听其说尽，然后方可决断。(《语类》卷十一〈学五〉〈读书法下〉)

表面上看，这似乎接近于诠释学所谓的追求文本"本意"的立场，包含了一种客观认知的态度。其"虚心"说，也未尝不可以与伽达默尔所谓的"丢弃自己"（disregarding ourselves）相通。[1] 但是，从另一方面来看，对朱子来说，经典的性质其实并不只是客观认知的对象，而更是与圣人相遇的途径。所谓"见圣人本意"的话，其实也透露出这一点。并且，由于圣人是天理、天道的完美体现者，所谓"观乎圣人，则见

---

1 关于"丢弃自己"的说法，参见伽达默尔著、洪汉鼎译：《真理与方法》(上海：上海译文出版社，2004)，页391。

天地"，[1] 因此，作为"圣人之言"的记载，儒家经典其实是恒常不变的天理、天道的反映，[2] 所谓"六经是三代以上之书，曾经圣人手，全是天理"（《语类》卷十一〈学五〉〈读书法下〉）。通过眼到、口到、心到的反复诵读和体会，所谓"圣贤之言，须常将来眼头过，口头转，心头运"（《语类》卷十〈学四〉〈读书法上〉），最终是要达到"与天地合其德，与日月合其明，与四时合其序，与鬼神合其吉凶，先天而天弗违，后天而奉天时"（《易传》〈乾·文言〉）的境界。朱子所谓"读书以观圣贤之意；因圣贤之意，以观自然之理"（《语类》卷十〈学四〉〈读书法上〉），恰恰表明了这一点。当然，这里所谓"自然之理"，并非如今"科学规律"、"自然规律"之意。

如此看来，儒家经典在朱子的心目中实在具有神圣的地位和意义。现代汉语中以"圣经"来翻译基督教（Christianity）的"Bible"，不知起于何时，但显然说明译者心目中的"圣经"一词是具有神圣性的，绝不仅仅是作为一般认识论意义上的文本，否则不会以之来翻译"Bible"。事实上，朱子明确使用过"圣经"这一用语。譬如：

> 某尝见人云："大凡心不公底人，读书不得。"今看来，是如此。如解说圣经，一向都不有自家身己，全然虚心，只把他道理自看其是非。恁地看文字，犹更自有牵于旧习，失点检处。全然把一己私意去看圣贤之书，如何看得出！（《语类》卷十一〈学五〉〈读书法下〉）

> 圣经字若个主人，解者犹若奴仆。今人不识主人，且因奴仆通

1　扬雄曾有"观乎天地，则见圣人"的话，程伊川不以为然，认为应当反过来说"观乎圣人，则见天地"。语见朱子编《二程外书》卷十一〈时氏本拾遗〉。伊川所说的涵义正是要指出，圣人即是天地之道的完美体现者，抽象的天地之道难以凭空掌握，必须从圣人人格的具体表现处体察。

2　关于朱子相信儒家经典是恒常不变的天理、天道的反映，杨儒宾和吴展良两位亦曾经指出。参见杨儒宾："水月与记籍——理学家如何诠释经典"，《中央大学人文学报》，第20—21期合刊（1999年12月至2000年6月），页97—132；吴展良："圣人之书与天理的恒常性：论朱子的经典诠释之前提假设"，《台大历史学报》，第33期，2004年6月，页71—95，尽管二文在其他方面论述的侧重有所不同。

> 名，方识得主人，毕竟不如经字也。(《语类》卷十一〈学五〉〈读书法下〉)

> 河间献王得古礼五十六篇，想必有可观，但当时君臣间有所不晓，遂至无传。故先儒谓圣经不亡于秦火，而坏于汉儒，其说亦好。(《语类》卷八十五〈礼二〉〈仪礼〉〈总论〉)

这里的"圣经"，就是指"四书"等儒家经典，这在朱子的文献中并不罕见。[1] 此外，朱子也经常"圣经"和"贤传"连用。

前文已经指出，朱子对于读"经"的态度不同于读一般的著作如"史"、"子"等。其中的关键，即在于"经"在朱子那里具有宗教学意义上"圣书"或"圣典"的性质。在朱子看来，由圣人所表述的天下的"当然之理"，已经完整无遗地包涵在儒家的经典之中，"可谓尽矣"。只要我们认真读书，体贴圣人之意，所谓"文字间求之"，便会发现经典中的圣人之言"句句皆是"：

> 圣人千言万语，只是说个当然之理。恐人不晓，又笔之于书。自书契以来，《二典》、《三谟》、伊尹、武王、箕子、周公、孔、孟都只是如此，可谓尽矣。只就文字间求之，句句皆是。(《语类》卷十一〈学五〉〈读书法下〉)

这种"圣典"的意识，朱子在六十一岁谈到自己读书体会时同样有明确的流露。所谓：

---

1 "圣经"一词在《语类》中凡 9 见，《全书》中凡 11 见。当然，用"圣经"来指称儒家经典，朱子并非特例，而在古代文献中有一定的普遍性。朱子之前如欧阳修所撰《新唐书》中已有用"圣经"来称呼儒家经典的例子。朱子同时如张栻《南轩易说》中也曾有一处使用"圣经"，但似专指《周易》。大体而言，朱子的使用，似乎使这一用语的使用广为通行。《四库全书总目》中大量的使用"圣经"，大概即可视为朱子的影响。

　　　　读书须是虚心方得。他圣人说一字是一字，自家只平着心去秤停他，都不使得一毫杜撰，只顺他去。某向时也杜撰说得，终不济事。如今方见得分明，方见得圣人一言一字不吾欺。只今六十一岁，方理会得恁地。若或去年死，也则杠了。自今夏来，觉见得才是。圣人说话，也不少一个字，也不多一个字，恰恰地好，都不用一些穿凿。庄子云："吾与之虚而委蛇"，既虚了，又要随他曲折恁地去。今且与公说个样子，久之自见。(《语类》卷一百四〈朱子一〉〈自论为学工夫〉)

这段话正面是在强调读书时虚心的重要性，但是，从其中"圣人一言一字不吾欺"、"圣人说话，也不少一个字，也不多一个字，恰恰地好，都不用一些穿凿"以及上引文中认为经典所载圣人之言"可谓尽矣"、"句句皆是"等这些在朱子文献中大量出现的话来看，我们说朱子对儒家经典奉若神明，或许并不过分。

　　既然儒家经典非同于一般意义上的认识对象，而是反映了天地之理的圣人之言的记载，是学者成就圣贤人格所当遵循的道路。那么，阅读儒家经典方式和态度就自然非同一般。诸如以下之类的话，在朱子的文献中可谓俯拾皆是：

　　　　读书须是虚心切己。虚心方能得圣贤意，切己则圣贤之言不为虚说。(《语类》卷十一〈学五〉〈读书法下〉)

　　　　圣贤言语，当虚心看。不可先自立说，去撑住便喎斜了。不读书者固不足论，读书者病又如此。(同上)

在所编《二程遗书》卷二十五中，朱子曾经录有程颐这样一段话：

　　　　读书者，当观圣人所以作经之意，与圣人所以用心，与圣人所

> 以至圣人，而吾之所以未至者。所以未得者，句句而求之，昼诵而味之，中夜而思之。平其心，易其气，阙其疑，则圣人之意见矣。

这种读书的态度，朱子无疑极为赞许。因此，在所撰《论孟精义》一书开头的〈论孟精义纲领〉中，朱子再次引用了伊川的这段话。这一类的话，显然反映出朱子认为在阅读儒家经典时应当保持一种高度尊敬的心态。事实上，除了认知意义上的开放性之外，对朱子来说，"虚心"更意味着一种价值论与精神性意义上对于经典所承载的圣人之言与天地之理的拳拳服膺和信守（commitment）。

和对经典性质的理解以及阅读经典的方式与态度密切相关，对朱子而言，读书或经典诠释活动自然不是为了追求客观的知识，而是要身心修炼，变化气质，最终成就圣贤人格。换言之，读书或经典诠释活动本身并不是目的。

王懋竑《朱子年谱》之《朱子论学切要语》卷二载乙卯朱子答曾景建云：

> 读书固吾事之不可已者，然观古今圣贤立言垂训，亦未始不以孝弟忠信、收敛身心为先务，然后即吾日用之间，参以往训之指，反复推穷，以求其理之所在，使吾方寸之间，虚明洞彻，无毫发之不尽，然后意诚、心正、身修。而推以治人，无往而不得其正者。若但泛然博观而概论，以为如是而无非学，如是而无非道，则吾恐其无所归宿，不得受用，而反为彼之指本心讲端绪者所笑矣。

在解释《论语》中"志于道，据于德，依于仁，游于艺"这段话时，朱子也强调读书应当是一个将圣贤言语落实在自己身心上的过程。他说：

> 读书须将圣贤言语就自家身上做工夫，方见字字是实用。如"志道、据德、依仁、游艺"，将来安排放身上看看，道是甚么物

事。自家如何志之，以至"据德、依仁、游艺"，亦莫不然，方始有得。(《语类》卷三十四〈论语十六〉)

也正是在这个意义上，朱子在其〈读书法上〉一开始便说了以下三句话：

> 读书乃学者第二事。(第一句)

> 读书已是第二义。盖人生道理合下完具，所以要读书者，盖是未曾经历见许多。圣人是经历见得许多，所以写在册上与人看。而今读书，只是要见得许多道理。及理会得了，又皆是自家合下元有底，不是外面旋添得来。(第二句)

> 学问，就自家身己上切要处理会方是，那读书底已是第二义。自家身上道理都具，不曾外面添得来。然圣人教人，须要读这书时，盖为自家虽有这道理，须是经历过，方得。圣人说底，是它曾经历过来。(第三句)

而在〈读书法下〉中，朱子同样有颇多类似的话，如门人叶贺孙(字味道，括苍人，居永嘉)曾经记录了以下的问答：

> 或问读书工夫。曰："这事如今似难说。如世上一等人说道不须就书册上理会，此固是不得。然一向只就书册上理会，不曾体认着自家身己，也不济事。如说仁义礼智，曾认得自家如何是仁？自家如何是义？如何是礼？如何是智？须是着身己体认得。如读'学而时习之'，自家曾如何学？自家曾如何习？'不亦说乎！'曾见得如何是说？须恁地认，始得。若只逐段解过去，解得了便休，也不济事。"(《语类》卷十一〈学五〉)

读书，须要切己体验，不可只作文字看，又不可助长。（同上）

读书，不可只专就纸上求义理，须反来就自家身上（以手自指）推究。（同上）

在《语类》中〈训门人〉的部分，朱子一开始也是这样说的：

今学者皆是就册子上钻，却不就本原处理会，只成讲论文字，与自家身心都无干涉，须是将身心做根柢。（《语类》卷一百十三〈朱子十〉〈训门人一〉）

正是由于朱子不以追求知识作为读书的目标，而是以通过身心修炼的功夫造就圣贤人格为最终的目的，对于朱子在〈读书法〉中一开始就说了以上的话，并在〈读书法〉中和训门人时反复强调这一点，我们就完全可以理解了。

但是，强调读书本身并非儒家之道的最终目标，可以说是宋明理学甚至整个儒家传统的一个基本共识。在这一点上，朱子与陆象山、王阳明其实并无不同。[1] 朱子之所以有别于陆象山、王阳明等人者，关键在于：朱子尽管认为"读书乃学者第二事"，并不以读书本身为目的，但朱子同时又认为，读书又是身心修炼、变化气质从而最终成就圣贤人格的必由之路。或者说，朱子心目中以及他所提倡的读书，并非那种泛观博览的知识探求，否则正应了庄子所谓"以有涯随无涯"，必将"殆矣"，而是将读书本身作为身心修炼，将读书作为与圣人之心心心相印的实践法门。也正是这一点，使得读书在朱子那里不仅具有一套认识论

1　余英时先生曾经指出："无论是'六经注我'的陆子静，或'泛观博览'的朱元晦，都一样没有教人'为读书而读书'的意思。""在朱陆当时，智识主义与反智识主义的壁垒尚不十分森严。"见余英时：《论戴震与章学诚》（北京：生活·读书·新知三联书店，2000），页293、页370。

意义上的诠释学意义，更具有一种价值实践的功夫论意涵。

朱子门人王力行（字近思，同安人）常有临事不能掌握是非的苦恼，在请教朱子如何改善时，朱子教导的方法就是通过读书穷理来使本心既"安"且"固"：

> 此是本心陷溺之久，义理浸灌未透之病，且宜读书穷理。常不间断，则物欲之心自不能胜，而本心之义理安且固矣。（《文集》卷三十九〈答王近思〉第十书）

同样的话也出现在《语类》卷十一〈学五〉〈读书法下〉、《御纂朱子全书》卷三〈学三〉之中。后来真德秀《西山读书记》卷二十五〈读书之法〉也收录了这段话。

在朱子看来，读书固然是为求自得于心，但如果不通过读书的话，也很难真正深入真切地明了自己的本心。朱子门人杨道夫（字仲愚，建宁人）在《语类》中有这样的记载：

> 人之为学，固是欲得之于心，体之于身。但不读书，则不知心之所得者何事。（《语类》卷十一〈学五〉〈读书法下〉）

在训门人时，朱子也指出了这一点：

> 杨子顺、杨至之、赵唐卿辞归，请教。先生曰："学不是读书，然不读书又不知所以为学之道。圣贤教人，只是要诚意、正心、修身、齐家、治国、平天下。所谓学者，学此而已。若不读书，便不知如何而能修身，如何而能齐家、治国。圣贤之书，说修身处，便如此；说齐家、治国处，便如此。节节在那上，自家都要去理会。一一排定在这里来，便应将去。"（《语类》卷一百十八〈朱子十五〉〈训门人六〉）

　　语泉州赵公曰："学固不在乎读书，然不读书，则义理无由明。"(《语类》卷一百二十〈朱子十七〉〈训门人八〉)

　　有时，朱子甚至认为读书是身心修炼的唯一途径，并且，读书的循序渐进，同时即是身心修炼的步步提高。在答孙仁甫的信（作于丙辰之后）中，朱子对此有谆谆教诲：

　　人无英气，固安于卑陋，而不足以语上，其或有之，而无以制之，则又反为所使，而不肯逊志于学。此学者之通患也。所以古人设教，自洒扫应对进退之节，礼、乐、射、御、书、数之文，必皆使之抑心下首，以从事于其间而不敢忽，然后可以消磨其飞扬倔强之气，而为入德之阶。今既皆无此矣，则惟有读书一事，尚可以为慑伏身心之助。然不循序而致谨焉，则亦未有益也。故今为贤者计，且当就日用间致其下学之功。读书穷理，则细立课程，耐烦着实，而勿求速解。操存持守，则随时随处，省觉收敛，而勿计近功。如此积累，做得三五年工夫，庶几心意渐驯，根本粗立，而有可据之地。不然，恐徒为心气所使，而不得有所就也。(《朱子年谱》〈朱子论学切要语〉卷二)

　　对朱子来说，读书正是为了真正使自己的本心良知时时做主，而不有丝毫松懈，以至于"人欲肆而天理灭矣"。在〈读书法下〉，朱子明确指出：

　　人常读书，庶几可以管摄此心，使之常存。横渠有言："书所以维持此心。一时放下，则一时德性有懈。其何可废！"(《语类》卷十一〈学五〉)

而紧接着这段话，朱子又说：

> 初学于敬不能无间断，只是才觉间断，便提起此心。只是觉处，便是接续。某要得人只就读书上体认义理。日间常读书，则此心不走作；或只去事物中滚，则此心易得汩没。知得如此，便就读书上体认义理，便可唤转来。（《语类》卷十一〈学五〉〈读书法下〉）

这两段话意思一致且很明白，都是认为读书乃是身心修炼不可或缺的途径。而第一段话明代吕柟《朱子抄释》卷一专门有录，晚明之所以出现刘宗周所谓"情炽而肆"却自以为"率性之谓道"的局面，在相当程度上正是由于废书不观、学养未逮，不免流于以感性知觉为本心良知所致。如今提倡复兴儒学者，假其名号而别有用心者固不足与论，真正致力于其中者，亦当于此三致意焉。

事实上，朱子所理解和提倡的读书法或经典诠释活动，在他自己看来本身就是身心修炼、变化气质的功夫。对朱子而言，读书与身心修炼二者实密不可分。譬如，在〈答黄仁卿〉书中，朱子说道：

> 不论看书与日用功夫，皆要放开心胸，令其平易广阔，方可徐徐旋看道理，浸灌培养。切忌合下先立己意，把捉得太紧了，即气象急迫，田地狭隘，无处着功夫也。此非独是读书法，亦是仁卿分上变化气质底道理也。（《文集》卷四十六）

这里，朱子明确指出，读书就是"变化气质底道理"。这一点，朱子与门人叶贺孙曾经有过专门的讨论：

> 贺孙问："先生向令敬之看《孟子》。若读此书透，须自变得气质否？"曰："只是道理明，自然会变。今且说读《孟子》，读了只

> 依旧是这个人，便是不曾读，便是不曾得他里面意思。《孟子》自
> 是《孟子》，自家身己自是自家身己。读书看道理，也须着些气力，
> 打扑精神，看教分明透彻，方于身上有功。"（《语类》卷一百二十
> 〈朱子十七〉〈训门人八〉）

在朱子看来，真正的经典阅读自然会导致气质的变化。若未能变化气
质，则说明并非真正的读书，没有能够真正体会到经典的涵义。如此，
也自然无法取得身心修炼的效果。

而在〈答林正卿〉第三书中，朱子也有类似的说法，只不过重点转
到了指出读书变化气质的效果上了。所谓：

> 盖读书之法，须是从头至尾，逐句玩味。看上字时如不知有下
> 字，看前句时如不知有后句。看得都通透了，又却从头看此一段，
> 令其首尾通贯。然方其看此段时，亦不知有后段也。如此渐进，庶
> 几心与理会，自然浃洽。非惟会得圣贤言语意脉不差，且是自己分
> 上，身心义理，日见纯熟。（《文集》卷五十九）

"心与理会，自然浃洽"以及"身心义理，日见纯熟"，显然是指气质变
化之后所达到的一种身心的境界。这封书信王懋竑《朱子年谱》中《朱
子论学切要语》卷二以及宋张洪等人所编《朱子读书法》卷三中都有收
录，亦见其重要。

事实上，朱子此类话语极多，譬如：

> 本心陷溺之久，义理浸灌未透，且宜读书穷理。常不间断，则
> 物欲之心自不能胜，而本心之义理自安且固矣。（《语类》卷十一
> 〈学五〉〈读书法下〉）

> 读书便是做事。凡做事，有是有非，有得有失。善处事者，不

过称量其轻重耳。读书而讲究其义理，判别其是非。临事即此理。（同上）

如读书，自家心不在此，便是没这书。（《语类》卷二十一〈论语三〉）

圣人言语，岂可以言语解过一遍便休了！须是实体于身，灼然行得，方是读书。（《语类》卷二十六〈论语八〉）

学者读书，须要体认。静时要体认得亲切，动时要别白得分明。如此读书方为有益。（《语类》卷四十一〈论语二十三〉）

读书须要将圣贤言语体之于身，如"克己复礼"与"出门如见大宾"。须就自家身上体看我实能克己与主敬行恕否。件件如此，方始有益。（《语类》卷四十二〈论语二十四〉）

大凡读书，须是要自家日用躬行处着力方可。且如"居处恭，执事敬，与人忠，虽之夷狄不可弃也。"与那"言忠信，行笃敬，虽蛮貊之邦行矣。言不忠信，行不笃敬，虽州里行乎哉？"此二事须是日日粘放心头，不可有些亏欠处。此最是为人日下急切处，切宜体之。（《语类》卷四十三〈论语二十五〉）

并且，朱子还认为，如果按照他所说的方法去专心诵读经典，自然会收到迁善改过的效果：

前辈有欲澄治思虑者，于坐处置两器，每起一善念，则投白豆一粒于器中；每起一恶念，则投黑豆一粒于器中。初时白豆少，黑豆多。后白豆多，黑豆少。后来遂不复有黑豆。最后则虽白豆亦无之矣。然此只是个死法，若更加以读书穷理底工夫，则去那般不正当底思虑，何难之有？（《语类》卷一百十三〈朱子十〉〈训门人一〉）

　　问：“道夫在门下虽数年，觉得病痛尚多。”曰：“自家病痛他人如何知得尽？今但见得义理稍不安，便勇决改之而已。”久之，复曰：“看来用心专一，读书仔细，则自然会长进，病痛自然消除。”（《语类》卷一百十五〈朱子十二〉〈训门人三〉）

朱子这种认为经典诵读具有迁善改过之功的看法，与基督教传统中古已有之而至今不衰的所谓“圣言诵读法”不无相通之处。这一点，我们下面会专门讨论，以便进一步具体说明朱子经典诠释的功夫论意涵。

　　朱子在讨论读书时，常常会使用“用药治病”的比喻。事实上，这一比喻更加表明，在朱子自己的理解中，作为一种身心修炼活动，读书本身还具有身心治疗的意义。朱子说：

　　今读书紧要，是要看圣人教人做工夫处是如何。如用药治病，须看这病是如何发，合用何方治之；方中使何药材，何者几两，何者几分，如何炮，如何炙，如何制，如何切，如何煎，如何吃，只如此而已。（《语类》卷十〈读书法上〉）

　　看书非止看一处便见道理。如服药相似，一服岂能得病便好！须服了又服，服多后，药力自行。（《语类》卷十〈读书法上〉）

最能够以用药为喻来说明读书作为一种身心修炼功夫，其根本目标在于体认并实践儒家经典之中的道理从而变化气质，最终成就圣贤人格，大概在于下面这段话：

　　　　今人读书，多不就切己上体察，但于纸上看，文义上说得去便
　　了。如此，济得甚事！"何必读书，然后为学？"子曰："是故恶夫
　　佞者！"古人亦须读书始得。但古人读书，将以求道。不然，读作
　　何用？今人不去这上理会道理，皆以涉猎该博为能，所以有道学、
　　俗学之别。因提案上药囊起，曰："如合药，便要治病，终不成合
　　在此看。如此，于病何补！文字浩瀚，难看，亦难记。将已晓得底
　　体在身上，却是自家易晓易做底事。解经已是不得已，若只就注解
　　上说，将来何济！如画那人一般，画底却识得那人。别人不识，须
　　因这画去求那人，始得。今便以画唤做那人，不得。"（《语类》卷
　　十一〈读书法下〉）

这里，朱子既再次引用孔子不赞成子路"何必读书，然后为学"的典
故，强调了读书的重要性，同时又指出了读书的目的是"将以求道"，
否则即是"俗学"而非"道学"。用药治病的比喻以及"因这画去求那
人"却不能"以画唤做那人"的比喻，都是为了说明后者。

　　在朱子看来，作为一种身心修炼的功夫，既然读书活动具有治疗的
意义，反过来，如果不读书穷理，也足以产生身心的疾病。以下朱子与
门人杨道夫的问答，颇能说明这一点。

　　　　道夫问："刘季文所言心病，道夫常恐其志不立，故心为气所
　　动。不然，则志气既立，思虑凝静，岂复有此？"曰："此亦是不读
　　书不穷理故。心无所用，遂生出这病。"……又曰："读书须是专一，
　　不可支蔓，且如读孟子，其间引援《诗》、《书》处甚多，今虽欲检
　　本文，但也只须看此一段，便依旧自看本来章句，庶几此心纯一。"
　　道夫曰："此非特为读书之方，抑亦存心养性之要法也。"（《语类》
　　卷一百十五〈朱子十二〉〈训门人三〉）

朱子之所以认为不读书会产生身心的疾病，读书本身是一种身心修炼活

动，是因为对朱子来说，读书本来不仅是一种单纯的精神修炼（养心、居敬），同时包含身体的参与，也是一种身体的修炼。他说：

> 学者读书，须要敛身正坐，缓视微吟，虚心涵咏，切己省（一作"体"）察。（《语类》卷十〈学五〉〈读书法下〉）

这里，所谓"敛身正坐"、"缓视微吟"，是对于身体方面的要求，构成真正读书活动的先决条件。另一方面，朱子则认为，熟读精思反过来也会对身体产生一定的影响。他曾说：

> 书只贵读。读多，自然晓。今只思量得写在纸上底，也不济事，终非我有。只贵乎读，这个不知如何，自然心与气合，舒畅发越。（《语类》卷十〈学四〉〈读书法上〉）

所谓"心与气合"、"舒畅发越"，正是读书作为一种身心修炼活动在身体方面产生的积极效果。后来，明末清初的朱子学者陆世仪（字道威，号桴亭，1611—1672）也进一步指出，读儒家经典可以疗疾。他说：

> 凡人遇有微疾，却将闲书、小说观看消遣，以之却病者。虽圣贤往往有此举动，此实非也。闲书、小说，最动心火，不能养心。乃以之养身，可乎？愚谓人有微疾，最当观看理学书，能平心火。心火平，则疾自退矣。（《思辨录辑要》卷九〈修养类〉）

当然，这里的"疾"是指日常生活中身心失调所导致的疾病。事实上，无论传统中医还是现代西方医学理论都已经证明：自私、狭隘、固执、患得患失以及无节制的情绪等等，所有这些我们日常生活中几乎时时刻刻都会涌现的因素，作为"心火"，都会成为人们身体疾病的肇因。阅读儒家经典，正是为了从中汲取身心修炼的道理并付诸实践，从而"平心火"。随着"心火平"，相关的诸"疾"也自然会随之消退。儒家的身心修炼功夫作为一种延年益寿的养生之道，往往为人所忽略。[1] 而在朱子看来，作为身心修炼功夫的经典诠释活动，其实在相当程度上恰恰具有养生的功效。

四、朱子经典诠释中关于身心修炼的话语

将读书本身视为一种身心修炼的功夫，在朱子对于儒家经典的具体诠释活动中有着丰富的表现。朱子对经典的诠释几乎处处不离身心修炼和变化气质的功夫，而这种功夫又与读书密切相关。并且，除了儒家经典的诠释活动之外，与读书密切相关的"身心之学"几乎成为朱子评价一切的一个标准。除了理气、心性等抽象的哲学观念之外，"读书"和"身心"可以说是朱子思想尤其经典诠释话语中最为关键且紧密相关的两个词。[2]

首先，我们来看，在具体诠释"四书"这四部朱子最为重视的儒家经典时，朱子是如何与身心修炼紧密相关的。本章第一部分已经指出，朱子曾指出阅读"四书"时所当遵循的次序，所谓"学问须以《大学》为先，次《论语》，次《孟子》，次《中庸》"。以下，我们就按照《大学》《论语》《孟子》《中庸》的顺序，来观察朱子在其经典诠释中关于身心修炼的话语。

（一）《大学》

朱子解《大学》中"格物"观念时，不离身心修炼。朱子门人廖德明（字子晦，南剑人，1169 年进士，生卒不详）曾记录以下的话：

"格物"二字最好。物谓事物也。须穷极事物之理到尽处。便

1　关于这一点，参见本书第一章。
2　"读书"一词不胜枚举，仅以"身心"两字为例，《语类》中 63 见，《文集》中 73 见。

有一个是、一个非。是底便行，非底便不行。凡自家身心上，皆须体验得一个是非。若讲论文字，应接事物，各各体验，渐渐推广，地步自然宽阔。如曾子三省，只管如此体验去。(《语类》卷十五〈大学二〉〈经下〉)

而在解《大学》中"诚意"观念时，亦不离身心修炼。朱子门人叶贺孙曾记录朱子与门人的如下一段问答：

居甫问："诚意章结句云：'此大学之枢要。'枢要说诚意，是说致知？"曰："上面关着致知、格物，下面关着四五项上。须是致知，能致其知，知之既至，方可以诚得意。到得意诚，便是过得个大关，方始照管得个身心。若意不诚，便自欺，便是小人。过得这个关，便是君子。"又云："意诚，便全然在天理上行；意未诚以前，尚汩在人欲里。"(《语类》卷十六〈大学三〉)

（二）《论语》

在解《论语》时，朱子强调，文字工夫虽然重要，但最终必须落实在身心上体认。朱子门人李壮祖（字处谦，邵武人）曾经两次记录下朱子在解释《论语》中"仁远乎哉"一章时的感叹：

人之为学也是难。若不从文字上做工夫，又茫然不知下手处。若是字字而求，句句而论，不于身心上着切体认，则又无所益。(《语类》卷十九〈论语一〉；《语类》卷三十四〈论语十六〉；《全书》卷十五〈仁远乎哉〉章）

而在解释"兴于诗、立于礼、成于乐"一章时，朱子同样不离身心修炼。门人黄升卿记录了朱子这样的话：

古人学乐，只是收敛身心。令入规矩，使心细而不粗，久久自然养得和乐出来。又曰："诗、礼、乐，古人学时，本一齐去学了，到成就得力处，却有先后。然'成于乐'，又见无所用其力。"（《语类》卷三十五〈论语十七〉）

（三）《孟子》

《孟子》中有所谓"以意逆志"之说，董仁叔曾经就此向朱子发问，朱子的解释是这样的：

此是教人读书之法。自家虚心在这里，看他书道理如何来，自家便迎接将来。而今人读书都是去捉他，不是逆志。（《语类》卷五十八〈孟子八〉）

"求放心"可以说是孟子功夫论的目的，对此后来历代儒者都有解释，程明道甚至认为"圣贤千言万语只是收放心"。朱子也反复提到这一点。在面对门人对此的疑问时，朱子进一步发挥道：

所谓讲学读书，固是。然要知所以讲学、所以读书、所以致知、所以力行，以至习礼习乐、事亲从兄，无非只是要收放心。孟子之意，亦是。为学问者无他，皆是求放心尔。（《语类》卷五十九〈孟子九〉）

这里，朱子显然重在强调读书活动应当在身心修炼的意义上来理解。所谓"身心之学"，目的即是为了"求放心"，也就是要回归于自己内在被遮蔽了的本心。

（四）《中庸》

朱子门人廖德明曾经记录了朱子这样一段问答，其中，我们可以看到，朱子对《中庸》的解释也是将读书与身心修炼紧密相关：

> 问："戒谨恐惧，以此涵养固善。然推之于事，所谓开物成务之几，又当如何？"曰："此却在博文。此事独脚做不得，须是读书穷理。"（《语类》卷六十二〈中庸一〉）

同样将读书作为身心修炼功夫的例子，还可见于朱子门人曾祖道记录的朱子以下这样一段诠释《中庸》中有关"动静"、"中和"的话：

> 存养是静工夫。静时是中，以其无过不及，无所偏倚也。省察是动工夫。动时是和，才有思为，便是动。发而中节，无所乖戾，乃和也。其静时，思虑未萌，知觉不昧，乃复所谓"见天地之心"，静中之动也。其动时，发皆中节，止于其则，乃艮之"不获其身，不见其人"，动中之静也。穷理读书，皆是动中工夫。（《语类》卷六十二〈中庸一〉）

甚至对于《中庸》中"诚者物之终始，不诚无物"这样的话，朱子都以读书为喻加以解释，以指点"诚"的功夫：

> "诚者，物之终始，不诚无物。"诚者，事之终始。不诚，比不曾做得事相似。且如读书，一遍至三遍，无心。读四遍至七遍，方有心。读八遍又无心，则是三遍以下与八遍如不曾读相似。（《语类》卷六十四〈中庸三〉）

> "诚者，物之终始。不诚无物。"如读书，半版以前，心在

书上，则此半版有终有始。半版以后，心不在焉，则如不读矣。
（同上）

除了"四书"这四部朱子最为重视的儒家经典之外，朱子在其经典诠释中强调身心修炼的话语还体现在诸如《周礼》《诗经》甚至《小学》之中。譬如，在与门人讨论《诗经》时，朱子有以下的话：

> 凡先儒解经，虽未知道，然其尽一生之力，纵未说得七八分，也有三四分。且须熟读详究，以审其是非，而为吾之益。今公才看着，便妄生去取，肆以己意，是发明得个甚么道理？公且说人之读书是要将作甚么用？所贵乎读书者，是要理会这个道理，以反之于身，为我之益而已。（《语类》卷八十〈诗一〉）

> 时举说板诗问："'天体物而不遗'，是指理而言；'仁体事而无不在'，是指人而言否？"曰："'体事而无不在'，是指心而言也。天下一切事，皆此心发见尔。"因言读书穷理当体之于身，凡平日所讲贯穷究者，不知逐日常见得在吾心目间否。不然，则随文逐义，赶趁期限，不见悦处，恐终无益。（《语类》卷八十一〈诗二〉）

在讨论《小学》时，朱子尤其指出，身心修炼的功夫应当从小学开始。

> 古者小学已自暗养成了。到长来，已自有圣贤坯模，只就上面加光饰。如今自失了小学工夫，只得教人且把敬为主，收敛身心，却方可下工夫。（《语类》卷七〈学一〉〈小学〉）

并且，对于作为身心修炼的读书活动如何在小学时培养，朱子有详细的说明。清人陈宏谋（字汝咨，号榕门，广西临桂人，1696—1771）编辑的《五种遗规》中有《养正遗规》，是专门用来进行儿童教育的一部著作。[1] 其中，专门收录了朱子的《童蒙须知》。朱子说：

> 凡读书，须整顿几案，令洁净端正，将书册整齐顿放。正身体，对书册。详缓看字，子细分明读之。须要读得字字响亮。不可误一字；不可少一字，不可多一字；不可倒一字。不可牵强暗记，只是要多诵遍数，自然上口，久远不忘。古人云："读书千遍，其义自见。"谓熟读，则不待解说，自晓其义也。余尝谓读书有三到，谓：心到、眼到、口到。心不在此，则眼不看子细。心眼既不专一，却只漫浪诵读，决不能记，记亦不能久也。三到之法，心到最急。心既到矣，眼口岂不到乎？（〈读书写文字第四〉）

朱子提出的"心到、眼到、口到"这读书的"三到"之法，如今仍然广为人知。而从这里朱子所言，我们已经可以明显看到，对于朱子来说，儿童时期的读书活动已经必须是一种身心修炼的活动了。朱子强调"心到"最重要，固然是侧重"心"的方面，但所谓"凡读书，须整顿几案，令洁净端正，将书册整齐顿放"，以及"须要读得字字响亮"，尤其是"正身体，对书册"，也分明包涵了身体的参与。事实上，身心交关一直是儒家功夫论的一个基本立场，身体在道德修养的活动中也历来是一个不可或缺的有机组成部分。[2]

朱子不仅在解释《大学》《论语》《孟子》《中庸》等儒家经典时处处强调读书与身心修炼的紧密关系，即便在解释先贤如二程、张载等人的著作时也是如此。譬如，程子曾说过"心要在腔子里"的话，[3] 对此，朱

1　通行本《五种遗规》除《养正遗规》之外，其余四种分别为《教女遗规》、《训俗遗规》、《学仕遗规》和《在官法戒录》。《养正遗规》成书于乾隆四年（1739），《从政遗规》、《教女遗规》和《训俗遗规》成书于乾隆七年（1742）。通行本之外，尚有一种则将《在官法戒录》替换为陈宏谋乾隆三十四年（1769）所辑的《学仕遗规》。

2　参见本书第一章。

3　语见朱子所编《二程遗书》卷七，但其中未言是明道语还是伊川语。后世录此语者如真德秀《西山读书记》卷三、卷二十五、陆世仪《思辨录辑要》卷七、陆陇其《松阳钞存》卷下、刘宗周《刘蕺山集》卷十一等大都出自朱子，故亦大都泛言"程子曰"。惟《古今事文类聚》〈后集〉卷二十七中注曰为"伊川语录"。《古今事文类聚》共包括〈前集〉六十卷、〈后集〉五十卷、（转下页）

子的解释是这样的：

> 或问："心要在腔子里。"曰："人一个心，终日放在那里去，得几时在这里？孟子所以只管教人求放心。今人终日放去，一个身恰似个无梢工底船，流东流西，船上人皆不知。某尝谓：人未读书，且先收敛得身心在这里，然后可以读书，求得义理。而今硬捉在这里读书，心飞扬那里去，如何得会长进？"（《语类》卷九十六〈程子之书二〉）

《西铭》是张载最为脍炙人口的著作，笔者对其中蕴涵的义理也曾尝试进行诠释。[1] 对于其中的道理，朱子门人陈文蔚（字才卿，上饶人）曾经认为核心是在说"孝"的观念，对此，朱子有如下解释：

> 问："向日曾以〈西铭〉仁孝之理请问，先生令截断横看。文蔚后来见得孝是发见之先，仁是天德之全。事亲如事天，即是孝。自此推之，事天如事亲，即仁矣。'老吾老，幼吾幼'，自老老幼幼之心推之，至于疲癃残疾，皆如吾兄弟颠连而无告，方始尽。故以敬亲之心，不欺暗室，不愧屋漏，以敬其天；以爱亲之心，乐天循理，无所不顺，以安其天，方始尽性。窃意横渠大意只是如此，不知是否？"曰："他不是说孝，是将孝来形容这仁。事亲底道理，便是事天底样子。人且逐日自把身心来体察一遍，便见得吾身便是天地之塞，吾性便是天地之帅。许多人物，生于天地之间，同此一气，同此一性，便是吾兄弟。党与、大小、等级之不同，便是

（接上页）〈续集〉二十八卷、〈别集〉三十二卷、〈新集〉三十六卷、〈外集〉十五卷、〈遗集〉十五卷。据四库馆臣，该书前、后、续、别四集均为宋祝穆撰，新集、外集则为元富大用撰，遗集为元祝渊撰。据此，断为伊川语者，当为祝穆。至于合为一编，则不知始自何人，四库馆臣怀疑为建阳书贾所为。

1　参见彭国翔：《儒家传统——宗教与人文主义之间》（增订版），第二章"万物一体的宗教性人文主义——以《西铭》为中心的考察"，页30—50。

亲疏远近之分。故敬天当如敬亲，战战兢兢，无所不至；爱天当如爱亲，无所不顺。天之生我，安顿得好，令我富贵崇高，便如父母爱我，当喜而不忘。安顿得不好，令我贫贱忧戚，便如父母欲成就我，当劳而不怨。"徐子融曰："先生谓事亲是事天底样子，只此一句，说尽〈西铭〉之意矣。"(《语类》卷九十八〈张子书之一〉)

显然，朱子这里所谓"且逐日自把身心来体察一遍"，也是将自家身心体验在理解儒家经典文本时的重要性具体落实在了他自己对于〈西铭〉的诠释之中了。

除了儒家经典包括先贤著作的诠释之外，在其他方面，"身心之学"也几乎无不构成朱子的一个评价标准。

在评论释氏人物尤其是佛教与儒家功夫的同异时，对朱子来说，身心功夫的差别极为重要。朱子门人郭友仁（字德元，山阳人，寓临安）曾经记录了以下一段朱子与门人之间的问答：

　　问："昔有一禅僧，每自唤曰：'主人翁惺惺着。'《大学或问》亦取谢氏'常惺惺法'之语，不知是同是异。"
　　曰："谢氏之说，地步阔，于身心事物上皆有工夫。若如禅者所见，只看得个主人翁便了，其动而不中理者，都不管矣。且如父子天性也，父被他人无礼，子须当去救他，他却不然。子若有救之之心，便是被爱牵动了心，便是昏了主人翁处。若如此，惺惺成甚道理？向曾览《四家录》，有些说话极好笑，亦可骇。说若父母为人所杀，无一举心动念，方始名为'初发心菩萨'。他所以叫'主人翁惺惺着'，正要如此。惺惺字则同，所作工夫则异，岂可同日而语？"(《语类》卷一百二十六〈释氏〉)

而在评论以往历代人物时，"身心"之学也是一个重要判断标准。如朱子评论韩愈、白居易、欧阳修说：

　　　　退之晚来觉没顿身自己处，如招聚许多人，博塞为戏。所与交
　　　　如灵师、惠师之徒，皆饮酒无赖。及至海上，见大颠壁立万仞，自
　　　　是心服。"其言实能外形骸，以理自胜，不为事物侵乱。"此是退之
　　　　死款。乐天莫年，卖马遣妾，后亦落莫，其事可见。欧公好事金石
　　　　碑刻，都是没着身己处，却不似参禅修养人，犹是贴着自家身心理
　　　　会也。(《语类》卷一百三十七〈战国汉唐诸子〉)

在朱子看来，如果不能以身心之学为本，则儒者甚至不如佛教人士，所
谓"没顿身己处"、"没着身己处"，"却不似参禅修养人，犹是贴着自家
身心理会也"。再如评陆象山，朱子虽然批评其流于禅学，但从身心修
炼的角度来看，朱子则对象山颇为推崇。在〈答刘子澄〉第二书中，朱
子说：

　　　　子静一味是禅，却无许多功利术数。目下收敛得学者身心，不
　　　　为无力。(《文集》卷三十五)

在〈答陈肤仲〉第一书中，朱子更是指出自己门下的缺失，所谓：

　　　　陆学固有似禅处，然鄙意近觉婺州朋友专事闻见，而于自己身
　　　　心全无功夫，所以每劝学者兼取其善，要得身心稍稍端静，方于义
　　　　理知所决择。(《文集》卷四十九)

至于在平时教导门人时，朱子更是不断强调"身心"功夫的重
要性。

　　　　为学最切要处在吾身心，其次便是做事，此是的实紧切处。学
　　　　者须是把圣人之言来穷究，见得身心要如此，做事要如此。天下自

有一个道理在，若大路然。圣人之言便是一个引路底。(《语类》卷一百十四〈朱子十一〉〈训门人二〉)

为学切须收敛端严。就自家身心上做工夫，自然有所得。(《语类》卷一百二十〈朱子十七〉〈训门人八〉)

诸公皆有志于学，然持敬工夫，大段欠在。若不知此，何以为进学之本？程先生云："涵养须用敬，进学则在致知。"此最切要。游和之问："不知敬如何持？"曰："只是要收敛身心，莫令走失而已。今人精神自不曾定，读书安得精专？凡看山、看水、风吹草动，此心便自走失，何以为学？诸公切宜勉此。"(《语类》卷一百二十一〈朱子十八〉〈训门人九〉)

这一类训导门人当以身心之学为本的话，在朱子教训其门人郭友仁说的以下这段话中表示得尤为警策和明确：

今公掀然有飞扬之心，以为治国平天下如指诸掌。不知自家一个身心都安顿未有下落，如何说功名事业？怎生治人？古时英雄豪杰不如此。张子房不问着他说，诸葛孔明甚么样端严？公浙中一般学，是学为英雄之学，务为跅弛豪纵，全不点检身心。某这里须是事事从心上理会起，举止动步，事事有个道理。一毫不然，便是欠阙了他道理。固是天下事无不当理会，只是有先后缓急之序。须先立其本，方以次推及其余。今公们学都倒了，缓其所急，先其所后，少间使得这身心飞扬悠远，全无收拾处。而今人不知学底，他心虽放，然犹放得近。公今虽曰知为学，然却放得远，少间会失心去，不可不觉。(《语类》卷一百十六〈朱子十三〉〈训门人四〉)

并且，读书作为身心修炼功夫的方法和首要步骤，始终为朱子所强调。

刘刚中所录《师友问答》，不见于《语类》，属于朱子佚文。其中有一段朱子与刘刚中的问答，颇能说明这一点。

> 问："人不学，不知道。学在读书上见，道在行事上见，必读书然后可行事与？"先生曰："固也。然学即学其道，非做两截。无论读书，无论行事，恁地皆是道，恁地皆是学。果于经史典籍，潜心玩索，日用云为，细意体察，自能穷天下之理，致吾心之知，岂谈空说玄之谓道、钩深索隐之谓学哉！"[1]

总之，在朱子本人的经典诠释活动中，以及朱子几乎所有的话语中，身心修炼都是落脚点。这一点，当然是朱子毕生学为圣贤的志向所致。如果说"诗言志"的话，那么，这一点在其〈日用自警示平父〉诗中可以说流露无疑，所谓："圆融无际大无余，即此身心是太虚。不向用时勤猛省，却于何处味真腴。寻常应对尤须谨，造次施为更莫疏。一日洞然无别体，方知不枉费功夫。"（《文集》卷六）

五、朱子读书法与基督教圣言诵读的比较

以上，我们论证了经典诠释活动对于朱子来说本身即是一种身心修炼的方法，并指出了朱子本人是如何在其具体的经典诠释活动及其几乎所有的话语中对于身心之学的强调。对于作为身心修炼的经典诠释活动所具有的功夫论意义，我们在第三部分已经有所提揭。其中，笔者已经提到，朱子认为经典诵读具有身心修炼尤其迁善改过的功效，而这与基督教传统中的"圣言诵读法"不无相通之处。在接下来的部分，我们就比较朱子读书法与基督教传统中的"圣言诵读法"，以便对朱子经典诠释活动的功夫论意义予以进一步的说明。

1　束景南辑订：《朱子佚文辑录》，见朱杰人等主编：《朱子全书》（上海：上海古籍出版社；合肥：安徽教育出版社，2002），第26册，页457。

所谓"圣言诵读法"，在拉丁文中的语源是"*lectio divina*"，英文译为"sacred reading"或者"divine reading"，一般认为起源于公元 5 到 6 世纪之间的圣本笃（St. Benedict，480—550），但更早可以追溯到早期教会在沙漠中就已开始的读经方式。[1] 作为一种灵修（spiritual exercise）的传统，"圣言诵读法"一直是本笃会的修士和修女们每天的必修功课。虽然在整个基督教传统中曾经一度衰落，但是晚近却颇有振兴之势。在 2001 年新千年告文中的〈聆听圣言〉部分，教皇特别提到了"圣言诵读法"，并呼吁全体基督教徒认真实践这一被认为是行之有效的方法。他说：

> 如果不再次聆听圣言，显然就无法想象成圣和祈祷的首要性。自从梵二大公会议强调了天主圣言在教会中的重要地位后，人们远比过去更为热心聆听圣言，用心研读圣言。在教会的公开祈祷中，圣经有了理所当然的尊高地位。个人及团体都全面使用圣经，许多平信徒也研读神学和圣经学，以便热心研读圣经。但最重要的，还是借着福音传播和教理讲授，使人再次更加注意天主圣言。亲爱的弟兄姊妹，这个进展必须加强、深入，要确使每个家庭都有圣经。尤其重要的是，在古老且永远真实的圣言诵读（*lectio divina*）传统中，聆听圣言应该成为能给予生命的交会，"圣言诵读"所读的都是圣经中生活的圣言，能够质问、引导并塑造我们的生命。[2]

在基督教传统内部，尽管有人区分了两种"圣言诵读"，即"学术型的圣言诵读法"（the scholastic *lectio divina*）和"修士型的圣言诵读法"（the monastic *lectio divina*），[3] 但是，作为一种大家都接受的灵修方

1　参见 D. Burton-Christie, *The Word in the Desert: Scripture and the Quest for Holiness in Early Christian Monasticism* (New York: Oxford University Press, 1933)。

2　见 http://www.cathlinks.org/pope-novo.htm; http://www.ccccn.org/book/html/33/6585.html 。

3　如 Thomas Keating, "The Ancient Monastic Practice of *Lectio Divina*", *Contemplative Outreach News*, Vol. 12, Number 2: Winter, 1998。但是，即便对 Thomas Keating 来说，也不能否认慢读（*lectio*）、默想（*meditatio*）、祈祷（*oratio*）、静观（*contemplatio*）的不同。Thomas Keating 似乎更 （转下页）

法，无论是私人的行为（private *lectio divina*）还是群体的行为（*lectio divina* shared in community），"圣言诵读法"基本上可以说包括四个环节或步骤：（1）慢读（*lectio*）；（2）默想（*meditatio*）；（3）祈祷（*oratio*）；（4）静观（*contemplatio*）。[1]

"慢读"，是指首先选择一段不太长的圣经经文，慢慢反复诵读，尤其是要读出声来。在诵读的过程中，要集中注意力去聆听和领会经文的涵义。在这一阶段中，重在通过对经文的诵读来完全、彻底地敞开心扉，以便倾听到天主的声音。

"默想"，是指在"慢读"之后，默默仔细回忆诵读经文中的内容。可以将所诵读的经文分成若干部分，并尝试向自己提出以下问题：（1）经文记录了什么事情？如何发展？（2）如今是否有类似的事情发生？（3）在自己认识的人之中是否有人有过类似的经历？向自己的发问，目的是帮助自己对经文内容的反省更为深入。如经文中有若干词句令自己感动，则这些词句自然会牢记心中，从而在生活中反过来对其进一步反省。在这一阶段，重在深入反省天主圣言的内容。

"祈祷"，是指在"慢读"和"默想"之后，在经文内容或者说圣言深入内心的同时，在内心深处向天主祷告。在这一阶段，关键在于以祷告的方式对天主的圣言直接作出自己的响应。

在经历了"慢读"、"默想"和"祈祷"的次第之后，当诵读者的内心深入且充满了圣言并对天主的圣言产生了内在主动的响应和接受之后，诵读者应当进入"静观"的最后阶段。在这一阶段中，由于圣言已经转化为自己的心声，天主已经临在，诵读者此时只需安静地与天主彼

（接上页）强调说，在"修士型的圣言诵读法"（the monastic *lectio divina*）中，这四种不同不像是在"学术型的圣言诵读法"（the scholastic *lectio divina*）中那样是四种渐进的步骤或层次，而是同一个过程中的四种不同的时刻。借用佛教的说法，对 Thomas Keating 来说，大概"学术型的圣言诵读法"是一种"渐法"，"修士型的圣言诵读法"则可以说是一种"顿法"。

1　关于 *Lectio Divina* 产生与发展的历史尤其是四个基本步骤的理论说明，可参见以下三部著作：1. Thelma Hall, *Too Deep for Words: Rediscovering Lectio Divina* (New York: Paulist Press, 1988); 2. Mariano Magrassi, *Praying the Bible: An Introduction to Lectio Divina* (Collegeville: Liturgical Press, 1998); 3. Enzo Bianchi, *Praying the World: An Introduction to Lectio Divina* (Kalamazoo MI: Cistercian Publications, 1998)。

此相处，无需再祈求什么。在单纯的宁静与安详中，诵读者置身于天主面前，完全沐浴在天主的圣爱之内，自己的思想、情感、意愿和生活态度和方式已经获得了彻底的改变和净化。这一最后阶段的关键，是诵读的圣言已经作为一种转化性的改变了诵读者的存在，最终是诵读者活在圣言之中，或者说圣言的教导成为诵读者的生活态度和方式。

概括来说，如果说"慢读"是"聆听圣言"(listening to the word of God)，"默想"是"反省圣言"(reflecting on the word of God)，"祈祷"是"回应圣言"(responding to the word of God)，那么，最后的"静观"就是"体现圣言"(embodying the word of God or becoming the word of God)。我们可以对"圣言诵读法"的整个过程打一个比方："慢读"就仿佛是牛吃草；"默想"和"祈祷"就好像是牛的反刍，把食物吐回嘴中，细细咀嚼；而"静观"则比如是牛吃饱之后躺下休息。当然，休息并不意味着无所事事，反而是一个至关重要的时刻。正是在休息的时候，牛将先前的食物消化吸收，实现了自己整个身体的转化和更新。因此，"静观"之时也就意味着真正基督徒生命诞生的时刻。

对实践"圣言诵读"的基督教人士来说，"圣言诵读"旨在聆听天主的圣言，使自己不要成为"外表是天主圣言空洞的宣讲者，内里却不是天主圣言的倾听者"(《启示宪章六：25》)。他们相信，这种古老而有效的方法能够引领他们以圣言为祈祷的根源，使圣言成为生活的力量，最后引发内心的转变，实现终极性的转化。如果借用理学传统的话来说，即达到"变化气质"的效果而"优入圣域"。

对比这种"圣言诵读法"和前文对于朱子经典诠释活动的讨论，尤其是朱子所理解的作为一种身心修炼功夫的读书法，我们显然很容易发现两者之间的相通甚至相似之处。[1]

---

[1] 尽管并未进行专门和详细的比较研究，但西方也已经有个别学者留意并指出了朱子读书法与基督教圣言诵读法之间的可比性。参见 Daniel Gardner, "Attentiveness and Meditative Reading in Cheng-Zhu Neo-Confucianism", in Tu Weiming and Mary Evelyn Tucker edit, *Confucian Spirituality* II (New York: The Crossroad Publishing Company, 2004), pp.99–119. 其中，对于所谓 "*lectio divina*"，Daniel Gardner 主要的依据在于其文末注释中提到的一篇论文和一本著作，即 Monica Sandor, "Lectio Divina（转下页）

相对于"圣言诵读法"中的"慢读"，朱子在讨论读书法时有相当多类似的说法。"慢读"有两个要点：一是发声，所谓"诵读"，而不仅是单纯的默念式阅读；一是聆听所读的圣言时要采取一种敞开心扉的开放态度。这两点，朱子明确在经典诠释活动中予以提倡。前文已经提到，朱子说过这样的话，所谓"学者读书，须要敛身正坐，缓视微吟，虚心涵咏，切己省（一作"体"）察"，这正可以视为朱子以极其扼要的说法同时概括了"慢读"中的两个要点。如果要分开来略为详说的话，关于发声的诵读，在前引陈宏谋编《养正遗规》中朱子《童蒙须知》〈读书为文第四〉里面，朱子有明确的主张。所谓"口到"之说，即是指此。如果说关于诵读时必须采取完全开放的聆听态度，那么，朱子反复强调的"虚心"之说，也正是与此相合。而"虚心"的目的，也同样是为了让圣人之言深入自己的内心，从而掌握天地之理。所谓：

> 然读书且要虚心平气，随他文义体会，不可先立己意，作势硬说，只成杜撰，不见圣贤本意也。（《文集》卷五十三〈答刘季章〉第十书）

> 人之所以为学者，以吾之心未若圣人之心故也。心未能若圣人之心，是以烛理未明，无所准则，随其所好，高者过，卑者不及，而不自知其为过且不及也。若吾之心即与天地圣人之心无异矣，则尚何学之为哉？故学者必因先达之言，以求圣人之意；因圣人之意，以达天地之理。（《文集》卷四十二〈答石子重〉第一书）

朱子关于读书时要"虚心"的说法，前文征引已多，此处不赘。

如果说"圣言诵读法"中的"默想"重在对经文的专注投入和反复

（接上页）and the Monastic Spirituality of reading", American Benedictine Review 40, No.1, March 1989, pp.82–114; Jean Leclercq, *The Love of Learning the Desire for God: A Study of Monastic Culture* (New York: Fordham University Press, 1982), esp.pp.15–17 and pp.71–86.

体会，如牛之反刍和细细咀嚼一般，那么，我们同样可以发现朱子读书法中颇多共鸣之处。譬如，朱子曾经如此描述如何称得上是"善读书"：

> 读书，须是要身心都入在这一段里面，更不问外面有何事，方见得一段道理出。如"博学而笃志，切问而近思"，如何却说个"仁在其中"？盖自家能常常存得此心，莫教走作，则理自然在其中。(《语类》卷十一〈学五〉〈读书法下〉)

> 读书者当将此身葬在此书中，行住坐卧，念念在此，誓以必晓彻为期。看外面有甚事，我也不管，只恁一心在书上，方谓之善读书。(《语类》卷一百十六〈朱子十三〉〈训门人四〉)

所谓"身心都入在这一段里面，更不问外面有何事"、"自家能常常存得此心，莫教走作"，尤其是第二段"葬身"的比喻，都十分形象地说明了朱子对于读书时专注和投入的强调。至于读书需要反复的体会，朱子也有十分具体的说明。譬如，在如何读《大学》这部朱子一生最为重视的儒家经典时，朱子指出：

> 但看时，须是更将大段分作小段，字字句句，不可容易放过。常时暗诵默思，反复研究，未上口时须教上口，未通透时须教通透，已通透后便要纯熟，直得不思索时此意常在心胸之间，驱遣不去，方是此一段了。又换一段看，令如此。数段之后，心安理熟，觉得工夫省力时，便渐得力也。(《文集》卷五十一〈答黄子耕〉第三书）

这里所谓"暗诵默思，反复研究"，"不思索时此意常在心胸之间，驱遣不去"，都与"圣言诵读法"中"默想"阶段对于经文反复体会的要求如出一辙，甚至连将经文分成若干更小段落以便体会其中涵义的做法都不谋而合。

　　当然，朱子读书法中或许并没有类似于"祈祷"的环节。但是，暂时撒开"祈祷"的具体形式以及对于祈祷对象性质的默认不论（这里显示出圣言诵读法与朱子读书法的不同，以及基督教传统与儒家传统的一些根本差异，详后文），如果"祈祷"的涵义更多地在于对经典中的圣言作出回应，与之彼此契合，那么，朱子读书法中亦颇多此类说法。相关文献前文也已经征引不少，这里我们仅略加补充。譬如，朱子明确指出：

> 读书须是以自家之心体验圣人之心。少间体验得熟，自家之心便是圣人之心。（《语类》卷一百二十〈朱子十七〉〈训门人八〉）

程伊川门人尹和靖曾说："耳顺心得，如诵己言。功夫到后，诵圣贤言语，都一似自己言语"（《语类》卷十〈学四〉〈读书法上〉），对此，朱子极为赞同。此外，朱子也曾经如此描述过自己与儒家经典之中圣人之言"心心相印"的体会，所谓：

> 累日潜玩，其于实体似益精明。因复取凡圣贤之书，及近世诸老先生之遗语，读而验之，则又无一不合。盖平日所疑而未白者，今皆不待安排，自见洒落处。始窃自信，以为天下之理其果在是。而致知格物、居敬精义之功，自是其有所施之矣。（《文集》卷三十二〈答张敬夫〉第四书）

　　事实上，通过读书而实现自己与圣人之心的若合符节，可以说是朱子经典诠释活动的一个基本目标。[1] 而一旦读者与圣人心心相印、吻合无间，"自家之心便是圣人之心"，也就意味着达到"一旦豁然贯通焉，

1　有学者即认为，朱子经典诠释的中心目标在于与圣人之心彼此相合。参见吴展良："符契于圣人之心：朱子以生命解经的过程及其中心目标"，《现代儒学》第一辑（北京：生活·读书·新知三联书店，2016），页101—124。

则众物之表里精粗无不到，而吾心之全体大用无不明矣"(《四书章句集注》之〈大学章句〉)的境界。这种境界达至的同时，自我的整个身心也就获得了彻底的转化。而作为"圣言诵读法"的最后阶段，"静观"所表示的"体现圣言"，其实也正是要反映那种状态，即圣经中的话语最终成为诵读者自己的心声，所谓"活在圣言之中"，由此而来，诵读者实现了存在的终极性转化。

借用余英时先生的说法，如果说西方诠释学的诸多层次大致都可以为朱子所包涵的话，基督教"圣言诵读法"从"慢读"到"静观"的整个次第和过程，在朱子所论述的读书法中也几乎有类似的完整说明。譬如：

> 大抵观书先须熟读，使其言皆若出于吾之口；继以精思，使其意若出于吾之心，然后可以有得尔。(《语类》卷十〈学四〉〈读书法上〉)

这里，从"熟读"到"精思"再到最终"有得"，也正是一个从"聆听圣言"到"活在圣言之中"的过程。

除了上述实践步骤方面的相似性之外，就其性质与实践的效果而言，朱子读书法和"圣言诵读法"还有以下两点类似之处。

首先，前文已经论证指出，在朱子看来，他所理解的读书或经典诠释活动不同于一般世俗的经典研读。前者本身是一种身心修炼的方式，为的是成就圣贤人格。后者则要么以"多知"为能，"博"而不能归之于"约"，缺乏作为终极关怀的"一贯之道"，等而下之者更将经典学习作为谋求功名富贵的敲门砖。前文提到的朱子对于"道学"和"俗学"的区别，关键即在于此。与此相较，对于基督教传统内部人士来说，在"圣言诵读法"和"圣经研究"(Bible Studies)之间，也存在着类似的区别。后者也可能未必没有信仰的投注，也有助于"圣言诵读"时对于圣经内容的理解，但一般情况下更多地却是一种知识性的学习。而"圣言诵读"之所以不同于"圣经研究"甚至"圣经阅读"(scriptures reading），在于它本身是一种实现存在的终极性转化的方式，而不是为了博学多知。[1] 如果"宗教"的本质即在于一种终极性的转化之道，[2] 那么，"圣言诵读"首先是一种宗教性的实践方法，而不是一种以"认知"为核心的哲学思辨。正是在这个意义上，我们可以说朱子的经典诠释与基督教的圣言诵读在实现各自目标的形式上存在着一定的相似性。借用老子所言，朱子的经典诠释与基督教的圣言诵读都是"为道"，而一般单纯知性意义上的儒家经典研究和基督教圣经研究则是"为学"。

其次，前文也已指出，对朱子而言，作为身心修炼方式的读书或经典诠释活动具有一种身心治疗的意义。而在许多基督教人士看来，实践"圣言诵读法"也同样可以达到身心治疗的效果。譬如，Mary C. Earle 曾经出版一部有关"圣言诵读"与疾病治疗的著作。Mary C. Earle 本人长期疾病缠身，但是，通过日常生活中定期不懈的"圣言诵读"实践，她最终战胜了病魔。通过自己真实的生命经验，Mary C. Earle 以现身说法的方式向世人证明了"圣言诵读"是如何起到身心滋养的治疗效果的。并且，她也对"圣言诵读"的理论与实践进行了具体的论述。[3] 事实上，在基督教传统内部，具有类似 Mary C. Earle 那样经验的人士，的确为数不少。哈佛大学科学史教授 Anne Harrington 曾经特别从西方传统医学史以及宗教史的角度探讨了身心关系的密不可分。[4] 如果"圣言诵读"可以使人获得精神—心理层面的转化，那么势必也会相应在人的身体方面产生治疗和滋养的效果。

不过，朱子读书法与基督教圣言诵读法之间既有相通与相似之处，更存在着根本的差异。并且，这种差异不在于两种方法同样作为身心修

1　关于"圣言诵读"与"圣经研究"以及一般"圣经阅读"的不同，参见 Thomas Keating, The Ancient Monastic Practice of *Lectio Divina*, *Contemplative Outreach News*, Vol. 12, Number 2: Winter, 1998。

2　以"终极性的转化之道"来界定"宗教"，参见 Frederick Streng, *Understanding Religious Life* (Belmont, Calif.: Wadsworth, 1985)。

3　Mary C. Earle, *Broken body, Healing Spirit: Lectio Divina and Living with Illness* (New York: Morehouse Publishing, 2003)。

4　Anne Harrington, *The Cure Within: A History of Mind-Body Medicine* (New York: W. W. Norton and Company, 2008)。

炼的具体实践活动本身，而在于其背后对于经典性质与经典言说者身份以及更为基础的世界观和宇宙论的一整套不同的理解。

对于朱子本人以及朱子读书法的实践者而言，儒家经典是"圣人之言"的记载，这是中文中"圣经"的本来涵义。对于基督教传统而言，无论是《新约》还是《旧约》，"Bible"都是"天主（或上帝）之言"的记录。无论"圣人之言"还是"天主之言"，二者显然都具有神圣性。作为"圣书"，不论是儒家的"圣经"还是基督教的"Bible"，其实都可以说是个人与绝对或终极实在（不论是"天道"还是"上帝"）相通的桥梁与中介。在宗教学的意义上来看待儒家的经典，将其作为"scriptures"而不仅仅是"classics"，在西方至少学术界如今也早已司空见惯。[1] 但是，对于朱子读书法的实践者和基督教圣言诵读法的实践者来说，"圣人"和"天主"却具有截然不同的身份，[2] "圣人之言"与"天主之言"也具有不同的性质。就朱子乃至整个儒家传统而言，圣人无论如何气质清明，都毕竟是"人"。正因为圣人是人，因而是"可学而至"的。所谓"人皆可以为尧舜"这一历代儒家普遍接受的命题，正是圣人可学而至这一观念的反映。在本体论的意义上，普通人与圣人并无不同。晚明发展出"满街都是圣人"的观念，并非偶然。由于圣人与每一个人具有本体论意义上的同质性，与圣人之心心心相印，实际上就是一个发现并回归自己本心的过程。通过经典诠释活动而与圣人相遇，实际上也就是自己内在最真实自我的呈现。与此相对，就基督教传统来说，"天主"则是与人类根本不同的存在。即便是投生人间的耶稣基督，也并非人类。因此，对基

1　关于什么是宗教意义上的经典，即所谓"scripture"，W. C. Smith 在其 *What is Scripture? A Comparative Approach*（Minneapolis: Fortress Press, 1993）一书中有所讨论。其中，有专章（第八章）讨论中国经典尤其儒家经典是否可以理解为"scripture"的问题。此外，Rodney Taylor 对儒家经典作为"scripture"的意义也有较为充分的讨论，参见 Rodney Taylor and Frederick Denny 合编的 *The Holy Book in Comparative Perspective*（Columbia, S. C.: University of South Carolina Press, 1985）以及 Rodney Taylor 的 *The Religious Dimensions of Confucianism*（Albany: SUNY Press, 1990）, Chapter 2。

2　Daniel Gardner 也已经指出，这两者的根本不同，使得通过儒家经典诠释所获得的"与圣人合一"的经验与通过基督教经典诠释所获得的"与天合一"的经验具有极为不同的内涵。见其 "Attentiveness and Meditative Reading in Cheng-Zhu Neo-Confucianism", in Tu Weiming and Mary Evelyn Tucker edit, *Confucian Spirituality* II, pp.114–115。

督徒来说，不可能存在"人皆可以为耶稣基督"这样的观念。换言之，对朱子读书法的实践者来说，我们不仅可以通过经典诠释活动来聆听"圣人之言"，同时可以效法"圣人"。身心修炼的最终目标就是要使自己成为圣人一样的理想人格。对于基督教圣言诵读法的实践者来说，我们虽然可以通过"慢读"、"默想"、"祈祷"和"静观"这一系列的步骤而步步上升，从聆听"天主之言"到"活在圣言之中"并"与天主同在"，但"天主"却始终不可能是我们成为的对象。

此外，通过朱子读书法聆听"圣人之言"，最终会发现，"圣人之言"其实就是自己内在"本心"、"良知"的声音，"圣人之言"与自己原初的"良知的呼唤"本来是一种声音。而通过基督教圣言诵读法来聆听"天主之言"，最终会发现，"天主"的声音越是深入我们的心中，我们越是会感到这种声音的外在超越性。我们尽管可以完全接受"天主之言"并全身心地加以信守，但"天主之言"不可能是我们自己所能够产生的"心声"，而必有待于"启示"。简言之，对朱子读书法的实践者甚至整个儒家人士而言，"圣言"与"人言"在终极的意义上本来具有同一性。程明道所谓"天人本无二，不必言合"（朱子编《二程遗书》卷六）的名言，也可以在这个意义上来理解。但对于基督教圣言诵读法的实践者乃至整个基督教传统来说，"圣言"与"人言"之间则始终存在着一条不可逾越的鸿沟。

因此，就经典的性质而言，在朱子读书法和基督教圣言诵读法之间，甚至可以说在整个儒家传统与基督教传统之间，便存在着理解上的根本不同。尽管对于朱子来说，经典本身具有神圣性，但读书或经典诠释活动最终的结果其实应当是认识"本真的自我"，所以有圣人不过是"先得我心之同然"的说法。[1] 心学一脉之所以会发展出轻视经典的倾向，

1　朱子在首先肯定"圣人先得我心之同然者"的同时，充分注意到了轻视经典所可能产生的流弊。对于经典神圣性和工具性意义二者的兼顾，充分体现在以下朱子的言论之中。所谓："简策之言，皆古先圣贤所以加惠后学，垂宪无穷，所谓先得我心之同然者，将于是乎在。虽不可一向寻行数墨，然亦不可遽舍此而他求也。"（《文集》卷四十二〈答吴晦叔〉第十二书）

正是与这种对于经典性质的基本理解有关。在这个意义上，经典只是身心修炼的桥梁或中介，而并非身心修炼的目标和归宿。我们前文已经指出，在这一点上，朱子与心学一脉其实并无不同。所不同者，只在于朱子格外强调读书或经典诠释活动本身即是一种身心修炼的方式，是因圣人之言而知天地之理并最终使"本真的自我"得以建立的必由之路。本心呈现与本真自我建立的同时，也就意味着圣人人格的成就。与此相较，基督教圣言诵读的最终结果却是认识"他者"。尽管经典也可以说是桥梁和中介，但这种桥梁和中介通向的并非自我内在的本心和良知，而是一个外在和超越的天主或上帝，并非回归于本真的自我。作为"他者"的天主或上帝与经典诵读者之间并没有本质的同一性。就此而言，对于经典也就不会产生那种"六经皆我注脚"的观念。由于天主或上帝是全然外在和超越的"他者"，作为天主或上帝之言的记载，基督教的经典始终是一种来自外部而非内发性的力量与权威。

前面提到，朱子读书法或经典诠释的最后阶段是"一旦豁然贯通焉，则众物之表里精粗无不到，而吾心之全体大用无不明矣"，由此"自家之心便是圣人之心"。基督教圣言诵读法最后阶段的"静观"，所导致的结果是"活在圣言之中"与"体现圣言"。二者都意味着人们通过经典而获得了自身存在的终极性转化。但是，进一步来看，对于朱子读书法的实践者和圣言诵读法的实践者来说，甚至扩展到对于整个儒家和基督教这两大传统内部的经典诠释实践者来说，双方在实践最后阶段所获得感受或者说获得的对于整个世界、宇宙的认识，却可以说是截然异趣的。扼要而言，对于朱子所代表的儒家传统来说，经典诠释最终产生的是"万物一体"的世界观和宇宙论以及对此的真实感受。[1] 甚至就连一直可以追溯到孟子"万物皆备于我"的心学一脉中大量存在的神秘体验，[2] 有很多其实都是在那些儒者极为专心和投入地默读或诵读儒家

---

[1] 对于儒家"万物一体"观涵义的分析，参见彭国翔：《儒家传统——宗教与人文主义之间》（增订版），第二章"万物一体的宗教性人文主义——以《西铭》为中心的考察"，页30—50。

[2] 关于宋明儒学中尤其心学一脉神秘体验的问题，参见陈来：〈心学传统中的神秘主义问题〉，见陈来：《有无之境——王阳明哲学的精神》（北京：人民出版社，1991），〈附录〉，页390—415。

经典以求与"己心"印证的情况下发生的。最有代表性的王阳明"龙场悟道"，正是王阳明在极为专注的状态下于心中反复、深入体会以往所学儒家经典的结果。所谓"乃以默记五经之言证之，莫不吻合"（《年谱一》〈武宗正德三年戊辰先生三十七岁〉条下）。而所有那些神秘体验或"悟道"的一个共同之处，正是对于"万物一体"真实不虚的感受。[1] 而对于圣言诵读所代表的基督教传统来说，经典诠释最终导致的则是"上帝之城"与"世俗之城"两分的世界观以及"无中生有"（creatio ex nihilo）的上帝创世的宇宙论。即使是"体现圣言"与"活在圣言之中"所导致的那种感受，也首先是对于天主与诵读者本人之间异质性（heterogeneity）的根本差别的自觉。英文中之所以用"union with God"而非"identity with God"来描述那种在"体现圣言"与"活在圣言之中"情况下产生的"与神合一"，正是由于这一前提。当然，我们或许也可以反过来说，正是由于儒家"万物一体"的世界观和"一气周流"的宇宙论，以及基督教"上帝之城"与"世俗之城"两分的世界观和"无中生有"的宇宙论，使得儒家经典与基督教经典的诠释者们各自分别产生了两种极为不同的感受和体验。

六、结语

自现代学术建立以来，在西方的学术分类体系之下，儒学往往更多的是被纳入到"哲学"这一学科之下来研究的。作为儒家传统中最具理性主义特征的朱子，大概就更是如此了。如果统计迄今为止对于朱子的研究，恐怕绝大部分的专著和论文都属于哲学的门类。[2] 但是，除了"哲学"这一向度（dimension）之外，儒家传统显然还具有其他的向度，

1　用现代的语言来说"万物一体"，即是所谓"存有的连续"（the continuity of being）。参见 Tu Wei-ming, The Continuity of Being: Chinese Versions of Nature, *Confucian Thought: Selfhood as Creative Transformation* (Albany: SUNY Press, 1985), pp.35–50。

2　参见吴展良编：《朱子研究书目新编 1900—2002》（台北：台湾大学出版中心，2005）。

譬如政治的、宗教的，等等。在这一点上，朱子也不例外。譬如，余英时先生就曾经从政治文化的角度揭示了朱子"哲学"之外"政治"的向度。[1] 而这一向度，在以往有关朱子的研究中是多有忽略的。同样，从与宗教学更加相关的"功夫论"的角度来考察朱子，也应当是朱子研究的题中之义。因为无论朱子的思想还是实践，其中的确有一些内容不易纳入"哲学"的范围而属于"宗教学"的领域。事实上，尽管为数不多，但毕竟已经有学者注意到了朱子思想和实践中那些属于"宗教学"的成分。[2]

笔者曾经指出，如果我们认识到，基于亚伯拉罕传统（Abrahamic tradition）的"宗教"（religion）只是"分殊"，而"宗教性"（religiousness, religiosity）才是"理一"，并且，宗教的本质在于"宗教性"，其目的在于"变化气质"，使人的现实存在获得一种终极性、创造性的自我转化，那么，以"修身"为根本内容，为追求"变化气质"并最终成为"大人"、"君子"、"圣贤"提供一整套思想学说和实践方式（"功夫"）的儒家传统，显然具有极强的宗教性而完全具有宗教的功能。只不过较之西亚一神教的亚伯拉罕传统，儒家"大人"、"君子"以及"圣贤"境界的达成不是从人性到神性的异质跳跃，而是人性本身充分与完美的实现而已。通过本章的考察，我们可以看到，作为一种身心修炼的方法，朱子的读书法或经典诠释，在功夫论的意义上，正显示了儒家传统不同于以基督教为代表的亚伯拉罕传统的那种独特的宗教性。

在如今西式教育遍及全球，学科分类越来越细，"道术已为天下裂"的时代，试图不采用现有西方学术的分类体系而回到传统"旧学"的方法来研究儒学，恐怕是既不可能亦不可取的。儒学固然不能简单地仅仅

1　参见余英时：《朱熹的历史世界——宋代士大夫政治文化的研究》（台北：允晨文化公司，2003；北京：生活·读书·新知三联书店，2004）。

2　譬如以下的研究成果：1. 陈荣捷："朱子之宗教实践"，载陈荣捷：《朱学论集》（台北：台湾学生书局，1982），页181—204；2. 田浩（Hoyt C. Tillman）："朱熹的鬼神观与道统观"，载钟彩钧主编：《朱子学的开展——学术篇》（台北：汉学研究中心，2002），页247—261；3. Julia Ching（秦家懿），*The Religious Thought of Chu His* (Oxford and New York: Oxford University Press, 2000)。

划归为"哲学"、"历史"、"政治学"、"宗教学"以及其他相关人文与社会学科之中的某一种，而是同时兼具这些学科的各个向度和特征。但正因为如此，"哲学"、"历史"、"宗教"等相关的人文和社会学科便都可以成为观察儒家传统的视角。一个研究儒家传统的学者如果能够兼通不同学科的方法而交互为用，当然难能可贵。但通常的情况下，儒学研究更需要不同学科背景的研究者分工合作、相互取益，彼此之间"相济"而不"相非"。[1] 如此庶几方可以得儒学研究之整全。对于朱子的研究，笔者认为，我们自然也应当同样具有这一意识。

《庄子》中有所谓"混沌"的故事，而如今我们运用"哲学"、"历史"、"宗教"等等这些现代西方学术意义上的各种方法来研究儒学或整个传统的中国学术，所面临的问题或者说所应该达到的目标，或许正是要在既给"混沌""开窍"的同时，又使其"不死"，并获得如同"凤凰涅槃"一样的新生。当然，如果"功夫论"原本属于"中国哲学"的题中应有之义，不必为狭义的西方"philosophy"尤其是近代以来以知识论为中心的西方"philosophy"的观念所限，那么，即便我们不在"哲学"之外另辟"宗教学"以为观察的视角，朱子的读书或经典诠释活动作为一种身心修炼的功夫实践，正如本章的考察所示，其涵义也是十分清楚而毋庸置疑的。

1　"相济"、"相非"之语借自周汝登（字继元，号海门，1547—1629）所作〈九解〉之〈解一〉。所谓"教本相通不相违，语可相济难相非"。

第七章
"一念之微"
——王龙溪的致良知功夫论

本章提要

　　"一念之微"是王龙溪思想中一个非常重要的观念。基于"本念"与"欲念"、"正念"与"邪念"的区分，龙溪晚年反复强调的一念功夫具有丰富的思想内涵。当"念"作为"本念"与"正念"时，"一念之微"的功夫便基本上相当于其"心体立根"的先天正心之学。这时，作为良知心体直接发动之端倪与萌芽的"一念之微"，龙溪又称之为"几"。一念功夫于是相应展开为"知几"、"庶几"与"审几"的功夫。当"念"作为"欲念"与"邪念"时，"一念之微"的功夫便相当于后天的诚意功夫。但由于"念"构成"意"的最小单位和瞬时状态，较之一般意义上的诚意功夫，用力于"一念之微"的诚意功夫又更为深邃绵密。因此，作为一体两套的完整的致良知功夫论，龙溪的一念功夫不仅在自己的思想系统内统合了着力于良知心体的先天正心功夫和用力于经验意识的后天诚意功夫，更使得王阳明以诚意为中心的致良知功夫论得到了进一步的深化。

一、引言

对于王阳明之后中晚明阳明学的发展来说，思想理论方面最为核心的人物是王龙溪（名畿，1498—1583）。王龙溪的功夫论既能顺着王阳明固有的功夫论取径而做出"调适上遂"的推进，又能够代表整个阳明学功夫论中最为精微和周密的表述。王龙溪的致良知功夫论，包括其"先天正心之学"和有关"一念之微"的功夫论。而关于"一念之微"的功夫论，又可以说更是其功夫论完整和最具特色的部分。透过王龙溪的功夫论，整个阳明学功夫论内部的诸多细微之处，几乎都可以得到掌握。

王龙溪的"先天正心之学"，以"心体立根"为本质内容，以"无中生有"为特有的实践方式。在龙溪看来，较之王阳明那种以"诚意"为中心的功夫论，先天正心之学也有其相当的优越性。[1] 不过，在龙溪"一念之微"的功夫论中，可以说将"先天正心之学"与"后天诚意功夫"统了起来。就此而言，由于功夫实践的着力点落在了主导人们日常行为的意识活动的每一个瞬时状态，即所谓"一念之微"，如此一来，儒家身心修炼的功夫便更加深邃绵密、不容有丝毫的躲闪。

在王阳明的论学问答中，已有数处提到"念"这一观念，如《答顾东桥书》中有云：

> 夫良知之于节目时变，犹规矩尺度之于方圆长短也。节目时变之不可预定，犹方圆长短之不可胜穷也。故规矩诚立，则不可欺以方圆，而天下之方圆不可胜用矣；尺度诚陈，则不可欺以长短，而天下之长短不可胜用矣；良知诚致，则不可欺以节目时变，而天下之节目时变不可胜用矣。毫厘千里之谬，不于吾心良知一念之微而

---

1 参见彭国翔：《良知学的展开——王龙溪与中晚明的阳明学》（增订版），页93—120。

察之，亦将何所用其学乎？[1]

从语脉来看，阳明这里的"一念之微"是指良知初发后的细微状态，是一种真诚的意识，不同于一般脱离本心的有善有恶的意念。而在《传习录下》中，阳明与陈九川（字惟浚，号明水，1494—1562）还专门讨论过"念"的问题：

> 九川（陈明水）问："近年因厌泛滥之学，每要静坐，求屏息念虑。非惟不能，愈觉扰扰，如何？"先生（阳明）曰："念如何可息？只是要正。"曰："当自有无念时否？"先生曰："实无无念时。"曰："如此却如何言静？"曰："静未尝不动，动未尝不静。戒慎恐惧即是念，何分动静？"曰："周子何以言'定之以中正仁义而主静'？"曰："无欲故静，是'静亦定，动亦定'的'定'字，主其本体也。戒惧之念是活泼泼地。此是天机不息处，所谓'维天之命，于穆不已'，一息便是死。非本体之念，即是私念。"[2]

此处的"戒惧之念"和上述"一念之微"一样，都是作为良知心体的直接发用，也就是阳明所谓的"本体之念"，而脱离了良知心体的经验意识，则即是所谓"私念"。另外，阳明在《传习录下》答黄直（字以方，嘉靖二年进士）问时，还有"念念致良知"的说法：

> 人心是天渊。心之本体无所不该，原是一个天。只为私欲障碍，则天之本体失了。心之理无穷无尽，原是一个渊。只为私欲窒塞，则渊之本体失了。如今念念致良知，将此障碍窒塞一齐去尽，则本体已复，便是天渊了。[3]

---

1 王守仁：《传习录中》，《王阳明全集》（上海：上海古籍出版社，1992 年 12 月第 1 版），页 50。

2 王守仁：《王阳明全集》，页 91。

3 王守仁：《王阳明全集》，页 95—96。

不过,尽管在阳明的话语中我们已经可以解读出"念"的不同意义,但"念"在阳明处并未成为一个确定的概念,阳明并未经常针对"念"进行讨论,只是在不同的语境下使"念"自然连带出相关的涵义。但龙溪对阳明心中隐含的意思显然深有体会,在通行的整部《王龙溪先生全集》中,"一念之微"、"一念之初机"、"一念独知之微"、"一念之良"以及"一念独知"等围绕"一念"的说法,至少有八十多处,其中尤以"一念之微"(或"一念入微")的说法最为频繁。嘉靖四十三年(1564)甲子,六十七岁的龙溪在所作《书顾海阳卷》中指出:

> 古人之学,惟在理会性情。性情者,心之体用,寂感之则也。然欲理会性情,非可以制于中而矫饰于外,其要存乎一念之微。人心本自中和,一念者,寂感之机也。致谨于一念之微,则自无所偏倚,无所乖戾,中和由此而出。中则性定,和则情顺,大本立而达道行,发育万物,峻极于天,以收位育之全功,圣学之的也。(《王龙溪先生全集》卷十六)

隆庆三年(1569)己巳夏,七十二岁的龙溪应曾同亨(号见台,1533—1607)之邀聚会武林(今杭州),在临别时,曾见台提出了有关"有念无念"的问题,龙溪回答说:

> 念不可以有无言。念者,心之用,所谓见在心也。缘起境集,此念常寂,未尝有也,有则滞矣。缘息境空,此念常惺,未尝无也,无则槁矣。克念谓之胜,妄念谓之狂。圣狂之分,克与妄之间而已。千古圣学,惟在察诸一念之微,故曰一念万年,此精一之传也。(《王龙溪先生全集》卷十六《别曾见台漫语摘略》)

而在八十岁时写给李渐庵的两封书信中,龙溪同样提到了要从一念入微处作功夫。龙溪在《答李渐庵》第一书中说:

《易》曰：贞吉悔亡，悔生于动。自信良知，直心而发，天则在我，是谓贞吉而悔亡。譬之日月之明，自然往来，未尝有所动也。才涉安排，即为憧憧。万起万灭，众欲相引而来，是为朋从尔思，非自然之往来也。试于默作反观时，密加体究，动与不动，只从一念入微处决之，此乃本心寂然之灵枢，非可以意识承领而得也。（《王龙溪先生全集》卷十一）[1]

在《答李渐庵》第二书中，龙溪又说：

吾人此生干当，无巧说，无多术，只从一念入微处讨生死，全体精神打并归一，看他起处，看他落处。精专凝定，不复知有其他。此念绵密，道力胜于业力，习气自无从而入，杂念自无从而生。此是端本澄源第一义，所谓宗要也。（《王龙溪先生全集》卷十一）

相似的例子还有很多，且龙溪在晚年与友人的通信中，几乎每封信中都有强调从一念之微处用功的说法，我们在此不必赘引。现在的问题是，龙溪既然自觉地将"念"作为一个明确的概念加以使用，那么，"念"在龙溪处究竟有何涵义？并且，龙溪既然认为"千古圣学，惟在察诸一念之微"，将从一念入微处做功夫视为"端本澄源第一义"的"宗要"以及良知作用的"自然之往来"，那么，龙溪的一念功夫与其先天正心之学又构成何种关系呢？

二、一念功夫的涵义

（一）念与意

《念堂说》是龙溪对"念"的涵义说明最为详细的一篇文字，龙

溪说：

> 人惟一心，心惟一念。念者，心之用也。念有二义：今心为
> 念，是为见在心，所谓正念也；二心为念，是为将迎心，所谓邪
> 念也。正与邪，本体之明，未尝不知，所谓良知也。念之所感谓之
> 物，物非外也。心为见在之心，则念为见在之念，知为见在之知，
> 而物为见在之物。致知格物者，克念之功也，见在则无将迎而一
> 矣。正心者，正此也；修身者，修此也。……孟子曰：必有事焉，
> 而毋正，心毋忘毋助长也。必有事者，念念致其良知也；毋忘者，
> 毋忘此一念之谓也；毋助者，无所意必，以无念为念之谓也。(《王
> 龙溪先生全集》卷十七)

和论述先天正心之学一样，龙溪仍然是在《大学》的语脉中关联着
"心"、"知"、"物"来规定"念"的。这里，龙溪将"念"视为"心"
的发用，心与念构成一种体用关系。所谓"念者，心之用也"。而在前
面征引隆庆三年龙溪答曾同亨之问中，也同样有"念者，心之用"的说
法。我们在前面已经提到，阳明是将"意"作为心之所发的，这可以说
是阳明学中对"心""意"关系的一个基本规定。龙溪无疑继承了这一
讲法，因而在万历五年（1577）丁丑为徐阶（字子升，号存斋，1503—
1583）所作的《原寿篇赠存斋徐公》中，龙溪有"意者，心之用"(《王
龙溪先生全集》卷十四）的话头。如果再关联于物来看的话，阳明学的
另一个基本命题是"意之所在为物"，而龙溪此处认为"念之所感谓之
物"。这样看来，同样作为"心之用"，念与意应当是具有同一指谓的两
个概念。更为明显的是，龙溪在嘉靖六年（1527）丁亥夏"天泉证道"
时所谓"若悟得心是无善无恶之心，意即是无善无恶之意，知即是无善
无恶之知，物即是无善无恶之物"，[1] 作为其著名的四无论的重要组成部

---

1 王畿：《王龙溪先生全集》卷一《天泉证道记》、卷二十《刑部陕西司员外郎特诏进阶朝列大夫致仕
绪山钱君行状》。同样内容亦见《传习录下》，《王阳明年谱》。

分，至少已为治理学者所耳熟能详，而我们将这段话与上引《念堂说》中所谓"心为见在之心，则念为见在之念，知为见在之知，而物为见在之物"相对照，立刻会发现两者在句式上的对应与一致之处。四无论中的"心、意、知、物"在《念堂说》中变成"心、念、知、物"，"无善无恶之心"、"无善无恶之意"、"无善无恶之知"与"无善无恶之物"则变成"见在之心"、"见在之念"、"见在之知"与"见在之物"。四无论的具体内容及其思想史意义，此处不赘。[1] 这里提出这一对照的意义，在于进一步说明"念"与"意"在龙溪思想中的同义性。

　　不过，龙溪晚年对一念之微的大量与反复论说，显然意味着念在内涵上并不完全等同于意。同样是心的发用，意是从整体上对于意识的指谓，而念则侧重于心在每一个瞬时发动所产生的意识状态。如果说意是从心这个原点所发出的一条线，念则是这条在线的每一个点。或者说，意偏重于指心的整体运作过程，而念则指示着这一运作过程中的每一个瞬间状态。在这个意义上，念与意作为心的发动虽无本质的不同，但念却构成意的最小单位。如果从一念之微上用力，则功夫的展开无疑会更为严密。龙溪所谓"全体精神打并归一，看他起处，看他落处。精专凝定，不复知有其他。此念绵密，道力胜于业力，习气自无从而入，杂念自无从而生"，正反映了在一念之微上"念念致其良知"的道德实践功夫的细致入微。也恰恰是在这个意义上，隆庆二年（1568）龙溪应蔡国熙（号春台，嘉靖三十八年进士，生卒不详）之邀至苏州讲学答诸生问格致之旨时便指出："大学之要，在于诚意，其机原于一念之微"（《王龙溪先生全集》卷五《竹堂会语》）。但是需要说明的是，由此我们并不能得出这样的结论：一念之微的功夫即是诚意的功夫，只不过前者是后者的细密化。因为如果是这样，我们就很难理解：龙溪在相对于诚意功夫而提出其先天正心之学并以后者为根本的情况下，为什么还会一再强调一念入微的工夫是"端本澄源第一义"的"宗要"。这是龙溪思想的

---

[1]　参见彭国翔：《良知学的展开——王龙溪与中晚明的阳明学》（增订版），第四章，页 166—224。

矛盾之处？还是龙溪在功夫论的问题上思想前后发生了变化？

（二）正念与邪念、本念与欲念

由我们对龙溪先天正心之学的检讨来看，对先天正心之学立足于良知心体与后天诚意之学着眼于意识的澄治，以及二者在功夫论中的不同定位，龙溪有明确的分疏。因而龙溪显然不可能在其功夫论上发生如此的矛盾。而我们在仔细检阅龙溪的思想材料时会发现，尽管龙溪在晚年的论说（尤其与友人的通信）中比较频繁地使用"一念之微"的表达方式，但强调要立足于良知心体的先天正心之学，也始终是龙溪功夫论的一贯宗旨。因此，也并不能说龙溪晚年又回到了以诚意为功夫着重点的立场。这里的关键在于：强调于"一念之微"处用力的一念功夫，其实并不仅仅是诚意功夫的细密化，因为在龙溪处，"念"实际上并不只是一般意义上有善有恶的经验意识。

在《念堂说》中，龙溪已经提出了"正念"与"邪念"的区分。正念是所谓"今心为念"的"见在心"，邪念是所谓"二心为念"的"将迎心"。在嘉靖四十四年（1565）乙丑的留都之会中，龙溪也曾对李遂（字邦良，号克斋，1504—1566）说：

> 吾人之学，不曾从源头判断得一番。本念与欲念，未免夹带过去。此等处，良知未尝不明，到本念主张不起时，欲念消煞不下时，便因循依阿，默默放他出路。(《王龙溪先生全集》卷四《留都会纪》)

"本念"与"欲念"，是"正念"与"邪念"的另一种表达方式。"今心为念"，是指顺应良知心体的直接发动所产生的念头。"见在心"中的"心"也只是笼统的讲法，并不是指作为良知心体本身的"本心"，而是指良知心体在经验意识中直接与当下的细微呈现，"见在心"实际上是指"见在念"。这里的"见在"与龙溪"见在良知"中的"见在"具有同样的含义。作为良知心体在经验意识中的直接与当下呈现，这时的念头是一种与良知心体同质的真诚的意识状态。因而称之为"正念"、"本念"。"二心为念"，则是指由于受到后天习染的干扰，不能作为良知心体的直接与当下发用所产生的念头。"将迎心"更不是指本心，实际上说的是"将迎念"。而作为偏离了良知心体的经验意识，这时的念头是一种有善恶夹杂、能所区别的细微经验意识，即所谓"邪念"、"欲念"。在阳明学的思想系统内，"邪念"与"欲念"并不单指违反道德法则的经验意识；不能顺应良知心体之自然而有所造作执着的一般经验意识，也可以纳入到"邪念"与"欲念"的范围之内。在这个意义上，作为"邪念"与"欲念"的"念"，又和龙溪有关良知与知识的讨论中所谓的"知识"具有相同的属性。[1]

（三）念与良知

就整个理学传统而言，将念视为一般有善恶夹杂的经验意识的瞬时状态，是较为通行的理解，如刘蕺山（名宗周，字起东，号念台，称蕺山先生，1578—1645）便将念严格限定在经验意识的层面，并不存在"正念"、"本念"的问题。而龙溪对"正念"、"本念"与"邪念"、"欲念"的区分，却并不是偶然的话头。对"正念"、"本念"的强调，构成龙溪有关"一念之微"论说的重要方面。龙溪在《书查子警卷》中曾说：

> 千古圣学，只有当下一念。此念凝寂圆明，便是入圣真根子。时时保守此一念，动静弗离，便是缉熙真脉路，更无巧法。（《王龙溪先生全集》卷十六）

在给赵锦（字符朴，号麟阳，1516—1591）的《赵麟阳赠言》中也曾说：

---

[1]　参见彭国翔："中晚明阳明学的知识之辨"，《中国学术》，2002 年第 2 期（总第 10 期），页 248—277。

> 盖吾人本心，自证自悟，自有天则。握其机，观其窍，不出于一念之微。率此谓之尽性，立此谓之至命。譬之明镜照物，鉴而不纳。妍媸在彼，而镜体未尝有所动也。敛而不滞，纵而不溢，此千古经纶无倚之实学。了此便是达天德，意识云乎哉？（《王龙溪先生全集》卷十六）

这里所谓的"凝寂圆明"的"一念"与"一念之微"，显然不是有善恶夹杂、既"纵"且"溢"的一般经验意识，因此龙溪所谓"意识云乎哉"，便直接将前者与后者明确区别开来。

我们已经看到，当龙溪强调在"正念"与"本念"的意义上作"一念之微"的功夫时，龙溪的话语表达与其有关先天正心之学的论述相当一致。而如果我们再关联于龙溪有关"见在良知"的说法，考虑到"见在良知"正是指良知在经验意识中直接与当下的呈现，那么，作为"见在心"的"正念"与"本念"，显然非常接近"见在良知"的概念。如果说二者之间仍有区别的话，"见在良知"尽管也表现为经验意识，即所谓"知觉"，但相对而言侧重在此知觉的所以然之本体；作为"见在心"的正念与本念，尽管其本体即是良知心体，但侧重在良知心体的发用状态。从"体用一源，显微无间"的角度来看，二者实具有本质上的同一性，作为"正念"与"本念"的"一念之微"可以说就是良知，否则，龙溪不会在"心体立根"的意义上谈从"一念之微"处做功夫。因此，"见在良知"与"正念"、"本念"之间的区分可以说是极其细微的。

龙溪在《趋庭谩语付应斌儿》曾对其子王应斌说：

> 夫今心为念。念者，见在心也。吾人终日应酬，不离见在。千绪万端，皆此一念为之主宰。念归于一，精神自不至流散。如马之有辔衔，操纵缓急，自中其节也；如水之有源，其出无穷也。圣狂之分无他，只在一念克与妄而已。一念明定，便是缉熙之学。一

念者无念也，即念而离念也。故君子之学，以无念为宗。然此非
见解所能臆测、气魄所能承当，须时时从一念入微，归根反证，
不作些子漏泄。动静二境，了然不生。有事时主宰常寂，自不至
逐物；无事时主宰惺惺，自不至着空。时时习静，察识端倪，冷
然自照，自然畅达，自然充周。譬之悬镜空中，万象毕照，而无
一物能为障碍。才欲觅静，谓之守静尘，非真静也。此中人以上
境界，非一蹴所能至，（然）舍此亦无别路。（《王龙溪先生全集》
卷十五）

　　龙溪有关一念功夫的这段话，与其先天正心之学的描述相当一致。
其中，龙溪使用了"端倪"一词。作为"正念"与"本念"的"一念之
微"，正可以说是良知心体在刚刚开始发动而尚未形成固定意识时的端
倪与萌芽。这一点端倪与萌芽因为是良知心体最初的发动，显然尚未受
到任何后天物欲的习染。事实上，龙溪正有"最初无欲一念"、"最初一
念"的讲法。隆庆二三年（1568—1569）间，龙溪在留都（南京）应姜
宝（字廷善，一作惟善，号凤阿，1514—1593）、周怡（字顺之，号讷
溪，1505—1569）之请为国子监诸生讲《易》时说：

　　夫天地灵气，结而为心。无欲者，心之本体，即伏羲所谓干
也。刚健中正纯粹精，天德也。有欲则不能以达天德。元亨利贞，
文王演之以赞干之为德。有此四者，非有所加也。元亨主发用，利
贞主闭藏。故曰元亨者，始而亨者也。利贞者，性情也。天地灵
气，非独圣人有之，人皆有之。今人乍见孺子入井，皆有怵惕恻隐
之心，乃其最初无欲一念，所谓元也。转念则为纳交要誉、恶其声
而然，流于欲矣。元者始也，亨通利遂贞正皆本于最初一念，统天
也。最初一念，即易之所谓复。复见其天地之心。意必固我有一
焉，便与天地不相似。颜子不失此最初一念，不远而复。才动即
觉，才觉即化，故曰颜子其庶几乎？学之的也。（《王龙溪先生全集》

卷五《南雍诸友鸡鸣凭虚阁会语》）[1]

如果说良知心体是原点，顺应良知心体所发的真诚无伪的意识是一条线，则作为"最初无欲一念"的那"一念之微"，就可以说是这条在线最接近原点而又并非原点本身的那一点。颜子因为能够不失此最初一念，稍有偏离，便立刻回到此最初一念，所以其功夫可以称之为"庶几"。而这作为良知心体萌芽与端倪的"一念之微"，龙溪的确又称之为"几"。

（四）几

"几"的观念来源于《易·系辞》，所谓"夫易，圣人之所以极深而研几也。唯深也，故能通天下之志；唯几也，故能成天下之务"。周敦颐（字茂叔，称濂溪先生，1017—1073）也有关于"几"的论述，所谓"诚，无为；几，善恶"（《通书·诚几德第三》），"寂然不动者，诚也；感而遂通者，神也；动而未形，有无之间者，几也。诚精故明，神应故妙，几微故幽。诚、神、几曰圣人。"（《通书·圣第四》）龙溪以良知心体的最初发动处为几，则以阳明为根据。《传习录下》载阳明答人问至诚前知云：

> 诚是实理，只是一个良知。实理之妙用流行就是神，其萌动处就是几。诚神几曰圣人。圣人不贵前知。祸福之来，虽圣人有所不免。圣人只是知几，遇变而通耳。良知无前后，只知得见在的几，便是一了百了。[2]

阳明不仅将良知的萌动处称为"几"，其所谓"见在的几"这一说

---

1 案：原文中未载何年，然姜宝、周怡于隆庆二年至三年分别任南京国子监祭酒和司业，故南雍凭虚阁之会或在隆庆二、三年间。
2 王守仁；《王阳明全集》卷三，页109。

法，更进一步说明，龙溪将作为"见在心"的"一念之微"视同见在良知，实有其思想发展的必然。

聂双江（名豹，字文蔚，号双江，1487—1563）虽然私淑阳明，并于嘉靖十四年（1535）乙未在苏州由龙溪和钱德洪（字洪甫，号绪山，1496—1574）共证称阳明门生，但双江的运思始终受到朱子分寂感、已发未发为二这种二元论思维方式的制约，因而双江总觉得龙溪所讲的致良知功夫落在发用上，未能真正落实到良知心体本身。在与聂双江论辩的《致知议辩》中，龙溪指出：

> 周子云："诚神几曰圣人。"良知者，自然之觉，微而显，隐而见，所谓几也。良知之实体为诚，良知之妙用为神，几则通乎体用，而寂感一贯。故曰：有无之间者，几也。（《王龙溪先生全集》卷六）

龙溪这里的讲法完全以上引阳明的说法为根据。"几"虽然侧重良知的发用，但在一元论的思维方式下，体用相通，寂感一贯，则良知即可以说就是"几"。而将"几"视为"有无之间者"，正说明作为一念之微的"几"是良知心体呈露端倪而尚未形成固定意识的最初发动状态，也就是那"最初无欲一念"。

由于在龙溪处"几"便可以说是良知心体，因此和强调于一念入微处做功夫相一致，致良知功夫也就是"几"上的功夫。于此"几"之前或之后寻找功夫的着力点，在龙溪看来均不免有病。龙溪在《周潭汪子晤言》中指出：

> 予惟君子之学，在得其几。此几无内外，无寂感，无起无不起，乃性命之原，经纶之本，常体不易而应变无穷。譬之天枢居所而四时自运、七政自齐，未尝有所动也。此几之前，更无收敛；此几之后，更无发散。盖常体不易，即所以为收敛，寂而感也；应变

无穷，即所以为发散，感而寂也。恒寂恒感，造化之所以恒久而不已。若此几之前更加收敛，即滞，谓之沉空；此几之后更加发散，即流，谓之溺境。沉与溺，虽所趋不同，其为未得生机，则一而已。……夫沉空者，二乘之学也；溺境者，世俗之学也。周潭子不为世俗之学，断然信之，但恐二乘之学其辨尤微，高明者或有所滞而未之觉耳。若能于动而未形、有无之间者察之，以究其毫厘之辨，则生机常在我而气自克，千古经纶之术，尽于此矣。（《王龙溪先生全集》卷三）

龙溪在《别言赠沈思畏》中，有一段类似于上引《周潭汪子晤言》的话。其中，龙溪借用《易·系辞》的说法将这种在"几"上用力的功夫称为"研几"。龙溪说：

予谓千古惟在归一。极深云者，即其几而深之。非研几之前，复有此段作用也。吾人感物，易于动气，只是几浅。几微故幽，微者，深之谓也。惟其几深，故沉而先物，自不为其所动，而其要存乎一念独知之地。若研几之前复有此段作用，即为世儒静而后动之学，二而离矣。颜子未尝不知，未尝复行，以其早觉也。才动即觉，才觉即化，故曰颜氏其庶几乎？（《王龙溪先生全集》卷十六）

而除了颜子"庶几"之外，研几的功夫还包括"知几"与"审几"。龙溪在《致知议略》中指出：

良知者，无所思为，自然之明觉。即寂而感行焉，寂非内也；即感而寂存焉，感非外也。动而未形，有无之间，几之微也。动而未形，发而未尝发也。有无之间，不可以致诘。此几无前后，无内外。圣人知几，贤人庶几，学者审几。故曰几者动之微、吉之先见者也。知几故纯吉而无凶；庶几故恒吉而寡凶；审几故趋吉而避

凶。过之则为忘几，不及则为失几。忘与失，所趋虽异，其为不足以成务均也。（《王龙溪先生全集》卷六）

圣人的"知几"即是"即本体以为工夫"，意味着始终立足于良知的端倪上；贤人的"庶几"是指像颜子那样"才动即觉，才觉即化"，意识稍有偏差便立刻有所察觉而立刻回到良知端倪本身；学者的"审几"则是指意识虽然不断地偏离良知心体，但良知心体并未完全隐没，而是还能够在意识不断偏离的同时不断觉醒，从而对偏离良知心体的念头加以审查，在"知善知恶"的基础上"为善去恶"，在"频失频复"的过程中回归良知的端倪。因此，无论怎样的研几功夫，最终都是要求把握住良知心体初发的端倪。而龙溪指出研几功夫"其要存乎一念独知之地"，也再次显示出"几"和"一念之微"的同一性。二者都是指良知心体发动的最初端倪，在体用一源的意义上也都可以说就是良知心体。

牟宗三先生认为：龙溪之"几"不合《易传》与《通书》原意，并将本属感性层的"几"上提到了与"诚"、"神"并列的超越层上，于是感性层与超越层、形而下与形而上混淆，造成大错，知几、庶几、审几的工夫意亦随之不显。[1] 而根据我们以上的分析，龙溪恰恰是自觉地不将"几"归为感性层面的"意之动"，而将其规定为良知心体的初发端倪。[2] "知几"、"庶几"、"审几"也都可以说是心体立根的先天功夫。牟宗三先生之所以不许龙溪将"几"视为超越层者，关键在于他认为只有在感性层的意识上才可以谈功夫，所谓"在几上用功并不错。然而现成具足者（即人心之真体用）并无工夫意。如何恢复此具足者才是工夫。"[3] 但龙溪"即本体以为工夫"的关键，正是要说明良知心体的呈现本身即是"无工夫中真工夫，不着力中大着力"，即是最为究竟的功

1　参见牟宗三：《从陆象山到刘蕺山》，页 296—302。

2　冈田武彦也认为龙溪的"几"可以相当于陈白沙所说的"端倪把柄"，见冈田武彦：《王阳明与明末儒学》（上海：上海古籍出版社，2000），吴光、钱明、屠承先译，页 111。

3　牟宗三：《从陆象山到刘蕺山》，页 229。

夫。[1] 并且，龙溪这种对"几"的理解，在当时整个阳明学者中也并非个别现象。

罗念庵（名洪先，字达夫，号念庵，1504—1564）在《答陈明水》中说：

> 周子言几，必先以诚，故其言曰："诚，无为；几，善恶"。又曰："寂然不动者，诚也，感而遂通者，神也"。而后继之以几。夫不疾而速、不行而至者谓之神，故曰"应而妙"；不落有无者谓之几，故曰"幽而微"。夫妙与幽不可为也，惟诚则精而明矣。盖言吾心之应，似涉于有矣，然虽显而实微，虽见而实隐，有近于无。以其有无不形，故谓之几。"几善恶"者，言惟几故能辨善恶，犹云"非几即恶焉耳"。必常戒惧，常能寂然，而后不逐于物，是乃所谓"研几"也。[2]

王时槐（字子植，号塘南，1522—1605）在《唐曙台索书》中也说：

> 寂然不动者诚，感而遂通者神，动而未形、有无之间者几。此是描写本心最亲切处。夫心一也，寂其体，感其用，几者体用不二之端倪也。当知几前别无体，几后别无用，只几之一字尽之。希圣者终日干干，惟研几为要矣。[3]

罗念庵与王塘南均是二元论的思维方式，因此二人的思想自不同于龙溪。念庵还与龙溪多有辩难。但以上二人对"几"的解释，却显然可

1　牟先生其实敏锐地看到并指出良知心体对于诚意功夫之所以可能的根源与决定意义。所谓"说诚意是工夫底着落处，这只是说意之动是问题底所在，而解决问题底根据，即诚意所以可能底超越根据，却在良知"；以及"而致良知工夫所以可能之根据亦正在良知本身，并不是把良知空摆在那里而绕出去取一套外在的工夫以致那良知"。《从陆象山到刘蕺山》，页229。只是牟先生不认为对良知心体本身可言功夫。

2　黄宗羲：《明儒学案》（北京：中华书局，1985）卷十八《江右王门学案三》，页397。

3　黄宗羲：《明儒学案》，卷二十《江右王门学案五》，页490。

以作为龙溪之"几"的注脚。

三、一念功夫的意义

（一）一念与正心

由以上的讨论可见，在"念"作为"正念"与"本念"的意义上，从作为良知心体端倪的"一念之微"与"几"处做功夫，其实也就等于心体立根的先天正心之学，二者之间的区别微乎其微。因为良知心体在整个心学传统中始终不只是静态的道德法则，而同时又是动态的实践机制。况且，强调体用、寂感、已发未发之间的整体一贯，也始终是阳明学的一贯原则与基本思维方式。因此，即使作为"意"的最小单位，由于作为"正念"与"本念"的"一念之微"和"几"是良知心体最初发动的端倪，即所谓"最初无欲一念"，龙溪晚年对一念功夫的强调，便无疑并不意味着从主张先天正心之学回到了后天诚意功夫的立场。"一念之微"的功夫论与先天正心之学之间，显然有其统一性在。

如果我们明白了在一念之微处做功夫与心体立根这二者之间的一致性，对于前引龙溪在《念堂说》中的所谓"以无念为念"，以及在《趋庭谩语付应斌儿》中所谓的"一念者无念也，即念而离念也。故君子之学，以无念为宗"，相信也应当会有恰当的了解。禅宗六祖惠能（638—713）《坛经·定慧品第四》中有这样的话：

> 善知识！于诸境上心不染，曰无念；于自念上，常离诸境，不于境上生心。若只百物不思，念尽除却，一念绝即死，别处受生，是为大错。学道者思之！若不识法意，自错犹可，更劝他人？自迷不见，犹谤佛经。所以立无念为宗。[1]

---

[1] 《坛经》有不同的版本，不同版本的文字表述也有诸多差异，本章所引据流通最广的元宗宝本。但不论各种版本，"无念"都是其中的一个重要观念。有关《坛经》各种版本的演变，可参阅印顺：《中国禅宗史》（上海：上海书店，1992），第六章"坛经之成立及其演变"，页237—280。

荷泽神会（686—760）以"灵知真性"（真心）为宗的如来禅或许未必合于惠能的祖师禅，[1] 但他也说：

> 但自知本体寂静，空无所有，亦无着住，等同虚空，无处不遍，即是诸佛真如身。真如是无念之体，以是义故，立无念为宗。若见无念者，虽具见闻见知觉而常空寂，即戒定慧一时齐等，万行具备，即同如来知见，广大深远。[2]

因此，劳思光先生便认为龙溪将良知宗旨混同禅门宗旨。[3] 然而，就像龙溪谈良知之无一样，借用佛教常用的用语，并不表示全然接受该用语原有的内涵。尽管从时间的先后来看，"无念为宗"的话的确出自惠能，甚至"一念"本来也是佛教中常用的概念，如天台宗"一念三千"中的一念指当下现实的妄念，《大乘起信论》中的一念指本觉的灵知等，但根据我们前面的分析可见，虽然于佛教不无所取，龙溪却显然是在立足儒学基本立场的前提下对"念"的内涵有自己的规定。事实上，与其先天正心之学中"无中生有"的功夫论意涵相应，[4] 龙溪所谓的"无念"、"离念"，与其对"何思何虑"的解释相一致，其实并不是要取消念头本身，正如阳明答陈明水时所谓"实无无念时"、"一息便是死了"，而是意味着念的产生与作用要自然而然，就像良知的活动那样"如空谷之声，前无所来，后无所往"，不要滞而不化，形成良知心体"虚以适变，寂以通感"的障碍。龙溪在《念堂说》中以"无所意必"来界定"以无念为念"，正说明了这一点。

进一步来说，禅宗的无念也不是要取消念头，所谓"一念绝即

---

1 此据牟宗三先生说。见牟宗三：《佛性与般若》（下），《牟宗三先生全集》，第4册，页1051—1084。

2 神会：《神会和尚禅话录·坛语》（北京：中华书局，1996），页10。

3 参见劳思光：《中国哲学史》（台北：三民书局，1981），三册下卷，页458。

4 参见彭国翔：《良知学的展开——王龙溪与中晚明的阳明学》（增订版），页108—118。

死"，[1] 而是类似于"好恶无所作"的"毋意必固我"；龙溪在境界论的意义上对"无"的发挥也的确有取于佛教"应无所住而生其心"（《金刚经》）的智慧，但即使如此，在存有论的意义上来看，无论是念的内涵还是一念功夫，龙溪与禅佛教均有本质的不同。前者以至善而真实不虚的良知心体为"最初一念"的内容规定，一念功夫在"修齐治平"的展开过程中，必然指向"以万物为一体"的经世之学；后者则以"缘起性空"为基调，一念的本性亦非实有，而是空寂性本身，由此展开一念功夫的终极归趋，必然是天地万物同归寂灭的涅槃清净之境。前者以"人文化成"为终极关怀，后者以"舍离"为基本宗旨，无论怎样"即世间"，最终还是要"出世间"。

最后必须说明的是，我们在看到龙溪一念功夫与其先天正心之学具有一致性的同时，更要看到二者的不同之处。只有在"正念"与"本念"的意义上，在作为"几"的"一念之微"上用功，才可以说相当于先天正心功夫，但如果"念"是作为"邪念"与"欲念"时，一念之微的功夫便显然不再是心体立根的先天功夫，这时在一念入微处做功夫，则委实又回到了对后天经验意识加以澄清对治的后天诚意功夫。不过，这仅仅是简单的回复吗？从一念之微入手的诚意功夫与一般意义上的诚意功夫是否有所不同呢？

（二）一念与诚意

在王龙溪的思想中，"念"与"意"都是指人的意识状态与活动。不过，作为"意"的最小单位，"念"强调的是意识的每一个瞬间状态。从一念之微处做念念致良知的功夫，也就是要对意识的每一个瞬时状态加以反省，检讨此时的"念"是否偏离了良知心体。就"念"是"心之所发"来看，如果我们将整体的经验意识划分为构成这一整体意识的每一瞬间状态的"念"，那么，理论上说，每一念的产生并不是前一念的

1　参见印顺：《中国禅宗史》，第八章第三节"无念"部分的讨论，页358—370。

结果，而都应当是由心而发。最初发动的一念自不必论，随后的每一念都应当是重新回到良知心体这一原点之后再发出，即心→念→心→念→心→念……这样一个不断的过程。如此则正念、本念绵绵不绝，整个意识之流便完全表现为"诚"的状态，这时也就等于是心体立根功夫的不断展开。

但在实际上，除了"最初无欲一念"之外，每一个念头的发生都不免受到前一念头的影响，未必能够回到良知心体之后再发出，如此形成心→念→念→念……这样一种念念相续的情况。一旦其中的一念受到后天物欲的习染，如此念念相续，不能回到良知心体，则无疑会渐行渐远，"邪念"、"欲念"形成整体意识的惯性运作，终至良知心体隐没不彰而麻木不仁的境地。而如果能在一念之微上做功夫，以良知心体"知善知恶"的判断力严格审查每一个念头，稍有偏失，立刻再以良知心体"为善去恶"的决断力斩断念念相续的因果之链，使之回到良知心体的原点，也仍然最终可以保持整体意识的真诚。

我们前面部分征引过龙溪《答李渐庵》第二书，以说明龙溪对一念之微的强调。在此，我们不妨再较为详细地引用这封书信的相关内容，看看龙溪如何进一步描述了这种在一念之微上做功夫的情形：

> 吾人此生干当，无巧说，无多术，只从一念入微处讨生死，全体精神打并归一，看他起处，看他落处。精专凝定，不复知有其他。此念绵密，道力胜于业力，习气自无从而入，杂念自无从而生。此是端本澄源第一义，所谓宗要也。若持念不坚，散缓浮动，道力为业力所胜，勉强支持，杂念谴而愈增，习气廓而愈扰，所谓泥里洗土块，实无有清脱时也。然道力业力本无定在，相胜之机，存乎一念。一念觉与不觉耳。不觉则非昏即散，才觉则我大而物小，内重而外自轻，此持衡之势也。(《王龙溪先生全集》卷十一)

这封信和前面所引《答李渐庵》第一书都是龙溪八十岁所作，可以视为其晚年定论。其中所谓"道力为业力所胜"便是指念头的发生不能始终回归良知心体的原点，而是在前念影响后念的情况下，形成"杂念谴而愈增，习气廓而愈扰"的念念相续的局面。但"道力业力本无定在"，一念觉，便意味着此念恢复到了良知心体，而念念觉，每一念的发动便始终以良知心体为根据。龙溪经常举颜子"才动即觉，才觉即化"的例子，也不外是指示这样一种在一念之微上做功夫的情形。由此看来，在念的意义上做诚意的功夫，就使得对后天经验意识的澄治更为深邃严密。而一念之微的诚意功夫，显然构成一般而言诚意功夫的深化。

（三）先后天功夫的统一

这样看来，龙溪在晚年所格外强调的一念功夫，实际上是先天正心之学与后天诚意之学的统一。先天正心之学与后天诚意之学这两套功夫都可以收摄到一念之微的实践上。当每一念都能够作为良知心体直接与当下的发动，则每一念都是"最初无欲一念"，都是作为良知心体端倪与萌芽的"几"，这时的一念功夫实无异于"心体立根"，"即念而离念"与"以无念为念"也不过是"无中生有"的另一种表述方式。当经验意识受到后天物欲的干扰而偏离了良知心体，这时的一念功夫就是要对经验意识加以澄治的诚意之学。只不过从一念之微入手的诚意功夫是深入到经验意识作用的每一个瞬时状态，依赖良知心体本身的力量截断念念相续的意识之流，使之回到良知心体，作为良知心体的直接与当下发用再次呈现到经验意识的"见在"之中。于此能"精专凝定"，形成"正念"与"本念"的念念相续，则这一念入微的诚意功夫便又转化成了"心体立根"的先天功夫。如此一来，在"一念之微"这一概念中，先天正心之学与后天诚意之学的关系，便不再像龙溪提出其先天学时那样显得相对较为对立，而是在彼此可以相互转化的基础上获得了融合无间的统一。一念觉，意识便回到了良知心体，心体立根的功夫当下可以展开；一念不觉，意识便脱离了良知心体，此时便需要对意识加以澄治的诚意功夫。

龙溪在《答殷秋溟》第二书中说：

> 凡与圣，只在一念转移之间。似手反复，如人醉醒。迷之则成
> 凡，悟之则证圣。迷亦是心，悟亦是心，但时节因缘有异耳。(《王
> 龙溪先生全集》卷十二）

所谓"迷亦是心，悟亦是心，但时节因缘有异耳"，就是指迷与悟都是念的表现，只不过迷是邪念、欲念作祟，悟是正念、本念做主。而在这一念转移之间，人的生命存在与心灵境界便发生了极大的不同，正所谓"迷之则成凡，悟之则证圣"。而对于先天正心之学与后天诚意之学在一念功夫中的统一，龙溪在《水西别言》中有明确的表示：

> 千古圣学，只从一念灵明识取。只此便是入圣真脉路。当下保
> 此一念灵明，便是学；以此触发感通，便是教。随事不昧此一念灵
> 明，谓之格物；不欺此一念灵明，谓之诚意；一念廓然，无有一毫
> 固必之私，谓之正心。直造先天羲皇，更无别路。此是易简直截根
> 源，知此谓之知道，见此谓之见易，千圣之密藏也。(《王龙溪先生
> 全集》卷十六）

而在应和蔡汝楠（字子木，号白石，1516—1565）的《次白石年兄青原论学韵》一诗中，龙溪同样对作为良知端倪的一念功夫做出了形象的描述：

> 合辟生往来，一念自昭彻。念中本无念，已发即未发。妄念斯
> 为失，克念斯谓得。此念无动静，往来同日月。(《王龙溪先生全集》
> 卷十八）

当然，龙溪对于"一念之微"的强调，有时会更多地倾向于作为"正念"、"本念"与"几"来说，尤其是将一念关联于"独知"、"灵明"而言时更是如此。这不仅由于先天正心之学毕竟在阳明功夫论所涵问题的基础上提出，反映了龙溪功夫论的特定取向，更为重要的是，即使在诚意功夫中，也必须首先回到良知心体本身，在把握到自身良知心体真实存有的前提下，诚意功夫才能够得以展开。意之所以能"诚"，仍然是依靠良知心体的力量。龙溪之所以念兹在兹地反复要求"信得良知及"，要求心体立根，正是因为对此有着高度的自觉。

第八章
"究竟功夫"的一致追求与多途分化
——阳明学功夫论的演变与形态

本章提要

　　王阳明身后,功夫论的思考与实践在中晚明的阳明学中获得了充分的发展。和朱子后学有所不同,阳明后学的功夫论既有沿着王阳明精神方向的进一步展开,如王龙溪所代表的,也有不同于王阳明思想的其他形态,从而呈现出了丰富多彩的样态。不过,在这些多途分化的功夫理论与实践之中,却存在着对于一种究竟功夫的一致追求。本章首先指出王阳明之后不同阳明后学在功夫实践问题上的一致追求,进而具体考察在此一致追求基础上不同功夫论形态的多途分化,并分析产生多途分化的原因。依本章之见,在体用观上一元论与二元论的不同思维方式,是造成阳明后学功夫论产生分化的重要原因。二元论体用思维方式之下的功夫论,可以说是阳明学话语形式下的朱子学形态,其后果是逐渐从阳明学内部产生了脱离阳明学传统的典范,尽管那种新典范并非简单地回归朱子学。

一、引言

在阳明学中，"良知"是本体，如何"致良知"是功夫。而无论是对于良知本体还是致良知功夫，阳明后学都有进一步的展开。阳明后学对于良知本体的不同理解，笔者已有分析。[1] 对于以王龙溪为代表的阳明学功夫论的内涵与特点，我们在前一章也专门进行了考察。本章则要对阳明后学在如何致良知这一功夫论问题上的演变趋势和不同形态，做出整体的观察和分析。

对中晚明不同阳明学者的功夫论，海内外学界已积累了一定的研究成果。首先要提到的是日本学者冈田武彦"王门三派"的说法。[2] 冈田先生认为中晚明的阳明学大体可以分为以王龙溪、王艮（字汝止，号心斋，1483—1541）为中心的现成派（左派）、以聂豹（字文蔚，号双江，1487—1563）、罗洪先（字达夫，号念庵，1504—1564）为中心的归寂派（右派）以及以邹守益（字谦之，号东廓，1491—1562）、欧阳德（字崇一，号南野，1496—1554）为中心的修证派（正统派）。现成派由于持现成良知之说，抛弃或轻视功夫；归寂派与修证派虽然不同，但都强调在真切的功夫中去追求良知本体。[3] 冈田先生虽然没有明确专门从功夫论的角度立言，但其三派的划分其实是认为现成派专从本体入手，并无真正的功夫论可言，对功夫论的研究只能着眼于归寂派与修证派。

中国大陆学界较为通常的观点是首先区分本体派与功夫派或者现成

1　参见彭国翔："良知异见——中晚明良知观的分化与演变"，《哲学门》2001 年第 2 期，页 88—103。

2　荒木见悟（1917—2017）也是研究明代阳明学的大家，其《明代思想研究》（东京：创文社，1988）、《明末宗教思想研究——管东溟の生涯とその思想》（东京：创文社，1979）和《阳明学の开展と佛教》（东京：研文社，1984）等，都是阳明学研究的重要著作。但荒木先生侧重深入的个案与专题研究，似乎并未从整体上对阳明学划分类型、区别流派。之所以如此，也许也是认为那种方法难以曲尽阳明学的丰富内涵。

3　冈田武彦：《王阳明与明末儒学》（吴光，钱明、屠承先译，上海：上海古籍出版社，2000），页 103—105。

派与功夫派两大系统，然后在两大系统内部再作进一步的划分。这一做法的基本预设也是认为本体派或现成派专从本体入手，不讲或忽略功夫，并无真正的功夫论，真正不同的功夫主张体现在功夫派这一系统内部更进一步的区分上，如包括聂双江、罗念庵、刘文敏（字宜充，号两峰，1490—1572）的所谓"主静派"，包括邹东廓、季本（字明德，号彭山，1485—1563）、刘狮泉在内的所谓"主敬派"以及包括钱德洪（字洪甫，号绪山，1496—1554）、欧阳南野、张元忭（字子荩，号阳和，1538—1588）在内的"主事派"等。[1] 显然，这种观点可以说是从冈田武彦三派说中发展而来。

当然，无论是冈田先生还是以上所举大陆学者的观点，对功夫论都是持较为狭义的看法。但是，从我们对王龙溪功夫论的研究可见，[2] 无论我们对功夫论持广义还是狭义的理解，即无论是否将"即本体以为功夫"视为一种功夫，龙溪显然都有一套完整而严密的功夫理论。因此，以上的观点将龙溪、心斋、罗汝芳（字惟德，号近溪，1515—1588）、周汝登（字继元，号海门，1547—1629）等人排除于功夫系统之外，认为他们都因相信现成良知而取消功夫，不免未能得其底蕴而有失片面。

港台学界较有代表性的是唐君毅先生的看法。[3] 唐先生认为阳明后学的功夫论可以概括在"悟本体即功夫"与"由功夫以悟本体"这两种基本类型之下。龙溪、心斋、近溪等人属于前者，钱绪山、季彭山、邹东廓、聂双江、罗念庵等人属于后者。而在这两种基本类型之下，每个人还可以再区分不同的形态。[4] 唐先生能够正视龙溪等人"悟本体即功

1　如钱明："王学流派的演变及其异同"，《孔子研究》第六期，1987；屠承先："阳明学派的本体功夫论"，《中国社会科学》第六期，1990。

2　参见本书第七章或《良知学的展开——王龙溪与中晚明的阳明学》（增订版）第三章。

3　牟宗三在《从陆象山到刘蕺山》一书中对阳明后学的发展也有深入的研究，但牟先生主要以是否符合阳明思想为标准而对阳明后学采取一种判教式的研究，并未从功夫论的角度加以考察。且牟先生虽然称赞龙溪之学对阳明能有"调适上遂"的发展，但似乎也不太能正视龙溪"即本体以为功夫"的功夫论意义。

4　参见唐君毅：《中国哲学原论·原教篇——宋明儒学思想之发展》（台北：学生书局，1990），第十三至十六章。

夫"其中的功夫论意义，这是其有进于前两种观点之处。

以上诸说的确揭示了中晚明阳明学功夫论的某些方面，也为我们进一步的研究提供了不可或缺的基础。不过，这些对中晚明阳明学功夫论的观察，都是基于对中晚明阳明学不同学派的划分。可是，在目前个案与专题研究仍嫌不足的情况下，学派的划分往往难以曲尽不同学者丰富的思想内容，甚至不免削足适履，无法反映思想史的真实面貌。因此，我们这里不求对中晚明不同阳明学者的功夫论再进行那种以划分学派为基础的研究，而是要首先指出中晚明阳明学在功夫论问题上追求究竟功夫的一致趋向，然后再根据一元论与二元论体用思维方式的不同这一视角，对这种一致趋向中的分途之处略加提示。当然，对于以往基于流派划分的诸多研究，我们这种考察的方式并非提出某种修正，而毋宁说是希望提供又一种观察问题的角度，为以往的研究增加一个新的理解层面。

二、究竟功夫的追求

从朱子到阳明，理学的功夫论有一个由外到内的转换过程。正如由本书第六章对朱子读书法的讨论可见，虽然以外向性指称朱子的功夫论未必能尽其全，但朱子心、理不一的前提和格物穷理的路数，也的确包含一种导致"义外"的可能性与向外用力的知性倾向。阳明自幼有以学圣贤为第一等事的志业，但朱子指示的门径却未能产生良好的效果，反而误导出十五、六岁时格竹子的一幕。经由龙场之悟，阳明确立了"心即理"的第一原则，并通过将"物"规定为一种意向性中的意义结构，使得"格物"功夫由外在对象的探求，转化为内在意识的范导。如此，功夫的着力点便由"物"内收到"意"。但是，正如我们曾经指出的，虽然对阳明来说"功夫到诚意始有着落处"，而诚意功夫之所以可能，又需要预设良知心体的先在性，站在心学的立场上，良知心体是最终的决定机制。在阳明"诚意"与"致知"功夫之间所蕴涵的问题，正是龙溪提出其先天正心之学与一念功夫的内在原因。王龙溪将功夫的着力点再由"意"内收到"心"，显然是阳明功夫论进一步的必然展开。如此看来，从朱子到阳明再到龙溪，功夫论呈现出一个由外向内不断深化的过程，从最外部的客观对象，回归于最内在的良知心体。[1]事实上，阳明之后在功夫论上追求最终的决定机制，在不同的阳明学者中间表现为一种共同的趋向。

阳明在世时，其弟子陈九川（字惟浚，号明水，1494—1562）已经感到诚意与致知之间的逻辑先后问题。而在嘉靖二十八年己酉（1549）的冲玄之会上，明水便明确表示在产生善恶的意念之后再施以为善去恶的功夫并不究竟，而应当直接从本体上入手。邹东廓在记录冲玄（后来清刻本避"玄"字讳改为"冲元"）之会的《冲玄录》中曾记明水的话说：

> 某近有觉悟，直从本体精明，时时儆惕，一有碍滞，不容放过。视向者补过救缺，支撑悔尤，更透一格。（《东廓邹先生文集》卷九）

而在给龙溪的书信中，明水自己对此说得更为清楚：

> 诚意之学，却在意上用不得功。直须良知全体洞彻普照，旁烛无纤毫翳障，即百虑万几，皆从此出，方是知几其神，乃所谓诚其意也。若俟意之不善，倚一念之觉，即已非诚意，落第二义矣。却似正心，别是上面一层功夫，故窃谓炳烛几先，方是诚意之学。（《明儒学案》卷十九《江右王门学案四》）

明水虽未像龙溪那样明确将"正心"与"诚意"相对而提出先天之学与后天之学的区分，但此处对诚意之学的解释，却显然是指出立足于良知心体，所谓"炳烛几先"的功夫，才是诚意之学的根本。

1　参见彭国翔：《良知学的展开——王龙溪与中晚明的阳明学》(增订版)，第三章。

至于邹东廓，其功夫以主张"戒惧"著称。但对东廓而言，戒惧功夫也有深浅不同的层次。东廓曾论及自己功夫的三次变化如下：

> 戒慎恐惧之功，命名虽同，而命意则别。出告反面，服劳奉养，珍宅兆而肃蒸，尝戒惧于事为也。思贻令名，必果为善，思贻羞辱，必不果为不善，戒惧于念虑也。视于无形，听于无声，全生而归之，戒惧于本体也。戒慎不睹，恐惧不闻，帝规帝矩，常虚常灵，则冲漠无朕。未应非先，万象森然；已应非后，念虑事为，一以贯之。是为事亲事天仁孝之极。（《东廓邹先生文集》卷八《书谢青冈卷》）

这里，东廓显然以"戒惧于本体"的功夫最为究竟。而龙溪在强调"心体立根"时有过类似更为明确的说法：

> 惩欲之功有难易，有在事上用功者，有在念上用功者，有在心上用功者。事上是遏于已然，念上是制于将然，心上是防于未然。惩心忿窒心欲，方是本原简易功夫。在意与事上遏制，虽极力扫除，终无廓清之期。（《王龙溪先生全集》卷四《留都会纪》）

对明水、东廓来说，本体自然是良知心体，因此，无论是明水的"直从本体精明，时时儆惕"，还是东廓的"戒惧于本体"，显然和龙溪的立足于良知心体的先天功夫在功夫的着力点上是一致的。明水曾自叙其功夫的变化次第，指出最终之所以能够"尽扫平日一种精思妙解之见，从独知几微处严谨缉熙"，乃是"就正龙溪，始觉见悟成象"的结果。[1] 东廓为学功夫三变而立足于本体，或许也是受到龙溪的影响。东廓对龙溪评价甚高，所谓"汝中兄，同志之隽，所得最深。"（《东廓邹

1　黄宗羲：《明儒学案》（北京：中华书局，1985），卷十九《江右王门学案四》，页458。

先生文集》卷五《复戚司谏秀夫》）而龙溪也在《寿东廓翁七十序》和
《漫语赠韩天叙分教安成》（两篇文字分别见《全集》卷十四和卷十六）
中特别转述东廓自述的这为学三变，引为自己先天功夫的同调。

　　明水与东廓可能受到龙溪的影响，但其他一些学者则恐怕更多的是
出于对问题本身的认识。如欧阳南野在《答胡仰斋》书中曾指出：

　　　　所谕比来同志但讲良知，而遗却致的意思，是盖亿想谈说而未
　　尝实用其力者，正恐良知亦未能知得耳。夫知良知而后知所以致良
　　知。……故某尝言一切应物处事，只要是良知。盖一念不是良知，
　　即不是致知矣。（《欧阳南野先生文集》卷一）

在《答欧梦峰》第二书中也强调"故知良知之所以为良知，则知所以致
知"（同上）。由此可见，南野同样要求将致良知功夫的作用点用在最根
本的良知心体上。

　　聂双江是体用二元论的思维方式，不同于阳明以及龙溪、东廓、南
野、明水，[1] 而双江也批评诚意功夫有不究竟之处。他说：

　　　　盖意者，随感出现，因应变迁，万起万灭，其端无穷，乃欲
　　一一制之，以人力去其欺而反乎慊，是使初学之士，终身不复见
　　定、静、安、虑境界。劳而无功，只自疲以速化耳。（《双江聂先生
　　文集》卷九《答钱绪山》）

至于如何是究竟法，双江认为：

　　　　若在意上做诚的功夫，此便落在意见。不如只在良知上做诚
　　的功夫，则天理流行，自有动以天的机括。故知致则意无不诚也。

1　关于阳明学中一元论体用思维方式与二元论体用思维方式的不同，详见彭国翔："良知异见——中
　晚明良知观的分化与演变"，《哲学门》2001 年第 2 期，页 88—103。

（《双江聂先生文集》卷十《答戴伯常》）

撇开思想的整体架构不论，就功夫论本身而言，双江此处的看法，和龙溪先天功夫所要追求的目标，不能不说是相当的一致。

王栋（字隆吉，号一庵，1503—1581）师事王心斋，属于阳明学的第二代。他也曾指出阳明以来的诚意功夫并非究竟之学：

> 旧谓意者心之所发，教人审几于动念之初。窃疑念既动矣，诚之奚及？盖自身之主宰而言谓之心，自心之主宰而言谓之意。心则虚灵而善应，意有定向而中涵。非谓心无主宰，赖意主之，自心虚灵之中确然有主宰者而名之曰意耳。大抵心之精神无时不动，故其生机不息、妙应无方。然必有所以主宰乎其中而寂然不动者。所谓意也，犹俗言主意之意，故意字从心从立，中间象形太极图中一点，以主宰乎其间，不着四边，不赖倚靠。人心所以能应万变而不失者，只缘立得这主宰于心上，自能不应而知。不然，孰主张是？孰纲维是？圣狂之所以分，只争这主宰诚不诚耳。若以意为心之发动，情念一动，便属流行，而曰及其乍动未显之初用功防慎，则恐恍惚之际，物化神驰，虽有敏者，莫措其手。圣门诚意之学、先天简易之诀，安有此作用哉？（《一庵王先生遗集》卷一）

历来研究者对一庵此段文字，大都仅留意其对"意"概念的理解不同于阳明学的一般规定，而与后来刘蕺山严分"意""念"基础上的"意"概念具有相同的内涵，对一庵提出此说的目的却未甚措意。诚然，一庵与蕺山对"意"的理解确实前后一揆，至于蕺山是否知道一庵有此一说并受到一庵的影响，学界有不同的看法，此处不及。需要指出的是，由上引文字明确可见，一庵之所以要以心之主宰来界定"意"，正是认为在作为"心之所发"的"意"上做功夫并不究竟，所谓"恐恍惚之际，物化神驰，虽有敏者，莫措其手"。而在一庵处既然意为心之主宰，则一庵的诚意功夫在目标与效果上便其实也无异于龙溪的先天功夫。

王塘南虽然已不以良知为终极实在而开始回归性体，[1] 但塘南"悟性"的主张，也同样显示了追求究竟功夫的要求。当有人问："有谓性无可致力，惟于念上操存、事上修饰，则性自在"时，塘南回答说：

> 悟性矣，而操存于念、修饰于事可矣。性之未悟，而徒于念与事上致力，所谓"可以为难矣，仁则吾不知也"。(《塘南王先生友庆堂合稿》卷四《语录·三益轩会语》)

显然以悟性作为在事为与念虑上做功夫的前提与根据。

唐枢（字惟中，号一庵，1497—1574）虽与龙溪多有交往，但毕竟是湛甘泉的弟子，他对于功夫也提出了相应的看法：

> 功夫就是本体，不容添得一些。寻见本体不走作，才是真功夫。……若以去人欲，作存天理功夫，便如捕贼保家。所谓"克己复礼"，惟其礼，故己克；所谓"闲邪存诚"，惟其诚，故邪闲。故存天理是去人欲的下手处。荀卿性恶之说，不曾教人从恶，只要人反转克治，这便矫枉过正。不在本体上下功夫，却从外边讨取，不自信，将谁以为据乎？(《木钟台集》亨卷《景行馆论·论功夫》)

由此可见，追求究竟功夫的趋向，在当时已经不限于阳明的门下，而成为一种普遍的现象。

刘宗周对阳明之学是"始疑之，中信之，终而辩难不遗余力"，[2] 对龙溪的批评更为严厉。相对于阳明的良知教，蕺山思想自成系统，对

1　彭国翔：《良知学的展开——王龙溪与中晚明的阳明学》(增订版)，页338—340。

2　此为蕺山之子刘汋（字伯绳，1613—1664）语，见《刘宗周年谱》"先生六十六岁，著《证学杂解》及《良知说》"条下，《刘宗周全集》(台北：中央研究院中国文哲研究所，1996)，第五册，《附录》，页480。

阳明学在中晚明所产生的流弊，也无疑具有救正的价值和意义，此处不赘。就功夫论来说，蕺山曾批评阳明的四句教，所谓"因有善有恶而后知善知恶，是知为意奴也，良在何处？"[1]认为阳明使"知"落后于"意"，即良知在善恶的意念产生之后才发挥作用，无法显示出良知的主宰定向功能。对此，他在《答韩参夫》一书中说得更为明确：

> 只教人在念起念灭时，用个为善去恶之力，终非究竟一着。与所谓"只于根本讨生死，莫向支流辨清浊"之句，不免自相矛盾。[2]

就此而言，蕺山虽然曾经批评龙溪"即本体以为功夫"，但他要求在作为道德实践的终极根据——"意体"、"知体"、"诚体"上用功，这种追求"究竟一着"的用心，却与龙溪提出先天功夫的目标是相当一致的。陈来先生曾指出，心学的功夫从象山到阳明再到蕺山，呈现出一个不断深入意识内部的过程。[3]其实，就心学的立场而言，功夫不断内化，到了龙溪"心体立根"、"一念之微"的先天功夫，可以说已经在逻辑上达到了终点。因为良知心体已经是终极的实在，不论是"意体"、"知体"、"诚体"、"独体"，在功能和地位上，也只能相当于龙溪的先天功夫中的良知心体。

龙溪紧随阳明之后提出其先天之学与"一念之微"的功夫论，关键即在于他看到良知心体作为终极实在，不仅是道德行为发生后的最终裁判原则，更是道德行为之所以发生的最初发动与主宰机制。只有始终立足于良知心体，具体行为的每一次发生，均直接以良知这一"定盘针"为根据，[4]修养功夫才会最为彻底，道德实践也才会最为纯粹。而由对以

1　刘宗周：《刘宗周全集》，第二册，《语类》卷十《良知说》，页373。

2　刘宗周：《刘宗周全集》，第三册上，《文编》卷七，页422。

3　陈来：《宋明理学》(沈阳：辽宁教育出版社，1991)，页406—407。

4　虽然蕺山喜用"定盘针"的字眼，但龙溪亦有此说，所谓"人人自有良知，如定盘针，针针相对，谓之至善。稍有所偏，或过或不及，即谓之恶。"(《全集》卷六《格物问答原旨》)，就此而言，蕺山的用法不外于龙溪。唐君毅先生也已看到此点。见唐君毅：《中国哲学原论——原性篇》(台北：台湾学生书局，1984)，页476注。

上诸人的讨论，我们可以看到，王阳明之后阳明学甚至整个理学功夫论发展所表现出的那种普遍趋向，恰恰与龙溪不谋而合，即要求将功夫的用力点落实于道德实践的终极根据上去，而不论对这一终极根据的概念规定是如何的因人而异。

三、功夫实践的分化

当然，在中晚明阳明学"牛毛茧丝，无不辨析"的丰富思想话语中，即使是单单就功夫论而言，这种追求究竟功夫的一致趋向也仍然只是其中的一个方面。况且，就在这种一致的追求中，不同学者的功夫实践也仍然表现出不同的取径和各自的侧重。

龙溪曾有"三悟"之说，所谓：

> 君子之学，贵于得悟，悟门不开，无以征学。入悟有三：有从言而入者，有从静坐而入者，有从人情事变炼习而入者。得于言诠者，谓之解悟，触发印证，未离言诠。譬之门外之宝，非己家珍。得于静坐者，谓之证悟，收摄保聚，犹有待于境。譬之浊水初澄，浊根尚在，才遇风波，易于淆动。得于炼习者，谓之彻悟，磨砻锻炼，左右逢源。譬之湛体冷然，本来晶莹，愈震荡愈凝寂，不可得而澄淆也。根有大小，故蔽有浅深，而学有难易，及其成功一也。（《全集》卷十七《悟说》）[1]

在这"三悟"中，第一种"解悟"由于尚未实有诸己，所谓"门外

---

[1] 相同而较为简略的表达见《全集》卷十六《留别霓川漫语》，所谓"师门常有入悟三种教法。从知解而得者，谓之解悟，未离言诠；从静坐而得者，谓之证悟，犹有待于境；从人事炼习者，忘言忘境，触处逢源，愈摇荡愈凝寂，始为彻悟，此正法眼藏也。"而在龙溪最早的文集《龙溪会语》卷四《自讼问答》中，第二悟作"心悟"，参见彭国翔：《良知学的展开——王龙溪与中晚明的阳明学》（增订版），附录二"明刊《龙溪会语》及王龙溪文集佚文——王龙溪文集明刊本略考"，页631。

之宝，非己家珍"，因而还不能算是一种致良知的功夫进路。只有"从静坐而入"的"证悟"以及"从人情事变炼习而入"的"彻悟"，才真正构成两种不同的功夫取径。在龙溪看来，"证悟"功夫从静处的收摄保聚入手，对外在的环境有所依赖，一旦环境由"静"转"动"，置身于纷繁缠绕的境况下，内心的宁静不免会被打乱。就像澄清的浊水一样，由于浊根并未彻底清除，一受到摇荡，便又会恢复到浑浊的状态。"彻悟"功夫从人情事变入手，则已达到"湛体冷然，本来晶莹"的境界，无论外在的环境如何纷繁缠绕，总是可以气定神闲地应对自如，所谓"左右逢源"、"愈震荡愈凝寂"，始终可以保持明道所谓"定性"的状态。当然，龙溪这里明显有高下的评判，并且自觉认同"彻悟"的功夫与境界。不过，暂且不论龙溪的评判，龙溪所谓"证悟"与"彻悟"的功夫入路，倒的确透露了中晚明阳明学在功夫问题上追求一致趋向下两种不同的取径。

一元论与二元论这两种不同的体用思维方式，不仅制约着阳明学者对良知本体的理解，也同样制约着他们的致良知功夫论。由于龙溪、邹东廓、欧阳南野、陈明水、钱绪山等人均持守阳明那种"体用一源，显微无间"的一元论体用观，他们在功夫论上的一个共同之处就是不主张与日常经验相脱离，而是要在"事上磨炼"，这也正是龙溪所谓的"从人情事变炼习而入"。表面上看，这种功夫取径与"从静坐而入"相对，似乎应当是主于"动"。但是，从阳明那种"体用一源，显微无间"的思维方式出发，动与静、寂与感、未发与已发、理与事之间本来并不存在区隔。由于体在用中、寂在感中、未发寓于已发、静寓于动、理寓于事，从"人情事变"入手，便并不是将功夫落在与体相对的用、与寂相对的感、与未发相对的已发、与静相对的动以及与理相对的事上，而其实是超越了体用、寂感、未发已发、动静、理事的二元对立并同时贯穿了双方。正如龙溪在强调"心体立根"功夫时所说的那样："若见得致知功夫下落，各各随分做去。在静处体玩也好，在事上磨察也好。譬诸草木之生，但得根株着土，遇着和风暖日，固是长养他的，遇着严霜烈日，亦是坚凝他的。盖良知本体，原是无动无静，原是变动周流。此便是学问头脑，便是孔门教法。"(《全集》卷四《东游会语》)在这一点上，龙溪、东廓、南野以及明水诸人并无二致。至于在不同境遇下表述的差异，不但这几位学者会因人而异，对同一位而言，在不同的情况下也会有不同的相机表达。但是其中一贯而共同的原则，则是我们应当把握到的。

　　同样，由于聂双江、罗念庵等人采取的是二元论的体用思维方式，在他们看来，"感"、"已发"、"动"以及"事"都属于"用"的范畴，因此，在追求究竟功夫的情况下，他们无疑会要求将功夫的着力点放在属于"体"范畴的"寂"、"未发"、"静"以及"理"之上，而认为只要能默识本体，便自然会贯动静、摄内外。如双江所谓："思虑营欲，心之变化。然无物以主之，皆能累心。惟主静则气定，气定则澄然无事，此便是未发本体。然非一蹴可至，须存养优柔，不管纷扰与否，常觉此中定静，积久当有效。若不知紧切下功，只要驱除思虑，真成弊屋御寇矣。"(《双江聂先生文集》卷十《答戴伯常》)念庵也说："吾心之知无时或息，即所谓事状之萌应，亦无时不有。若诸念皆泯，炯然中存，亦即吾之一事，此处不令他意搀和，即是必有事焉，又何茫荡之足虑哉？此等辨别，言不能悉，要在默坐澄心，耳目之杂不入，自寻自索，自悟自解，始见觌面相见。"(《罗念庵先生文集》卷三《答刘月川》)与此相应，他们在现实的功夫实践中，也就往往表现出重视静坐、要求摆脱日常经验干扰的内收静敛的倾向。双江体认未发之"寂体"的经验以及念庵闭关石莲洞三年的经历，都是这种内收静敛功夫的体现。[1] 龙溪所论

1　念庵晚年彻悟仁体后，开始反思双江寂感、动静、内外两分的二元论思路。如他曾对龙溪说："当时之为收摄保聚偏矣。盖识吾心之本然者犹未尽也，以为寂在感先，感由寂发。夫谓感由寂发可也，不免于执寂有处；谓寂在感先可也，然不免于执感有时。彼此既分，动静为二，此乃二氏之所深非以为边见者。我坚信而固执之，其流之弊，必至重于为我，疏于应物，盖久而后צ之。"(《石莲洞罗先生文集》卷十二《甲寅夏游记》)其收摄保聚的功夫也开始追求超越动静、内外的分别，在思维方式上开始向阳明的"体用一源"靠近。有关念庵晚年功夫的变化与特征，可参见林月惠："良知学的转折——聂双江与罗念庵思想之研究"，台湾大学中文研究所博士论文，1995，页231—246。

"从静坐而入",其实指的就是双江与念庵。显然,这与宋儒道南一脉从杨时(字中立,称龟山先生,1053—1135)到罗从彦(字仲素,称豫章先生,1072—1135)再到李侗(字愿中,称延平先生,1093—1163)"体认大本以前未发气象"的功夫路数是一致的。[1]双江曾谓:"龟山为程门高弟,而其所传,不过令人于静中以体夫喜怒哀乐未发之中。此是顶门上针,往圣之绝学也。"(《双江聂先生文集》卷八《答唐荆川》)也正印证了这一点。

从理论上说,尽管龙溪、东廓、南野、明水、绪山等人一元论的体用思维方式与双江、念庵等人二元论的体用思维方式不同,但既然前者的功夫谋求的是超越体用、寂感、未发已发、动静、理事的二元对立并同时贯穿双方,就不应当构成后者立足于体、寂、未发、静与理这种内收静敛功夫的对立面。不过,由于双方的立场不同,在实际的论辩中,前者由于要纠正后者的一偏,不免于用、感、已发、动与事方面提揭过重,就很容易被理解为后者的对立面而似乎成为立足于用、感、已发、动与事的功夫论。但这实际上并不符合前者功夫论的内涵与自我要求。这是我们应当注意的。

龙溪所谓的"从静坐而入",虽然反映了双江、念庵等人二元论思维方式下追求究竟功夫的路数与实践,但二元论思维方式下对于究竟功夫的追求,却还有另外一种形态,那就是从刘狮泉到王塘南、李材(字孟诚,别号见罗,1519—1595)的路数与实践。与双江、念庵用力于未发心体的内收静敛功夫不同,这一功夫形态是在分体用为二的前提下在体与用两方面同时做功夫。刘狮泉曾说:

> 夫人之生有性有命。性妙于无为,命杂于有质,故必兼修而后可以为学。盖吾心主宰谓之性,性无为者也,故须首出庶物以立其体。吾心流行谓之命,命有质者也,故须随时运化以致其用。常知

---

1 有关道南一脉体验未发的功夫路数,参见陈来:《朱子哲学研究》第二章第二节"体验未发"(上海:华东师范大学出版社,2000),页48—52。

不落念，是吾立体之功。常运不成念，是吾致用之功。(《明儒学案》卷十九《江右王门学案四》)

依狮泉之见，性命之分的内容就是心之主宰与流行之分，前者是体，后者为用，前者是"妙于无为"，后者是"杂于有质"，因此，功夫必须从性命两个方面同时入手，既要"首出庶物以立其体"，又要"随时运化以致其用"。这种二元论的思维方式和双江、念庵相同，但既要"立体"又要"致用"的"兼修"之法，则不同于双江、念庵专求"立体"的功夫。同样，刘狮泉弟子王塘南也是以体用分言性命的二元论思维模式，所谓：

性命虽云不二，而亦不容混称。盖自其真常不变之理而言曰性，自其默运不息之机而言曰命。一而二，二而一者也。《中庸》"天命之谓性"，正恐人于命外求性，则离体用而二之，故特发此一言。若执此语，遂谓性命果无分别，则言性便剩一命字，言命便剩一性字，而"尽性至命"等语皆赘矣。故曰性命虽不二，而亦不容混称也。尽性者，完我本来真常不变之体；至命者，极我纯一不息之用，而造化在我，神变无方，此神圣之极至也。(《塘南王先生友庆堂合稿》卷一《答邹子尹》)

并且，塘南对良知的理解颇为独特，他在《答萧勿庵》中指出：

性之一字本不容言，无可致力。知觉意念总是性之呈露，皆命也。性者先天之理。知属发窍，是先天之子，后天之母也。此知在体用之间，若知前求体，则着空；知后求用，则逐物。知前更无未发，知后更无已发，合下一起俱了，更无二功，故曰独。独者，无对也。无独则一，故曰不二。意者知之默运，非与之对立而为二也。是故性不假修，只可云悟。命则性之呈露，不无习气隐伏其

中，此则有可修矣。修命者尽性之功。(《塘南王先生友庆堂合稿》
卷一)

这一段话可谓塘南之纲领。其中，塘南并不像双江等人那样以知为经验
意识层面的"用"，而是认为"此知在体用之间，若知前求体，则着空；
知后求用，则逐物"，这比双江等人从知觉发用来理解良知要接近阳明
对良知本体的规定。可是塘南毕竟认为"知属发窍"，视良知之上、之
后尚有一"性"，因而在其性命体用二元的架构之下，良知终究不能是
"体用一源，显微无间"的终极实在。由此可见，虽然塘南对良知的理
解较为独特，但其"悟性修命"的功夫路数，则显然与狮泉的性命、体
用兼修之法如出一辙。

我曾经指出，李见罗和聂双江的思路其实是相当一致的。[1] 只不过
双江被阳明学的话语所笼罩，仍然以良知作为本体或终极实在，而见
罗则自觉地脱离良知教的典范，不再以良知为首出与核心的观念，所谓
"故《大学》未尝废知也，只不以知为体，盖知本非体也。《大学》未尝
不致知，只不揭知为宗，盖知本用，不可为宗也。"(《见罗先生书》卷
十二《答董蓉山》)在功夫实践上，见罗不以致良知为究竟，要求"摄
知归止"、"摄情归性"，止于作为终极实在的至善的性体，所谓"四端
之发，固自有性根在也。吾养吾性，随在皆至善之流行矣。"(《明儒学
案》卷三十一《止修学案》)显然，这与双江以立足于未发寂体为究竟
功夫的思路同样十分接近。但是，和双江不同的是，见罗在强调立足于
性体的同时，又提出"修"的功夫作为补充。与立足于性体的"止"的
功夫相较，"修"的功夫则侧重于日常经验中的道德实践("用")。对于
"止修"的宗旨，见罗是这样描述的：

> 止修者，谓性自人生而静以上，此至善也。发之而为恻隐四

---

1 彭国翔："良知异见——中晚明良知观的分化与演变"，《哲学门》2001 年第 2 期，页 88—103。

端，有善便有不善。知便是流动之物，都向已发边去，以此为致，则日远于人生而静以上之体。摄知归止，止于人生而静以上之体也。然天命之真，即在人视听言动之间，即所谓身也。若刻刻能止，则视听言动各当其则，不言修而修在其中矣。使稍有出入，不过一点提撕修之功夫，使之常归止而已。故谓格致诚正，四者平铺。四者何病？苟病其一，随病随修。（同上）

虽然就"止"与"修"而言，见罗最终的重点仍在"止"，且见罗反对将"止"与"修"分别开来，所谓"人皆知止善与修身为两语，然不知两者原是一条脉络也。"（《正学堂稿》卷五《答黄光普书》）但是，就见罗二元论的思维方式来说，"止善"与"修身"毕竟前者的着力点在未发之"体"而后者的着力点在已发之"用"。而见罗之所以要在"止"之外又以"修"为补充，很可能是要避免双江、念庵等人所曾受到的非议，因为双江单纯着力于"体"的归寂功夫曾经面临"沉空守寂"的批评。对此，黄宗羲也说："若单以知止为宗，则摄知归止，与双江之归寂一也。先生（见罗）恐其邻于禅寂，故实之以修身。"（《明儒学案》卷三十一《止修学案》）如此看来，见罗的功夫实践也可以和刘狮泉、王塘南归为一类，都是在体用二元的基础上同时在体与用两方面做功夫。

四、结语

总之，由以上讨论可见，阳明身后，中晚明的阳明学在追求究竟功夫这一一致的趋向下，又表现为三种不同的途辙和形态。在内外、寂感、动静、理事、未发已发一源无间的基础上，龙溪、邹东廓、欧阳南野、陈明水、钱绪山等第一代阳明及门弟子主张着力于良知心体。而在内外、寂感、动静、理事、未发已发二元两分的前提下，双江、念庵等人不满于将功夫的着力点用于他们理解为属于已发的"现成良知"，而

要求再向后、向内推求，将着力点用于他们理解为未发之体的良知本体
上去。作为第三种取径和形态，从刘狮泉到王塘南、李见罗，则在内
外、寂感、动静、理事、未发已发二元两分的前提下，要求在"体"与
"用"两方面同时做功夫。从时间的发展上来看，双江、念庵虽然服膺
阳明的良知教，并完全使用阳明学的话语，但对良知的理解其实已经开
始有别于阳明本人以及龙溪、东廓、南野、明水、绪山等人。狮泉虽然
也和以上诸人同属阳明的第一代传人，但狮泉不但也和双江、念庵那样
对良知有了不同的理解，更在话语的使用上显示了偏离阳明学的征兆。
作为阳明学的第二代传人，王塘南进一步继承了狮泉的发展方向。不
过，塘南虽实际上已经开始逸出阳明学的典范，但尚未公开反对阳明学
的良知教。而与塘南属于一代的李见罗，便公开与阳明学决裂，打出了
回归于性体的旗帜。事实上，从双江、念庵、狮泉到塘南、见罗，是一
个逐渐脱离阳明学的发展线索。这一线索的最终指向，其实是对作为良
知观念之核心内涵的"心即理"这一阳明学的根本命题产生了怀疑。从
双江、念庵质疑"现成良知"，[1] 到见罗根本视良知为不足为最终凭藉的
已发之用而回归性体，正是"心即理"说受到动摇这一发展线索由隐而
显的表现。[2]

　　阳明学一元论的思维方式无论在本体还是功夫上都使超越与内在、
主体性与客体性之间的距离与张力趋于消解，这在流传影响的过程中
就有可能导致以感性知觉为良知本体、以自然主义的脱略功夫为"率性
之谓道"。如此看来，明末刘蕺山标举性天之学，顾宪成、高攀龙等东
林学人对阳明学的批判，以及明末清初以阳明学全面式微为主要内容的
学风转变，便显然是理有固然、势所必至了。不过，阳明学这种逐渐式

---

[1]　关于中晚明阳明学的"现成良知"之辩，参见彭国翔："中晚明的现成良知之辨"，《国学研究》（北京）第 11 卷，2003 年 6 月，页 15—46。

[2]　王汎森先生较早注意到了"心即理"说在明清之际所受到的挑战，参见王汎森："'心即理'说的动摇与明末清初学风之转变"，《中央研究院历史语言研究所集刊》，第六十五本第二分，1994 年 6月，页 333—373。惟其对该现象的解释是从德性与知性的关系尤其后者对前者必要性的角度来加以说明的。

微的发展趋向，并不能简单地视为向朱子学的回归。因为无论是刘蕺山之学还是戴震、颜元所代表的清代儒学，尽管一致反对"心即理"的命题，但他们在思维方式上却偏偏又采取了阳明学一元论而非朱子学二元论的思维方式，这在人性论的问题上有集中的反映。因此，中晚明阳明学的逐渐式微，并不简单地意味着朱子学的再兴。其间变化过程的丰富性，决非那种心学、理学彼此兴替或"朱陆异同"的简单理解模式所可以范围。这一点，是我们必须指出的。

最后需要说明的是，不论是双江、念庵，还是狮泉、塘南、见罗，就他们自己的主观用意来说，之所以提出有别于龙溪等人的功夫论，当然更多地恐怕是要针对中晚明阳明学所产生的流弊，还不是出于思维方式的考虑，更不是自觉地要在一元论的体用思维方式之外另起炉灶。但是，就客观的义理结构而言，阳明学在中晚明的发展，除了有关良知本体的各种异见之外，的确产生了上述三种不同的功夫形态。并且，这三种不同的功夫形态也确实基于一元论与二元论两种体用思维方式的差异。我们这里对阳明后学的发展中功夫形态差别的分析，其角度在于思想结构上的客观原因，而不在于不同功夫实践者的主观用意。

第九章
清代理学的身心修炼
——以汪霦原的《警枕录》为例

本章提要

　　本章探究《警枕录》这部以往学界不曾措意的著作，通过具体考察其内容，包括其中引用的宋明理学人物及其话语，以及作者本人的自我表达，力求呈现和分析作者的精神世界与心理状态。通过本章的考察，可见宋明理学传统尤其明清之际所格外突显的，以日记方式记录自我身心修炼的功夫实践，至清代中后期仍被儒家知识人所践行。在这一个案研究的基础上，对于如何进一步细致和全面地认识清代思想世界的整体图像，包括宋明以来的理学传统在有清一代的延续和发展，特别是作为一种"身心修炼"的功夫实践传统和乾嘉考证学之间的关系，以及如何重新认识理学传统在清代思想史中的发展线索，尤其是其内部的多样与复杂，本章也试图提出一些初步的观察。

一、引言

宋明理学的传统历来被认为在有清一代日益衰落，儒家传统在清代最受瞩目的似为考证之学。不过，考证学虽然确实属于清代学术最为突出的现象，却并不能涵盖有清一代思想史的全部。事实上，宋明以来的理学传统在有清一代持续有所发展，特别是作为一种"身心修炼"的功夫实践，以更为日常化的方式为儒家士人所践行。这一方面，在《警枕录》这部学界以往未尝措意的著作中，[1] 得到了聚焦式的突显。

《警枕录》一书向我们展示了一个自觉秉承理学传统的儒家士人，如何在其日用常行的生活世界中念兹在兹地从事"身心修炼"的功夫实践。在对此进行具体的分析之前，我们首先来看一看《警枕录》的作者是何许人以及《警枕录》是怎样一部书。

二、汪霦原其人其书

由撰于道光辛丑年（1841）春分日的〈警枕录自序〉，可知该书作者名为"汪霦原"。而根据穆彰阿（1782—1856）道光乙巳年（1845）仲秋为此书所撰的"汪生湘筠警枕录序"，可知"湘筠"应当是汪霦原的字或号。

汪霦原其人的史料极为稀少。《清实录》卷五十二〈道光三年癸未〉条列举当年107名及第进士时记录了"汪霦原"的名字，由此可知他是道光三年（1823）的进士及第。这一点，在穆彰阿的"汪生湘筠警枕录序"中，可以得到较为详细的印证。穆彰阿在序文开头说："癸未春，余校士礼闱，得一卷。深明切问近思理境，断为老儒。揭晓，知为汪生

1　《警枕录》一书是我 2007—2008 年在哈佛访学时在哈佛燕京图书馆发现的。该书以往知者极少，更未见有专门的研究。阅读之后，我认为该书对于重新认识清代的思想世界、尤其清代的理学很有意义，值得探讨。

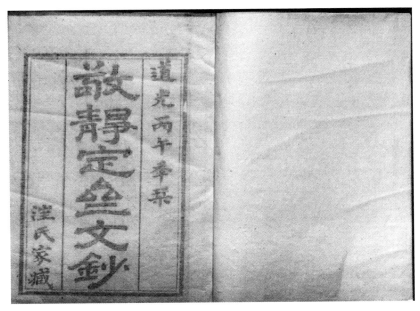

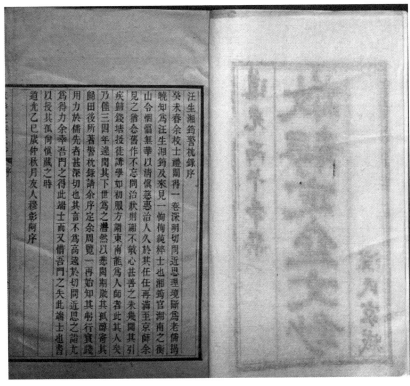

湘筠。及来见，一恂恂纯粹士也。"由此可知，穆彰阿是当年的主考官。正是在这个意义上，汪霦原可以说是穆彰阿的门生。而根据这里穆彰阿阅卷以及随后见到答卷人的感受，可见他对汪霦原是十分欣赏的。

在其序文中，穆彰阿也大致介绍了汪霦原的经历。到目前为止，这大概是我能找到的仅有的关于汪氏生平的史料。[1] 根据穆彰阿的介绍，汪霦原道光三年进士及第之后，曾任湖南的衡山令。任满两期之后，曾至京师与穆彰阿相见。不久则"引疾归钱塘，授徒讲学如初服。"但此后三、四年，汪霦原即辞世，所谓"乃仅三四年，遽闻其下世。"穆彰阿的序文撰于道光乙巳（1845），作为日记体裁，汪霦原的《警枕录》到道光癸卯（1843）仅记录了八条即戛然而止。由此可以推断，汪霦原的辞世，至迟不会晚于道光乙巳，即穆彰阿作序的那一年，很可能在道光甲辰（1844）甚至就在癸卯（1843）那一年。

该书内文署名"警枕录"，作者自序与穆彰阿的序文，也都称名"警枕录"。汪霦原在自序的开头，甚至开宗明义地解释了"警枕录"一名的含义，所谓"警枕录者，霦原负疚录以自警也。盍言乎枕？半由枕上得之也。"当然，"警枕"二字，应该也是来源于司马光的故事。不过，该书扉页又具名"敬静定斋文钞"，或为《警枕录》一书的别名。

除了《警枕录》之外，据《清史稿》《志一百二十二》《艺文志三》，汪霦原还曾重刻《新吾粹语》四卷，这应该是明儒吕坤（1536—1618，字新吾）的语录选编。此外，根据《警枕录》最后汪霦原的门生劳崇光（1802—1867，字辛阶，湖南善化人）所作的跋语，除了《新吾粹语》之外，汪霦原还曾经重刻过刘宗周的《人谱》，并委托劳崇光以校订的工作，所谓"重刻《人谱》《新吾粹语》，命崇光任校雠之役。"当然，这两部书并非反映汪氏自己思想的著作。

至于《警枕录》的刊刻成书，穆彰阿在序文中称"其孤醇寄其归田后所著《警枕录》，请余序定。"而劳崇光在书后跋语中对于成书的经

---

1 在《警枕录》中，汪霦原自己曾将祖先上溯至清初的汪佑，甚至在读萧智汉的《姓氏谱》时，再上溯至朱子时代婺源的汪清卿。

过，交代得更为详细。他说："师殁逾岁，小湘始以寄吾师之老友涤甫。涤甫既删定，以示崇光，商付刊刻。崇光遂力任之。"由此可见，汪霦原殁后，其子汪醇先请序于穆彰阿，然后再寄给汪霦原的友人涤甫。经涤甫删定之后，由汪霦原的学生劳崇光负责将此书刻成行世。该书扉页显示刊刻于 1846 年，穆彰阿作序在 1845 年，恰好可以说明这一点。除了穆彰阿的序和劳崇光的跋语之外，《警枕录》最后还有萧山汤金钊（1772—1856，字敦甫，一字勖兹）于道光乙巳（1845）秋八月撰写的〈书警枕录后〉。[1] 汤氏语虽寥寥数句，却道出了《警枕录》的特点。这一点，后文具体探讨该书所揭示的"身心修炼"的功夫实践所具有的思想史意义时再予说明。

不过，需要指出的是，根据汪霦原作于道光辛丑（1841）的自序，他原本并无将《警枕录》刊刻面世的打算。对此，汪霦原自己说得很清楚，所谓：

> 爱于读书有见，辄录以自警，不敢示人，并儿辈亦不轻示。缘以无体之学，为无用之言。粗疏浅狭，恐自误更误后人也。后之人果有志向上，有五经四书、诸先儒遗集在，学焉而早自振拔。其于存心立品、体用兼备之道，切实奉行，庶几其克遵祖训，而干父之蛊乎！此录藏于家，以留手泽，以鉴覆车可也。毋问世以重余疚。

由这段话来看，《警枕录》只是汪霦原在读书有见时记录下来自己的心得，用以自我警示的。非但外人，即便自己的孩子，他也并不轻易展示。因为在他看来，自己的孩子如果有志此学，自有四书五经以及前辈儒者的著作可以师法。至于他之所以将自己的《警枕录》收藏家中，

---

1 汤金钊，乾隆五十九年 22 岁时举乡试第一。嘉庆四年 27 岁中进士，选庶吉士，授编修。道光七年任左都御史、礼部尚书。不久充上书房总师傅，调任吏部尚书、工部尚书、户部尚书。道光十八年以协办大学士调回吏部。咸丰四年，值其举进士五十五周年之际，清廷特地加封其太子太保，并赐御书"庆衍恩荣"匾额。终年 85 岁，谥文端。

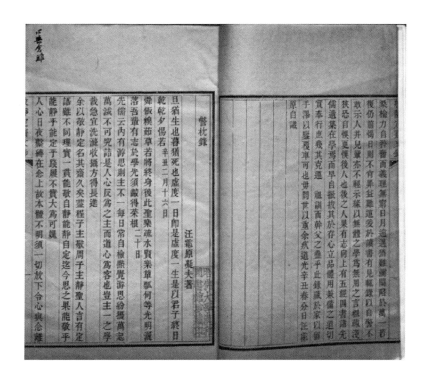

只是为了保存手泽，作为留给儿辈的纪念，甚至作为儿辈避免重蹈覆辙的前车之鉴。这里所说，恐怕并非汪霖原的过于自谦甚至矫情，因为从《警枕录》的内容来看，这的确是一部不断自我反省、自我点检的记录，可以说是作者在"慎独"的状态下进行身心修炼（spiritual and bodily exercise）的自我见证，完全不是要向世人展示的文字书写。这一点，后文会有具体的分析。

这部书的正文，其实是道光二十一年辛丑到道光二十三年癸卯（1841—1843）这三年间的 411 条日记。第一年（1841）记录最为频繁，从道光二十一年（1841）二月十六日起至十二月，总共有 330 条。从二月到四月，每日所记，都注明日期。详情如下：

二月（20 条）

十六日，1 条；二十日，1 条；二十一日，4 条；二十二日，2

条；二十三日，1条；二十五日，2条；二十六日，1条；二十九日，2条；三十日，2条；三十日，4条；[1]

三月（85条）

初一，4条；初二，3条；初三，1条；初三，1条；初四，6条；初五，1条；初六，7条；初七，2条；初八，3条；初九，3条；初十，5条；十三日，6条；十四日，1条；十五日，1条；十六日，2条；十七日，5条；十八日，3条；十九日，4条；二十日，3条；二十一日，3条；二十二日，1条；二十三日，2条；二十四日，2条；二十五日，2条；二十六日，5条；二十七日，2条；二十八日，3条；二十九日，4条；

闰三月（75条）

朔日（初一），3条；初二，3条；初三，3条；初四，3条；初五，1条；初六，2条；初七，3条；初八，4条；初九，5条；初十，3条；十一日，4条；十二日，4条；十三日，3条；十四日，3条；十六日，4条；十七日，4条；十八日，2条；十九日，1条；二十日，2条；二十一日，2条；二十二日，1条；二十三日，1条；二十四日，3条；二十五日，2条；二十六日，2条；二十七日，2条；二十八日，2条；二十九日，1条；三十日，2条；

四月（44条）

初一日，1条；初二日，3条；初三日，2条；初四日，3条；初五日，1条；初六日，1条；初七日，2条；初八日，2条；初九日，2条；初十日，1条；十一日，5条；

其后有20条，末尾仅注明"以上四月"，不再按日注明。

从五月到十二月（106条），不再逐日标明，改为逐月标明。诸月详

---

1 有时一日记两次，每次数条。

情如下：

14 条，末尾注明"以上五月"。

21 条，末尾注明"以上六月"，但其中第 17 条末注明"三月初八日作《迁夫子论》。"

20 条，末尾注明"以上七月"。

18 条，末尾注明"以上八月"。

11 条，末尾注明"以上九月"。

9 条，末尾注明"以上十月"。

8 条，末尾注明"以上十一月"。

5 条，末尾注明"以上十二月"。

在"以上十二月"之后，是次年即道光二十二年的日记。而在这一年，共有 73 条日记，也都是逐月标明的。各月详情如下：

正月，3 条；二月，6 条；三月，4 条；三月，3 条；四月，8 条；

五月，7 条；六月，14 条；七月，8 条；八月，4 条；九月，1 条；

九月，2 条；十月，3 条；十一月，7 条；十二月，3 条；

而在"十二月"的 3 条之后，又有 8 条，是该书正文的最后部分。最后一条之后，没有注明时期。显然，这应该是到了第三年即 1843 年所作的记录了。至于为什么这一年只有 8 条，根据前文的考察，这应该就是汪霡原辞世的那一年，或至少是他辞世的前一年了。看来，临终前的汪霡原，已经无力再奉行每日每月的修身日记了。

不过，现存这三年间的 411 条日记，虽然是汪霡原用以自警的，却已经足以向我们展示一个真诚笃实且不失深广的精神和思想的世界。从中，我们所能够看到的，不仅在于汪霦原这位个体人物的作为功夫实践的"身心修炼"，更在于这种身心践履是如何通过进入众多古圣先贤的精神和思想世界并与之深度对话和交相呼应而实现的。

三、《警枕录》中的身心修炼

阅读汪氏《警枕录》首先给人以最深的一个印象，在于这是一部完全内在于理学传统的著作。熟悉理学传统及其话语的读者，相信立刻会与我产生同样的感受。

经我粗略统计，在411条语录中，直接提到的理学人物由宋明以迄清朝至少有四十六人共一百五十五条。在宋明理学的传统中，不仅包括周敦颐、二程、张载、邵雍、胡宏、朱熹、陆象山、王阳明和刘宗周这样宋明理学中第一线的人物，也包括其他如吕大临、谢上蔡、胡居仁、李侗、王心斋、高攀龙、顾宪成、李颙、吕坤等稍逊一筹的人物。清朝的理学人物则包括陆陇其、汤斌、汪佑、施璜和陈宏谋等，甚至不太知名的甘京、宗稷辰，也有直接提及。以下是《警枕录》中直接提及的理学人物以及提到的次数：

周敦颐：8；程颢：21；程颐：4；张载：2；邵雍：1；胡宏：2；谢显道：1；李侗：4；

吕大临：1；胡致堂：1；朱熹：32；陆象山：5；胡居仁：2；王阳明：12；董澐：1；

王心斋：1；吕坤：1；高攀龙：6；顾宪成：5；刘宗周：8；李二曲：6；陆陇其：1；

张杨园：1；汤斌：1；赵撝谦：1；陈宏谋：1；施璜：3；汪佑：2；宗稷辰：1；

张惕庵：2；甘京：2；钱绪山：1；尹和靖：1；萧五江：1；汪清卿：1；王嘉叟：1；

王龟龄：1；刘敏中：1；王世贞：1；杨时：1；施观吾：1；李光地：1；范祖禹：2；

薛敬轩：1；胡敬斋：1；罗整庵：1；

除了直接提到的这四十六人一百五十五条之外，其他很多虽然没有直接提名，但不少引用的文字，也是出自以往的理学人物。而汪霦原自己的那些文字，也都是发自理学的问题意识；书写的方式，也完全是理学的话语。更为重要的是，透过《警枕录》我们所看到的，是一位典型的理学人物的精神世界。换言之，至少在这三年之间，《警枕录》向我们展现的，可以说是一个念兹在兹几乎终日处在身心修炼状态的理学家的形象。

如所周知，儒家传统中对于自我的身心修炼一直有着较高的要求。这一点，由宋明以迄明清之际，更是发展出了一套严格的理论与实践。[1]这一功夫实践的传统，在汪霦原的《警枕录》中有着鲜明的体现。例如，在道光二十一年（1841）七月到道光二十二年（1842）六月的日记中，分别有这样两条：

> 我辈下愚，岂但"非礼勿视、非礼勿听、非礼勿言、非礼勿动"，更需非礼勿思，方无渗漏。
>
> 凡有一毫非礼不可以对天地圣贤者，非但事不可有，即念亦不可萌。

这两条日记中所谓的"非礼勿思"、"念亦不可萌"，要求将为善去恶的道德实践落实到自我意识的深处，与刘蕺山的《人谱》一样，显然是一种极高的自我要求。

1　王汎森先生曾将明清之际儒家士人严格的道德实践称为"道德严格主义"。见其"明末清初的一种道德严格主义"，收入郝延平、魏秀梅主编：《近世中国之传统与蜕变——刘广京院士七十五岁祝寿论文集》上册（台北：中央研究院近代史研究所，1998），页69—81。

正是由于《警枕录》原本并非向他人展示，只是自我读书、思考、体会和修证的记录，所以其中大量的是记录自己的感受。即使对于以往道学人物语录的广泛引述，也都是在与自己日常的体会和修证发生关联时才发生的。这一类读书、思考、体会和修证的感受，有时就是非常简短的一两句话，可以说是《警枕录》的主体。我们不妨分别从1841、1842和1843这三年间的日记中各举一些为例。

1841年的日记最多，且五月之前都是逐日记录，完全是"日课"的方式。以下二、三月间的几条可以为证：

> 本日不惬意。（二月十三日）
>
> 读《太极图说》甚乐。（闰三月朔日）
>
> 读《西铭》甚乐。（闰三月初三日）
>
> 读《东铭》惕然。（闰三月初四日）
>
> 欲求活泼泼，须是常惺惺。（闰三月初六日）
>
> 今日静坐颇佳。（闰三月初七日）
>
> 一日静坐有契。（闰三月初九日）
>
> 读书乐，静坐佳。（闰三月初十日）
>
> 先夜少眠体倦，便静坐不得力。（闰三月十二日）
>
> 读书有益，心目清朗。（四月初二日）
>
> 自初七以来，心地较略开明，用功亦渐知端绪。后此宜加意猛进矣。（四月十一日）
>
> 主一可以御万，故学以静为贵。（六月）

次年（1842）也有如下几条为证：

> 但得前后际断，不迎不随，便有历历孤明、朗然独脱意象。此种胸次，颇不恶俗。（五月）
>
> 常操常存，得一恒字诀；勿忘勿助，得一渐字诀。《易》教也。

（六月）

　　日用云为，宜缓不宜急。盖缓则心与理融，急则气为境迫也。缓者安定之基，急者放驰之渐。（十一月）

　　即便在生命的最后一年或去世前一年（1843）记录的八条中，也大都是此类句子，例如：

　　用志而凝于神，洗心而藏于密。
　　行所无事，顺其自然，减却许多妄想，省却许多劳扰。

　　当然，诸如此类的句子，既是一种"记录"，同时也是一种自我的检查和督促。而在《警枕录》中，这种在体会、修证的同时不断进行自我检查和督促的句子，可以说是俯拾皆是的。例如：

　　清晨有怒气，上午念虑杂，便收摄不定。平旦之气，其可不养乎？（辛丑二月十三日）
　　是日读书，乐有转机。化念还心、约情归性工夫，[1] 煞是甚难。然岂可畏难自阻？果而确，无难焉。非主于无欲而静不可。（辛丑二月二十三日）

　　并且，这种自我督促并非"三天打鱼，两天晒网"的一时兴会，而是日常生活经验中念兹在兹每日必修的功课，所谓"日课"。事实上，在第一年三月二十九日的日记中，汪霨原就给自己定下了这样一个目标，所谓：

---

[1]　这里所谓"化念还心""约情归性"的观念与实践，虽未提名，但显然来自刘宗周。这种阅读以前道学家的著作，在思考与实践两方面有所体会因而记录在《警枕录》中的情况，比比皆是。在这个意义上，整部《警枕录》中对以往道学家话语的引述和验证，远远超过前文列举的条数。

> 从今不管动时静时、有事无事，我只一眼注定喜怒哀乐未发气
> 象，日则子而亥，月则朔而晦，年则春而冬，念兹在兹，永不放
> 歇，摈著勤紧，用功一年，看是如何。

而通览《警枕录》全书，这种坚持不懈以阅读、思考、反省、检讨为具
体内容的身心修炼，可以说汪霈原在自己日复一日的生活中完全做到
了。我在多年前即指出，儒家身心修炼的道德实践与佛老等其他的智慧
传统不同，其特点在于不脱离日常生活，不以日常生活为累，而恰恰注
重要在人情世变的纷繁复杂中始终保持内心的祥和与自由。[1] 这一特点，
在汪霈原的这段话中，也可以得到鲜明的体现。

　　以往的研究已经注意到，程朱理学与陆王心学的对峙，在清初以降
的道学传统中已经日趋消解。对此，我自己对于清初理学的研究也进一
步有所说明。[2] 不过，这种消解的涵义，更多是指清初以来的学者更为
注重的躬行实践，不在于理论方面的概念分解。这一特征，在《警枕
录》中显示得格外突出。例如，在道光二十一年（1841）二月初九的日
记中，分别有以下两条：

> 静时念念去人欲存天理，动时念念去人欲存天理。即此便是主
> 一，便是致良知。
> 陆子、王子之书，轩腾爽豁，大有单刀直入气象，读之令人心
> 目开朗。其未尽善处，亦不可不知。

而从汪霈原广引道学传统诸子的语录，不单单局限于一家一派的特点来
看，也足以表明理学、心学的区隔在他那里已经非常淡薄。当然，如果
从道德实践而不是概念分解的角度来看，理学和心学原本都是以成就圣

1　参见本书第一章和第二章。
2　参见彭国翔："清康熙朝理学的异军——彭定求的《儒门法语》初探"，收入彭国翔：《近世儒学史
　的辨正与钩沉》（台北：允晨文化实业股份有限公司，2013；北京：中华书局，2015）

贤人格为共同的目标。[1] 正是由于这一共同的基础和目标，以躬行实践为首务而消解理学和心学之间的对峙，才是可能和可以理解的。

当然，汪霦原注重躬行实践的道德修持，并不意味着他对于儒学的义理全然没有兴趣和自己的发挥。毕竟，"理"和"行"是相互夹持和促进的关系。在义理方面缺乏自觉深入的思考和反省，也会使得任何的道德修养难免于冥行闇修。例如，在道光二十一年（1841）三月十八日的日记中，汪氏写下了这样一句话：

> 蕴而为仁义礼智信，性也。发而为喜怒哀惧爱恶欲，情也。发而为恻隐羞恶辞让是非，亦情也。四端之情，宜扩而充；七情之情，宜摄而返。

由此可见，对于道学传统"情"这一重要的观念，汪氏显然了解其不同的含义所指。对于"四端之情"与"七情之情"的差别，他可以说是十分清楚的。

再比如，汪霦原虽然对阳明学中"无善无恶"的讲法有所保留，但是，对于这一观念其实所反映的阳明学甚至整个儒家传统中"无"、"空"的智慧，他大体也是能够把握的。在道光二十一年（1841）二月十八日这一天的三条日记中，第一条是这样的：

> 圣人自谓无知，空空如也。可见心体至虚至灵，如明镜然，不可有纤毫障碍。乃或者谓圣人之心，聪明睿智，通达万变，充周而不可穷，遂以空空为讳，恐其近禅。岂知圣人之物来顺应者，固即廓然大公乎？其感而遂通者，固即无思无为而寂然不动乎？天地无心而成化，圣人有心而无为，与天地合德在此，空空亦在此。人苦知识纠纷，见闻桎梏，不能空空耳。果能空空，则虚心观理，不患

1　牟宗三先生在《心体与性体》中以朱子学为"学人之学"而非"圣人之学"的判断，至少对朱子本人来说，是并不公允的。

无开悟时也。

此外，他还特别提出并强调作为一种观念和实践的"凝"字。

> 敬、静、定三字，可一言以蔽之，曰凝。但此事凝之甚难，散之甚易。凡轻言易动、厉色高声，或参以游思杂念，则根本之地霍然散矣。散而复收，龃龉难洽矣。而凝于静，未必凝于动，安得不随时敛摄、兢兢焉主敬以凝之？（道光二十一年（1841）二月初十）
>
> "用志不分，乃凝于神"二语，非特为木鸡养到，曲尽形容，直绘出敬字全身、精神毕露。凝即是定也。程子云"动亦定，静亦定"，蒙谓"敬亦凝，动亦凝"。（闰三月十九日）
>
> 能守故凝，能凝故一。凝其志，凝其神，而德乃聚。一其视听，一其心思，而学乃专。（道光二十二年（1842）七月）

熟悉道学话语者都知道，"敬"、"静"和"定"三者，主要分别是朱熹、周敦颐和程颢的观念。这里，汪霦原显然是想用"凝"这个字将三个观念所各自包含的意思统合起来。虽然说从这里汪霦原自己的引述来看，他的"凝"字是来自于《庄子》，即所谓"用志不分，乃凝于神"这句话，但是，就"凝"作为一种特定的观念来看，其涵义则完全超过了"用志不分，乃凝于神"这句话本身，而是将道学传统中"敬"、"静"、"定"的内涵赋予其中。上引第一条文字，完全表明了这一点。正是对于"凝"这个"自家体贴出来"的观念有着深刻的体会，在道光二十一年（1841）三月初十的日记中，汪霦原便明确表示打算以"凝夫"作为自己的号，所谓"念虑少专，沉思有得，因拟号凝夫。"事实上，在现存的这部《警枕录》中，署名的确是"汪霦原凝夫著"。

不过，对于汪霦原来说，"凝"更多地不是一种抽象的观念，而是一种在生活经验中无时无处不需要加以进行的身心修炼的功夫实践。也正是如此，宋明道学中司空见惯的静坐功夫，也是汪霦原的日常功课。

《警枕录》中也有他这一方面的详细记载。道光二十一年（1841）九月的日记中有这样一段话：

> 自八月初九日起，每日寅刻，披衣拥衾，习练静坐。三数日内甚艰苦。后则习惯，胆亦稍壮。可以渐坐渐久，平旦时颇觉神清气定，皆静坐之功也。惟坐时游思杂念不能尽除，正缘工夫尚早耳。

需要说明的是，我们并不能由此认为汪霦原是年八月初九才开始从事静坐。事实上，他在之前二月十八日和三月初七日的日记中，已经提到了自己修习静坐的经历：

> 静坐时，齐手辑足，收视返听，一以见性为主。见性斯知性，知性则复性工夫始有着落，不至倘恍难凭矣。（二月十八日）
>
> 近日静坐颇佳。（三月初七日）

两相对照，合理的解释或许是，他此前虽有静坐的实践，但未必做到每日固定的时间练习。而从八月初九日开始，静坐成为每日寅时必须进行的日常功课了。

正如以往道学传统的静坐往往与佛道两家有关一样，汪霦原的静坐实践，也是吸收了佛道两家的内容。这一点，他自己有明确的交代。他在道光二十二年（1842）九月的日记中说道：

> 庚子，衡山卸任后，研寻性理诸书，久之无所得。因效佛家忏悔法，于每日清晨庄诵感应篇，并日读周、程、张、朱五子书。但求德性开明、道心坚定，不敢有一毫祈福想。

这里的庚子应是道光二十年（1840），由此可见，汪霦原卸任回到钱塘乡里之后，次年即开始进行这种严密的道德实践并以日记的方式记录在案。并且，这种日记的方式本身，就是一种修炼与实践。当然，从这段话我们也可以看出，他并不避讳单纯阅读道学经典无法满足他实践取向的自我要求，而是同时从事佛教的忏悔法和道教《太上感应篇》所指导的实践方法。不过，从他"不敢有一毫祈福想"的话来看，他所从事的迁善改过的道德实践功夫，显然是立足于儒家的基本立场，并无功利主义的内容。当然，自晚明以来，儒家士大夫中即多有取法佛教忏悔法和道教《太上感应篇》的方法，从而进行日常生活中迁善改过的道德实践者。[1] 在这个意义上，可以说汪霨原同样继承了这一传统。

从《警枕录》的内容来看，除了静坐的修炼实践之外，汪霨原还有一些涉及道教和中医养生的部分。不过，这一类的内容大都出现在1842 年的文字中。这也许说明，汪氏进入1842 年之后，身体状况出现了问题，因为1843 年或1844 年汪氏即辞世了。而在晚年多病的情况下，涉及养生的文字有所增加，也是自然而然、合情合理的。

总而言之，《警枕录》向我们展示的，是一位典型的道学人士的精神世界，特别是他在其生命的最后三年仍然坚持一丝不苟地从事道德实践的生动画面。并且，这种道德实践是通过阅读以往儒学传统尤其理学传统中的各种文献著作并与历史上那些儒家知识人的精神世界深度交流来进行的。如果说劳崇光的跋语中所谓"日课加密，积而成编"的话，主要是对该书体裁的说明，那么，汤金钊"书警枕录后"的如下文字，则可以说是对这一精神世界和生活画面的准确概括：

> 此真切实为己之学，字字从躬行心得中来。无丝毫客气，故能不分门户，惟迁善改过、存心养性是求。造诣如此，未易及也。

1　明清以来的这种迁善改过运动，酒井忠夫曾有经典性的研究，参见其《中国善书の研究》（东京：国书刊行会，1960；增订版，1999）。中译本有刘岳兵、何英莺等译：《中国善书研究》（上下）（南京：江苏人民出版社，2010）。而特别针对明末清初士人所从事的迁善改过的研究，特别是修身日记所反映的这一动向的研究，参见王汎森："日谱与明末清初思想家"，收入其《权力的毛细管作用——清代的思想、学术与心态》（台北：联经出版公司，2013），页 273—340。

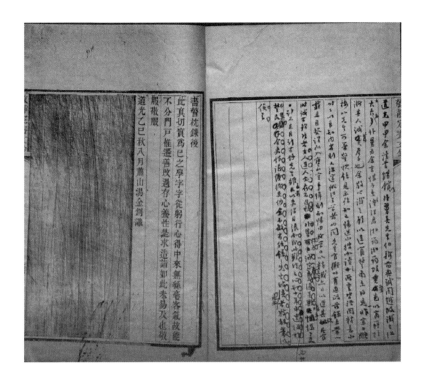

四、《警枕录》的思想史意义

以上，根据文本，我对《警枕录》这部以往学界未尝措意的著作进行了初步的分析，重点在于揭示该书作者汪霦原所自觉从事的功夫实践。作为汪霦原的日记汇编，该书显然不只是汪霦原内心（精神与思想）世界的反映，更是其身心兼顾的功夫实践的记录。下面，就让我尝试对于该书所具有的思想史意义，略加提示。

首先，该书有助于我们进一步细致和全面地认识清代思想世界的整体图像。考据学无疑是清代学术思想世界的一个焦点，也是清代从整体上有别于宋明思想世界的关键所在。但是，我们并不能将考据学放大为清代思想的全貌。这一点，以往学界已经开始有所辨析。有的学者也尝试发掘清代义理学的传统，纠正那种单纯从考据学认识清代学术思想的一偏之见。[1] 不过，指出清代产生了以戴震为代表的新的义理学形态，仍不足以显示清代思想世界的完整面貌。这里的关键就在于，如何认识宋明以来的道学或理学传统在有清一代的延续和发展。就这一点来说，仍有相当的工作要做。[2] 而本章对《警枕录》的研究，正是这一线索和方面的成果。显然，作为道光年间的一位儒家知识人，汪霦原的《警枕录》完全是道学（理学）传统的体现。它足以让我们看到，道学传统无论作为一种精神和思想的世界还是一种身心修炼的生活实践，至清代中叶非但完全没有消失，反而更加成为像汪霦原这样的人士的日常生活经验。也恰恰是在这一点上，对于汪霦原在《警枕录》中为"道学"辩护，充分肯定其价值，所谓"道学扶持世宙，判别人禽。一日无道学，则人类或几于息矣。"（道光二十年（1840）六月）并自觉站在道学传统的立场上批判考据、辞章之学，[3] 就完全可以理解了。

或许有人会强调地域的因素，认为考据学所占据的区域为江南。但是，值得注意的是，汪霦原虽然任官湖南衡山，但其《警枕录》之作，却恰恰是他在"归田"之后，在江南的重镇杭州（钱塘）完成的。也正因此，穆彰阿才会说"方谓东南能为人师者，此其人矣。"道光年间，江南一带可以说早已经过了乾嘉考据学的洗礼。而在这种情况之下，由《警枕录》所呈现的精神与思想世界以及作为身心修炼的功夫实践可见，身在杭州的汪霦原在其生命的最后关头，念兹在兹的却仍是道学传统的

1　例如张丽珠的研究，参见其《清代新义理学》(台北：里仁书局，2003)、《清代的义理学转型》(台北：里仁书局，2006) 以及《清代义理学新貌》(台北：里仁书局，1999)。

2　目前来说，从整体上探讨清代理学传统的著作，大概仍以龚书铎主编的三卷本《清代理学史》为代表。但是，更为细致和全面的研究，仍有待于将来。而在此之前，有关清代理学的各种专题研究，尤有必要。

3　同样在道光二十一年（1841）六月的日记中，有这样一长段为道学辩护的文字："世有诋道学以为高者，薄道学以为卑者，假道学以为名者，有诋道学以为迂者，皆非也。而诋道学者尤谬。自居室造端以至子臣弟友、日用饮食，终身行习，皆愚夫愚妇之可以与知与能。切近若此，而云高耶？德曰庸德，而累世莫殚；言曰庸言，而穷年莫究。由此而精义入神，尽性至命，以至如天地之无不持载，无不覆畴。四时日月错行代明，虽圣人其尤病。精深若此，而云卑耶？人有是性，即有是道；有是道，即有是学。体其道，重其学而后得，人还其人。循天理则为圣贤，狥人欲则为禽为兽。理欲不并立，乃依违两可，不踏其实，而以为名耶？虽然，是皆可恕。至以道学为迂，则其流失败坏，更不可问。"

观念与实践。这一点，不能不值得我们进一步思考即便是同在江南地区的理学传统与考据学之间的关系。由此可见，以地域来区分考据学与其他学术传统，比如关中和湖湘的理学与江南的考据学，对于清代思想世界的错综复杂，恐怕仍未能尽其曲折。

事实上，钱穆先生早在其〈《清儒学案》序〉中，已经质疑认为清代是理学衰世的看法。当代学者如黄进兴先生，也进一步指出理学传统在清代仍然发挥着举足轻重的影响，考据学的影响不能夸大。所谓"乾嘉学术固以考据学著称，但在道德观上仍以理学为尊。……故考据学基本上乃是学问的一种类型，仅止少数学者的专门之学，对士子、百姓并未产生多大的影响。"[1] 对此，汪霨原的《警枕录》可以说是提供了一个来自清代思想世界内部与自身的有力支持。当然，如果我们不止于此的话，理学传统的观念和实践如何在清代被儒家知识人思考和实践，在既有的研究成果之外，汪霨原的《警枕录》也提供了一个可供分析的最新案例。从中我们可以看到，理学的思想与实践，尤其是作为一种"修身"或者说"身心修炼"的传统，即便在考据学最为兴盛的江南一带，也从未湮灭。

其次，对于理学传统在清代的发展线索和整体地貌，我们目前的了解还是不够细致和完整的。而汪霨原《警枕录》一书所呈现的精神世界，不仅可以让我们对清代道光年间理学世界的一个局部可以有较为清晰和深入的观察，对于理学思想史发展的线索，更有进一步的揭示之功。

具体来说，论及清代道光年间以及之后的理学，总以曾国藩（1811—1872）为重要代表。但是，对于曾国藩理学思想与实践的渊源，尤其是"经世致用"之外自我修养这一面的渊源，迄今为止仍是较为模糊的。钱穆先生曾经认为曾氏之学是"有闻于其乡先辈之风而起者。"[2] 但究竟是哪些乡先辈，钱先生未有说明。目前为止，研究者注意到了唐

---

1 黄进兴："理学的黄金时代及其余蕴"，见其《从理学到伦理学——清末民初道德意识的转化》（北京：中华书局，2014），页18。
2 钱穆：《中国近三百年学术史》（北京：商务印书馆，1997），页632。

鉴（1778—1861，字镜海，号翕泽，湖南善化人）这位乡先辈在理学
方面对曾国藩的影响。有关曾国藩的研究中，注意到了劳崇光在向穆彰
阿引见曾国藩一事中所扮演的重要角色。但是，以往提及劳崇光与曾国
藩，都是从政治史的角度，着眼于曾国藩的政治生涯，并未能留意其间
理学史的线索。事实上，从本章对《警枕录》的考察可见，劳崇光正是
汪霦原的学生。在《警枕录》后的跋语中，劳崇光对于二人之间的师生
关系有着清楚的交代。所谓：

> 道光乙酉（1825）秋，崇光领乡荐，实始受吾师汪先生知。戊
> 子（1828）至辛卯（1831），依师于衡山署斋，为小湘授读。每见
> 吾师退食稍暇，即研寻儒先之书。侍坐辰夕，与同讲论。维时重刻
> 《人谱》《新吾粹语》，命崇光任校雠之役。此后壬辰（1832）通籍，

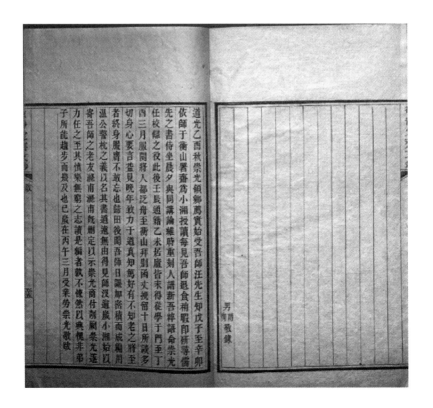

乙未（1835）居庐，皆未得从学于门。至丁酉（1837）三月服阕，
将入都，泛舟至衡山拜别。函丈挽留十日，所谈多切身心要言，益
见晚年致力于道。真知笃好，有不知老之将至者。终身服膺，不敢
忘也。

　　显然，从这里记述的事实来看，无论是1828—1831年劳崇光在
衡山朝夕亲炙从学汪霨原并担任汪霨原之子教师的三年，还是劳崇光
1837年专程前往衡山拜别汪霨原，尤其是劳崇光实际帮助《警枕录》
一书的刊刻，都足见其与汪霨原的师生关系是极为亲密的。而劳崇光正
是曾国藩的"乡先辈"。尽管从政治生涯的角度来看，曾国藩算是穆彰
阿的门生。但是，假如没有劳崇光的引荐，曾国藩大概是根本无缘得见
穆彰阿的。而无论是穆彰阿还是劳崇光，事实上都是清代理学史上不可
缺少的人物。并且，劳崇光更直接是曾国藩的乡前辈。因此，劳崇光对
于曾国藩的影响，应该颇值得重视。但是，对于从理学史的角度观察劳
崇光与曾国藩的关系，以往大概是阙如的。而如今汪霨原《警枕录》的
意义，显然在于向我们揭示了汪霨原、劳崇光到曾国藩这样一条理学史
的清晰线索。如果说要尽可能重新还原清代理学的思想地貌和完整血
脉，那么，这样一条线索，就至少是清代理学思想地貌的"局部一角"
或血脉系统的部分"毛细血管"。这种"局部一角"或"毛细血管"的
积少成多，还原清代理学思想地貌和完整血脉的这一艰巨工作，才会逐
步完成。这一点，正是《警枕录》所具有的第二个思想史意义。

第十章
儒家传统的静坐功夫论

本章提要

　　静坐自宋代以来已经成为儒家功夫论的重要组成部分，但究竟应该如何理解静坐在儒家功夫论中所扮演的角色？或者说，作为一种以君子和圣贤人格为追求的功夫实践而非一般的养生方法，静坐在儒家传统中究竟应当如何定位？尤其是，较之佛、道以及世界上其他宗教与精神性传统的静坐实践，儒家式的静坐功夫又有何种与众不同的特点？对此，学界迄今似未见较为全面与深入的研究。本文以这两个相互关联的问题为焦点，对儒家静坐功夫论尝试予以总结性的考察，具体包括以下几个方面：首先，指出静坐在整个儒家传统的功夫论中并未被作为根本性的功夫实践，主流儒者大都对静坐作为儒家功夫实践的限制有明确的自觉。其次，分析静坐在儒家传统中不被视为根本功夫实践的原因。第三，在此基础上，以佛、道以及亚伯拉罕传统静坐实践和理论为对照，指出儒家静坐功夫的特点以及为什么会具有这样的特点。

一、引言

作为一种宗教和精神性的传统，[1] 儒学自始即具有丰富的功夫论内涵。而"功夫论"既有身心修炼的实践，更包括对于实践的理论反省。世界上每一种宗教和精神性的传统，其功夫论都各有特点。或者说，某一种传统之所以有别于其他的传统，不仅在于各自对于宇宙人生的理解不同，对于各自追求的理想人格理解相异，也在于对于如何成为各自的理想人格，分别提供了不同的方法和途径。从发生学的角度来说，"静坐"并非儒学自始即有。因为就儒学现有的文献来看，尚无足够证据认为先秦儒家已将静坐作为一种身心修炼的功夫实践。[2] 不过，至少宋代开始，佛教和道家道教传统中历来修习的静坐方法，作为身心修炼的功夫实践，已被儒家学者采取。静坐不仅在宋明理学的传统中被许多儒家人物实践，在理学似乎衰落的清代，正如本书前一章对于汪霦原《警枕录》的考察所示，也并未断绝。甚至直到现代，仍有儒家人物要么将静坐作为一种养生的方法亲身实践，要么对作为一种功夫实践的静坐提出自己的观察和评价。

在这个意义上，对于儒家功夫论的考察，静坐可谓不可或缺的题中应有之义。迄今为止，学界对于儒家传统中的静坐，尤其是宋明儒学中

1　儒学在何种意义上可以成为一种宗教性和精神性的传统及其特征为何，参见我的《儒家传统——宗教与人文主义之间》(增订版)。

2　有学者认为，静坐作为一种"自我操纵的，用来达到内心转变的心理技巧"，公元前 500 年已经在中国出现，并举《孟子》的"浩然之气"、《老子》的"抱一"、"守静"和庄子的"心斋"、"坐忘"、"缘督"、"导引"、"吐纳纳新"、"听气"以及"踵息"等为例。见艾皓德 (Halvor Eifring)："东亚静坐传统的特点"，收入杨儒宾、马渊昌也、艾皓德编：《东亚的静坐传统》(台北：台湾大学出版中心，2012)，页 3—4。不过，严格而论，根据现有老子、孟子和庄子的文献本身，并不能坐实他们已经采取"静坐"的方法，无论老子的抱一守静还是孟子的浩然之气，不必以静坐的方式践行和达至。即便是庄子的心斋坐忘、导引吐纳较易引发人们对于静坐的联想，从庄子的文献本身来看，也同样无法坐实其实践一定是采用后世所谓静坐的方式。需要说明的是，《东亚的静坐传统》虽然不是专论儒学的静坐，而是包含了对佛教和道教静坐的考察，但作为一部文集，其中关于儒家静坐的若干论文，则反映了晚近学界关于儒家静坐的探索。

静坐的个案研究，已经积累了一定的成果。[1] 不过，究竟应该如何理解静坐在儒家功夫论中所扮演的角色？或者说，作为一种以君子和圣贤人格为追求的身心修炼的功夫实践而非一般的养生方法，静坐在儒家传统中究竟应当如何定位？尤其是，如果静坐早已被纳入儒学功夫论而存在着有别于佛、道以及其他传统的静坐实践，那么，这种"儒家式"的功夫论又有何与众不同的特点？本章对于儒家静坐功夫论的考察，即主要针对这样两个相互关联的问题。

对于第一个问题，本章将尽可能遍检相关的原始文献，考察儒家传统内部的相关人物对于静坐的基本看法究竟如何。显然，静坐在儒家功夫论中的定位问题，需要以儒家人物对于静坐的自我理解为据，不能脱离历史的脉络进行分析和评价。并且，现代的研究者更不能因为以静坐为自己的研究课题，便夸大其对于历史上相关儒学人物的意义及其在儒学传统中的价值，而是应当将"论"与"证"（argument and evidence）建立在对既有历史文献和研究成果充分与合理的掌握和分析之上。对于第二个问题，本章将在第一个问题的基础之上，以包括佛、道等其他传统对于静坐的实践和反省为参照，力求在一个比较的视域中，对于儒家式静坐的特点为何以及为什么会具有这样的特点这两个方面，提出尽可能相应的分析和诠释。

二、静坐在儒学功夫论中的定位

既然从现有的文献来看，静坐大致宋代起才被儒家正式纳入自身功夫论的系统，并在宋明儒学的传统中得到了最为丰富的讨论，那么，如何理解静坐在儒家功夫论中所扮演的角色，或者说静坐作为一种身心修

1　参见史甄陶："东亚儒家静坐研究之概况"，《东亚的静坐传统》，页 27—61。作为一篇文献综述，该文介绍了 2010 年以往关于儒家传统中静坐问题的绝大部分研究成果。如题目所示，该文所涉不限于中国，也包括了日本和韩国儒学中有关静坐的研究成果，但仍以中国宋明时期儒家静坐的研究为多。2010 年以来有关儒家静坐的研究成果，这里无法也不必一一列举。对于那些确有学术价值的相关研究，后文会在涉及时指出。

炼的功夫实践在儒家传统中的定位问题，我们的考察将主要以宋明儒学的文献为基础，兼采清代以至当今的相关文献为辅。

在迄今为止关于儒家静坐的研究成果中，认为宋明儒家格外重视静坐所举的历史人物，有足够的文献依据者，似乎只有陈献章（白沙，1428—1500）、高攀龙（景逸，1562—1626）、刘宗周（蕺山，1578—1645）等有限的几位。并且，无论是这几位历史上的儒家人物，还是以这几位为研究对象的现代成果，所有肯定静坐作为儒家功夫实践的论述，几乎都会诉诸宋明儒学开端与权威人物的相关记载。其一，是将儒家静坐的源头追溯至二程，包括程颢（明道，1032—1085）教人"且静坐"和程颐（伊川，1033—1107）"见人静坐，便叹其善学"的典故。[1]其二，是援引朱熹（1130—1200）"半日静坐，半日读书"的话头，作为肯定静坐的权威依据。那么，我们就首先来看一下，在二程与朱子的功夫论中，静坐究竟具有怎样的位置。

关于儒家静坐的宋代起源，二程之外似乎并无其他典故可资凭借。当然，也有人追溯至比二程较早且后来被朱子建构为"道学宗主"的周敦颐（濂溪，1017—1073）。[2] 不过，除了曾经受到僧人指点修习静坐的传说之外，在濂溪自己的文献中，并无关于静坐的叙述。至于认为濂溪"主静"的主张即是对于静坐的肯定，显然是误解。例如，白沙在肯定二程教人静坐的同时，便认为二程重视静坐来自濂溪，并将儒家静坐的源头追溯到了后者，所谓"性静者可以为学，二程之得于周子也"（《白沙先生至言》卷三）。但是，濂溪非但没有讨论静坐的文字，对于"静"

---

[1]　《河南程氏外书》卷第十二《传闻杂记》载："谢显道习举业，已知名，住扶沟见明道先生受学，志甚笃。明道一日谓之曰：'尔辈在此相从，只是学某言语，故其学心口不相应，盍若行之？'请问焉。曰：'且静坐。'伊川每见人静坐，便叹其善学。"《二程集》（北京：中华书局，1981），页432。

[2]　《宋元学案》中黄百家称《性学指要》录濂溪从僧人东林常总（1025—1091）习静坐事，所谓"元公初与东林总游，久之无所入。总教之静坐，月余，忽有得，以诗呈曰：'书堂兀坐万机休，日暖风和草自幽。谁道二千年远事，而今只在眼睛头。'总肯之，即与结青松社。"这是濂溪静坐的唯一依据。但《性学指要》除《宋元学案》谓为僧人浮屠文诚所著外，没有其他信息。有关濂溪的该记载是否可靠，未能无疑。

的涵义，其自注的解释也是"无欲"，并未以"静坐"来界定。而达到"无欲"的方法，更不是只有"静坐"一种。白沙自己对心性本体的把握得力于静坐，因而推崇作为功夫实践的静坐，这是可以理解的。但将儒家静坐之说追溯到濂溪，显然基于对其"静"观念的误解。这一点，后来泰州一脉的王栋（一庵，1502—1581）即曾有所辨析，所谓"周子主静之说，只指无欲而言，非静坐也。今人谬以静坐养心，失之远矣。"（《一庵王先生遗集》卷上）[1]当然，一庵此语不仅指出了白沙的误会，同时也表达了自己对于静坐的看法。事实上，并不将静坐视为儒家功夫论的根本，可以说是儒学传统的主流看法。对此，我们下面会着重加以检讨。

明道教人"且静坐"与伊川"见人静坐，便叹其善学"的记载，未尝不可以作为二人肯定静坐的依据。然而，明道教人"且静坐"之事，只是明道对其门人谢良佐（上蔡，1050—1103）的个别指点，恰如朱熹"半日静坐，半日读书"也只是具体针对门人郭友仁（生卒不详）的提点一样，并不能作为一般意义上对于静坐的肯定，更不能视为一种普遍的教法。事实上，关于明道肯定静坐的直接文献依据，无论是历史上的儒家还是现代的研究者，历来辗转征引者，不过此一例。并且，由明道的代表性文献来看，无论是早年（27岁）的《定性书》还是晚年（48岁）的《识仁篇》，正面提倡的功夫实践都没有静坐之说。《定性书》所注重和提倡的"动亦定、静亦定"的"定性"境界，显然不以隔离世事的"静"为尚，遑论以静坐作为一种根本的功夫实践。其《定性书》之作，原本也正是对"规规于外诱之除"的不以为然。至于《识仁篇》主张的功夫实践，更是以对作为心性本体之内容的"仁"的直接

1　这种将"主静"等同于"静坐"的误会，非但存在于宋明理学之中。如今有学者看到宋明儒学文献中凡有"主静"甚至"静"字，便与"静坐"关联乃至等同起来，当然也是析理不清所致的颟顸。如果说"静"指的是主体心灵、意识和情感的某种稳定的状态，其涵义固然可以将"静坐"包括在内，却远比"静坐"广泛。"静坐"可以视为达至"静"的一种方式，但既不是唯一的方式，也不能保证"静"的必然达至。详细讨论见后文。

自觉和把握为根本。对于如何才能自觉和把握到自己心性本体之仁，明道认为需要通过主体自身的"诚"与"敬"方可实现，所谓"学要在敬也、诚也，中间便有个仁"（《遗书》卷十四），完全没有认为"诚"与"敬"的状态必须通过静坐才能达至。也正是在这个意义上，朱子便认为静坐只是明道教学中的一时权法，并非其功夫实践的根本方法，否则便有流于佛教禅定的危险，所谓"明道教人静坐，盖为是时诸人相从，只在学中，无甚外事，故教之如此。今若无事固是只得静坐，若特地将静坐做一件功夫，则却是释子坐禅矣。"（《朱子全书》卷六十二《答张元德》）

或许正因如此，后世儒学肯定静坐而溯源二程者，往往更多引用伊川"见人静坐，便叹其善学"的典故。较之明道的个别指点，伊川这句话看起来仿佛更有一般性的涵义，其中，静坐似乎被肯定为一种原则性的功夫实践。是否如此呢？其实不然。如前所引，这句话紧随明道指点上蔡的典故之后，在现有伊川的所有文献中仅此一处。因此，很难以此为据，得出伊川以静坐为一种经常提倡的普遍教法这一判断。对于静坐作为一种功夫实践，伊川的立场和态度其实是颇有保留甚至批评的。他曾颇为自诩地说："自古儒者皆言静见天地之心，唯某动而见天地之心。"（《遗书》卷十八）而通观其关于功夫论的文献，伊川明确提倡的功夫实践是时时处处的"主敬"而非"主静"，更不是要采取静坐这种特定的形式，所谓"才说静，便入于释氏之说也。不用静字，只用敬字。"（《遗书》卷十八）对于"敬"与"静"之间的关系，伊川的看法是"敬则自虚静，不可把虚静唤做敬。"（《遗书》卷十五）事实上，"主敬"而非"静坐"构成伊川功夫论的核心，迄今已是学界的共识，无需就此赘词了。

除了二程尤其伊川的孤例被视为儒家静坐的源头之外，另一个在儒家传统中常被作为肯定静坐的权威人物及其话语，是朱子及其"半日静坐，半日读书"之说（后人引用时常作"半日读书，半日静坐"）。这句话确是朱子所说，但若由此认为朱子将静坐视为儒学的一般乃至根本功夫，则既是断章取义，更是无视朱子文献中大量对于静坐的不以为然和批评。[1]这里，我先完整征引原文，然后再做两点澄清。

> 郭得元（友仁）告行，先生曰："人若于日间闲言语省得一两句，闲人客省见得一两人，也济事。若浑身都在闹场中，如何读得书？人若逐日无事，有现成饭吃，用半日静坐，半日读书。如此一二年，何患不进？"（《朱子语类》卷一百一十六）

首先，前文已经提到，朱子此说只是针对门人的一时之词，并非一种普遍的教法。在朱子所有的文献中，肯定"半日静坐，半日读书"的只此一处。后世反对静坐而批评朱子此说者如清代颜元（习斋，1635—1704），固然是醉翁之意不在酒，并非的确认为朱子本人以此为平素功夫实践之方。至于肯定静坐而援引朱子此说为据者，也都是将此说从朱子功夫论的整体论述中抽离出来单独发挥，夸大了朱子对静坐的肯定，甚至不惜更改朱子原来的表述。如后来高攀龙引朱子此句时称"朱子谓学者'半日读书，半日静坐，如此三年，无不进者'"（《高子遗书》卷一），将"一二年"改为"三年"；刘宗周所谓"朱夫子常言：'学者半日读书，半日静坐。如是三五年，必有进步可观。'今当取以为法"（《刘蕺山集》卷十一《读书说》），则改为"三五年"。这种做法，只能说是他们自己欲以朱子的权威来肯定静坐，并不能反映朱子本人对于静坐的看法。诚如陈荣捷先生所谓"以朱子一时教一门人之法为学者常法，则可谓诬朱子矣。"[2]而在"读书"与"静坐"之间，朱子更为重视

1　以《朱子语类》为例，其中提及"静坐"者101处，虽不无肯定之处，但大部分都是提醒学者不能一味静坐，不接世事，否则便与释氏枯坐无异，失却儒学头脑。陈荣捷（1901—1994）先生曾提及日本学者柳川刚义从朱子《文集》和《语类》中辑取朱子静坐语三十条而成《朱子静坐集说》，见其《朱子新探索》（台北：台湾学生书局，1988），页307。其实，《静坐集说》是选取《朱子静坐说》中的三十条另加四条而成，而《朱子静坐说》为柳川刚义从《文集》和《语录》中辑朱子静坐语录九十七条而成。就此而言，《静坐集说》可谓《朱子静坐说》的节选本。

2　陈荣捷：《朱子新探索》，页312。

的是前者。[1]

其次，朱子"半日读书，半日静坐"的前提是"若逐日无事，有现成饭吃"这样一种假设。但是，朱子并不认为人们可以"逐日无事，有现成饭吃"，所谓"人在世间，未有无事时节；要无事，除是死也。自早至暮，有许多事。不成说事多扰乱，我且去静坐。"（《语类》卷十二）这里既明确指出人生在世并无"无事时节"，更明确对因"事多扰乱"而"且去静坐"提出了批评。因此，朱子自己平常提倡的功夫实践，并非"半日读书，半日静坐"，而是继承并发扬了伊川"主敬"的主张，所谓"圣贤之学，彻头彻尾只是一敬字"（《文集》卷五十《答程正思》）。这恰恰是朱子虽曾师从李侗（延平，1093—1163），却对道南一脉"静中体认大本未发时气象"的功夫实践，从早年难以契入到晚年公开批评的原因所在。[2] 也正是由于这一点，对于明道曾经教人静坐，朱子的解释便是将其视为一种偶发事件，所谓"明道教人静坐，盖为是时诸人相从，只在学中，无甚外事，故教之如此。"（《文集》卷六十二《答张元德》）而在此基础上，朱子正面的看法则是："今若无事固是只得静坐，若特地将静坐做一件功夫，则却是释子坐禅矣。但只着一敬字，通贯动静，则于二者之间自无间断处，不须如此分别也。"（同前）"苟不从事于学问思辨之间，但欲以静为主，而待理之自明，则亦没世穷年而无所获矣。"（《文集》卷五十《答程正思》）"既为人，亦须著事君亲，交朋友，绥妻子，御僮仆。不成捐弃了，闭门静坐。"（《语类》卷四十五）明乎此，对于朱子这一类屡屡批评静坐的表述，指斥溺于静坐的门人弟子"作怪"，甚至曾经直接说出"今学者或谓每日将半日来静坐，即是有此病也"（《语类》卷六十二）的话，就不难理解了。

1　"读书"对于朱子而言并不是一种单纯的知性探求，而是一种身心修炼的功夫实践。这一点参见本书第六章。

2　"或问：近见廖子晦，言今年见先生问延平先生静坐之说。先生颇不以为然，不知如何？曰：这事难说。静坐理会道理自不妨，只是讨要静坐则不可。理会得道理明透，自然是静。今人都是讨静坐以省事，则不可。"（《朱子语类》（下简称《语类》），卷一百三，北京：中华书局，1986，页2602）"某旧见李先生尝教令静坐，后来看得不然。只是一个敬字好。"（《语类》卷一百二十）

　　朱子当然有一些看似肯定静坐的话，如"闲时若静坐些小也不妨碍"(《语类》卷二十六)、"须是静坐方能收敛"(《语类》卷十二)、"明道、延平皆教人静坐，看来须是静坐"(《语类》卷十二)之类。因此，"半日读书，半日静坐"之说固然不是朱子功夫实践的普遍教法，朱子对静坐也不是一概否定。关键在于，朱子只是把静坐视为"初学"或"始学"的功夫，[1]并不将其作为儒家身心修炼功夫的根本。事实上，朱子对静坐的看法，二十世纪的前辈学者早有客观的持平之论。[2]例如，钱穆先生在其晚年巨著《朱子新学案》中专门检讨过朱子对"静"与"静坐"的看法，指出"朱子深不喜偏重主静"。[3]陈荣捷先生也曾专门考察"朱子与静坐"以及"半日读书，半日静坐"的典故，指出静坐对朱子来说并非一种普遍的教法和始终提倡的功夫实践。[4]这里的两点澄清，实乃两位先生所论的题中之义，本无需费词。可惜后来一些试图论证朱子重视静坐者，往往袭取两位先生征引之原始文献而略其论断，故此处不得不稍加申论。

　　二程和朱子对于静坐的看法既明，接下来我们看一看宋明儒学主流对于静坐究竟持怎样的看法。有学者曾经搜罗宋明儒学中诸多儒者的静

1　例如，"又问：'伊川尝教人静坐，如何？'曰：'亦是他见人要多思虑，且以此教人收拾此心耳，若初学者亦当如此。'"(《语类》卷一二一"朱子十六")"始学工夫，须是静坐。"(《语类》卷十二"学六")

2　钱穆、陈荣捷两位之外，较早关于朱子静坐较有代表性研究还有 Rodney L. Taylor, "Chu Xsi and Meditation," Irene Bloom and Joshua A. Fogel, *Meeting of Minds: Intellectual and Religious Interaction in East Asian Tradition of Thought: Essays in Honor of Wing-tsit Chan and William Theodore de Bary*（New York, Columbia University, 1997）；吾妻重二："静坐 とはなにか"，《朱子学の新研究》(东京：创文社，2004)；中嶋隆藏："朱子の静坐観とその周辺"，《东洋古典学研究》25，2008，页 9—32；杨儒宾，"宋儒的静坐说"，《台湾哲学研究》4，2004，页 39—86。中嶋文中译收入其《静坐：实践与历史》(陈玮芬等译，台湾清华大学出版社，2011)，页 81—105。其中也有其"明代儒者之'静坐'论"一文，页 107—132。

3　钱穆：《朱子新学案》，第 2 册，该书初版为台北三民书局 1971 年版，后收入《钱宾四先生全集》(台北：联经出版公司，1994)，第 12 册，页 405。有趣的是，钱先生自己曾有静坐的实践和体会，但同样以之为养生的手段，并不将其视为儒家功夫实践的根本方法。钱先生自述其青年时静坐的经验，参见其《师友杂忆》中第四部分"私立鸿模学校与无锡县立第四高等小学"，《钱宾四先生全集》，第 51 册，页 88，页 95—97。

4　陈荣捷，《朱子新探索》，页 299—313。

坐事例，分别其不同类型，指出静坐是宋明儒者广泛采取的一种实践方式。[1] 这一工作对儒学静坐的研究有切实的推进，值得肯定。不过，是否修习静坐以及在什么意义上修习静坐？尤其是，是否采取静坐以及是否认为静坐即是儒家功夫实践的根本？还是两类不同性质的问题，需加辨析。前已指出，宋明儒学中历来被作为推崇静坐的代表人物，大体不过白沙、景逸和蕺山等有限的几位。而在整个宋明儒学的传统之中，对于静坐更多的是批评，或至少是指出其并不能作为儒家功夫实践的根本形式。

作为朱子最忠实的学生，陈淳（北溪，1159—1223）曾经批评陆九渊（象山，1139—1193）"本心"之说流于告子的"生之谓性"以及禅宗的"作用是性"。有趣的是，北溪在相关论述的同时，对象山"求本心"之法的静坐也表达了不以为然的看法。所谓"象山学全用禅家宗旨，本自佛照传来，教人惟终日静坐，以求本心。而其所以为本心者，却错认形体之灵者以为天理之妙。谓此物光辉灿烂，万善皆吾固有，都只是此一物。只名号不同，但静坐求得之，便为悟道，便安然行将去，更不复作格物一段工夫，去穷究其理。恐辩说愈纷而愈惑，此正告子生之谓性，佛氏作用是性、蠢动含灵皆有佛性之说。"（《北溪大全集》卷二十四《答黄先之》）这里，无论对象山"本心"的判断还是认为象山"教人惟终日静坐"，都是误解。但其中所谓"但静坐求得之，便为悟道，便安然行将去，更不复作格物一段工夫，去穷究其理"，显然透露了北溪自己对于静坐的态度和立场，可以说对静坐提出了明确的批评。

白沙的静坐主张与实践，历来被肯定静坐者反复援引。而白沙的友人周瑛（翠渠，1430—1518），当时即曾在给白沙门人李承箕（大厓，1452—1505）的信中，对静坐提出了批评。他说：

> 圣人静有以立天下之大本，动有以行天下之达道，求诸万殊而

后一本可得。盖始学之要，以收放心为先务；收放心，居敬是也。居敬，则心存，聪明睿智皆由此出，然后可以穷理。所谓穷理者，非谓静守此心而理自见也，盖亦推之以及其至焉耳。积累既多，自然融会贯通，而于一本者自得之矣。一本如谷种，虽自块然，而根苗花实皆聚于此；又如鸡卵，虽自浑然，而羽毛觜距皆具于此。及其发见于行事，在圣人体用一贯，在学者未免差误。盖在己者有所拘蔽，故所发不无偏重之殊；在外者有所摇夺，故所施不无迁就之意。然而既复本原，则于处善亦安，循理亦乐，至于患难事变，虽以死易生，亦甘心为之。此圣学之大略也。今乃块然静坐，求毕体用之学，是释氏之虚空也。(《明儒学案》卷四十六《诸儒学案上四》)

这段文献以往研究者较少使用，所以完整征引如上。作为白沙的同代人，翠渠远不如白沙为人所知，但正是在这个意义上，翠渠对静坐的批评，便格外具有思想史的意义。所谓"块然静坐，求毕体用之学，是释氏之虚空"的看法，对白沙本人虽然未必是公平的判断，但指出单纯的静坐易于脱离人伦日用，却无疑表明了儒学的基本立场。这也正是翠渠强调"穷理"不是"静守此心而理自见"，在功夫实践的问题上显示出与静坐异趣的原因所在。

明代中期以后，朱子学虽然始终没有失去官学正统的地位，但阳明学异军突起，隆庆万历期间达至鼎盛。虽明末清初以降渐趋衰弱，但流风余韵，并未骤然断灭。至于阳明学主流对于静坐的看法，稽之文献，清晰可见。

虽然王守仁（阳明，1472—1529）本人也曾有静坐的实践，甚至一段时间内以静坐教学。但是，就阳明成熟的思想和实践而言，静坐的价值与意义仅在于对心猿意马、意念纷驰的学者起到凝聚心神的作用，所谓"所云静坐事，非欲坐禅入定，盖因吾辈平日为事物纷拏，未知为己，欲以此补小学收放心一段功夫耳。"(《王文成公全书》卷四《与辰中诸生》）阳明以静坐为"拴马桩"的比喻，其意也正在于此。对阳明来说，根本的功夫实践在于统合了"静处体悟"和"事上磨炼"的"致良知"。对此，阳明曾有这样一段自述："吾昔居滁时，见诸生多务知解，口耳异同，无益于得，姑教之静坐。一时窥见光景，颇收近效。久之渐有喜静厌动，流入枯槁之病，或务为玄解妙觉，动人听闻。故迩来只说'致良知'。良知明白，随你去静处体悟也好，随你去事上磨炼也好，良知本体原是无动无静的。此便是学问头脑。"（《传习录》下）显然，阳明对静坐的看法以及主张的功夫实践，在这段话中得到了清楚的说明。事实上，阳明"不离日用常行内，直造先天未画前"的诗句，既是对于良知本体的描述，也是对于功夫实践的指点。

阳明之后，最能继承和发扬阳明学的宗旨与精神者，非王畿（龙溪，1498—1583）莫属。而龙溪对于静坐曾经明确表达过这样的看法："古者教人，只言藏修游息，未尝专说闭关静坐。若日日应感，时时收摄精神，和畅充周，不动于欲，便与静坐一般。若以见在感应不得力，必待闭关静坐，养成无欲之体，始为了手，不惟蹉却见在功夫，未免喜静厌动，与世间已无交涉，如何复经得世？"（《王龙溪先生全集》卷一《三山丽泽录》）由此可见，龙溪并不认为静坐是一种必需的功夫实践，反而指出了沉溺于静坐可能导致的弊端。在他看来，功夫实践"必待闭关静坐"导致的"喜静厌动，与世间已无交涉"，显然已经背离了儒家一贯的"经世"立场。当然，龙溪本人并不一概反对静坐。事实上，他既有深厚的静坐实践，更有《调息法》这样对于静坐的理论总结。[1] 龙溪对于静坐的批评，只是针对那种"必待闭关静坐，养成无欲之体，始为了手"的立场。这里的关键在于，龙溪虽然和阳明一样并不反对静坐，但认为静坐除了养生的功能之外，只有收摄身心的辅助作用，不能作为儒家功夫实践的根本。这一点，可以说是阳明学主流的

1　彭国翔：《良知学的展开——王龙溪与中晚明的阳明学》（增订版），页294—297。

看法。[1]那么，阳明、龙溪等人为什么认为静坐不能作为儒家身心修炼功夫实践的根本呢？这和他们对于静坐的限制以及对儒学功夫终极追求的理解有关。对此，后文会有进一步专门的分析。

阳明学之外，湛若水（甘泉，1466—1560）开启的以"随处体认天理"为宗旨的学脉，在中晚明自成一格且有相当影响。有趣的是，甘泉虽然师承白沙，但对白沙的静坐功夫并不相契，[2]甚至明确提出批评，所谓"静坐久，隐然见吾心之体者，盖先生为初学言之，其实何有动静之间！心熟后，虽终日酬酢万变，朝廷百官万象，金革百万之众，造次颠沛，而吾心之本体，澄然无一物，何往而不呈露耶？盖不待静坐而后见也。颜子之瞻前忽后，乃是窥见景象，虚见也；至于博约之功，既竭其才后，其卓尔者，乃实见也。随处体认天理，自初学以上皆然，不分先后，居处恭，执事敬，与人忠，即随处体认之功，连静坐亦在内矣。"（《泉翁大全集》卷六十九《新泉问辨录》）如果说白沙功夫实践的宗旨在于"静中养出端倪"，那么，甘泉此说的矛头所指，显然正是白沙。当然，从这段可见，对甘泉而言，静坐可以是功夫实践的一种方式，但不能成为功夫实践的根本，只能是作为"随处体认之功"的一个环节。

1　例如，对于常为人引用的伊川"见人静坐，便叹其善学"的典故，王一庵如此解说："程子每见人静坐，便道善学。善字当玩，如云鲁男善学柳下惠一般。学本不必静坐，在始学粗心浮气，用以定气凝神可也。"（《一庵王先生遗集》卷上）这里，一庵的诠释显然认为静坐只是"始学"用来"定气凝神"的方便法门，而非儒家功夫实践的根本。蒋信（道林，1483—1559）是一位极有静坐实践经验的儒者，他虽然为静坐辩护，认为儒家的静坐"非是教人屏日用离事物做工夫"，但他同时也指出，静坐只是"为初学开方便法门也"，并非不可或缺的功夫实践。而周坦（生卒不详，薛侃门人，阳明学第二代）更是直接对静坐提出了批评，所谓"瞑目静坐，此可暂为之。心体原是活泼流行，若长习瞑坐，局守空寂，则心体日就枯槁，非圣人之心学也。"（《明儒学案》卷三十《闽粤王门学案》）

2　甘泉并非一开始即对白沙静坐提出批评，而是试图通过诠释将其纳入伊川和朱子的"主敬"一途。如白沙有"和杨龟山此日不在得韵"诗云："吾道有宗主，千秋朱紫阳，说敬不离口，示我入德方。"甘泉即借此声称白沙涵养之方不悖伊川和朱子的"主敬"之说。但是到了后来，甘泉对白沙静坐的正面批评逐渐增多。关于甘泉对白沙静坐说的诠释以及其态度的前后变化，参见黎业明："湛若水对陈白沙静坐说的阐释——以《白沙子古诗教解》为中心"，《哲学动态》，2009年第8期，页29—33；王光松："从静坐涵养到随处体认——试论甘泉的静坐观演变"，《学术研究》，2017年第7期，页33—39。王文将甘泉静坐观划为四个阶段，认为甘泉晚年有向静坐"回归"的现象。但该文也指出，即使如此，甘泉也仍视静坐为非根本性的功夫实践，只是初学不可或缺的一个环节。

这种虽然并不一概否定静坐，但认为静坐并非一种非如此不可的究竟功夫的看法，甘泉门人吕怀（巾石，1492—1573）在《与杨朋石》的信中曾有一段话讲得很好。这段话以往学者较少引用，我们完整征引如下：

> 静坐工夫，正要天机流行，若是把定无念，即此是念，窒塞天机，竟添一障。且如平旦好恶与人相近，与见孺子入井，有怵惕恻隐之心，尽属动处，何曾把定无念？盖一阴一阳谓道，继善成性，乃是天则。合下是个圣人之资，禀天地至中至和之气以生，性道流行，止于至善，何动何静？只为吾人禀气，不免有偏胜去处，旦昼纷纷，客气浮动，念虑相仍，尽属躯壳，间有良心透露，去处也自混过，旋复埋没，故程子静坐之说，正欲和靖于静中透露天机，庶几指点下手工夫，方有着落。其说实自孟子夜气四端发挥出来。虽然，天德不可强见，须涵泳从容，不着一物，优而游之，厌而饫之，恍然而悟，悠然而得，方是实见。此则所谓莫见莫显，人所不知而己独知之者。只此意流行不塞，便是王道。吾辈但得此意常在，不令埋没，即就日用感应正处识取亦得，不必拘拘专任静坐间耳。（《明儒学案》卷三十八《甘泉学案二·太仆吕巾石先生怀》）

阳明学和甘泉学派是明代儒学最有活力的两支。在此之外，许多相对独立的儒家学者，也对静坐要么提出批评，要么指出其无法构成儒家身心修炼功夫的根本。例如，罗侨（维升，1461—1534）曾说："伊川喜人静坐。盖静坐即不睹不闻之时，须戒谨恐惧。乃存养事，非徒静坐也。"（《罗先生潜心语录》卷四）霍韬（渭崖，1487—1540）也认为静坐往往只是在"中无主"的情况下才有从事的必要。并且，如果在"无主"的情况下一味静坐，反而会产生很多问题，所谓"只中无主而静坐，且认静坐作工夫，便有许多病痛。"（《文敏粹言》）罗钦顺（整庵，1465—1547）是阳明同时代的人，历来被视为"朱学后劲"，且与阳明有过学术思想的交锋。他也批评白沙的静坐，所谓"今乃欲于静中养出端倪，既一味静坐，事物不交，善端何缘发见？遏伏之久，或者忽然有见，不过虚灵之光景耳。"（《困知记》卷下）孙慎行（淇澳，1565—1636）在《明儒学案》中被归入"东林学案"，他对李延平所代表的静坐功夫不以为然，认为只是"入门一法"，所谓"延平每教人静坐观中，但入门一法，非慎独本旨也。慎独者居处应酬日用间，无在非是。子曰：'居处恭，执事敬，与人忠。'若静坐观中，只是居处一义。"（《未发解》）明末的黄道周（石斋，1585—1646）也是一位独立的儒者，在《明儒学案》中被列入"诸儒学案"。他曾说："太极与阴阳，总是一个，动极处正是不动所在，晓得此理，所以随寓能安，入群不乱，不要光光在静坐处寻起生义。"（《明儒学案》卷五十六）显然也不认为静坐是儒家功夫实践的根本。而黄宗羲（梨洲，1610—1695）对白沙静坐功夫的看法是这样的："孟子曰：'君子深造之以道，欲其自得之也。'不闻其以自然得也。静坐一机，无乃浅尝而捷取之乎？自然而得者，不思而得，不勉而中，从容中道，圣人也，不闻其以静坐得也。先生盖亦得其所得而已矣。道本自然，人不可以智力与，才欲自然，便不自然。故曰'会得的活泼泼地，不会得的只是弄精魂。'静中养出端倪，不知果是何物？端倪云者，心可得而拟，口不可得而言，毕竟不离精魂者近是。"（《明儒学案·师说》）同样表明了对于静坐功夫的批评。

以上人物的选择顾及了宋明儒学不同的历史阶段和学派构成，并非任意。南宋儒学以朱子学为中心，北溪是南宋朱子学的代表。明代儒学固然以阳明学为特出，甘泉学派也自成一格，可谓阳明学之外颇有影响的一支。前者以阳明、龙溪为核心，后者以甘泉、吕怀为代表。而在此之外，周瑛、罗侨、罗钦顺、霍韬、孙慎行、黄道周和黄宗羲，则涵盖了明初到明末清初的历史跨度。因此，这些人物对于静坐的看法，可以反映静坐在整个宋明儒学功夫论中的定位。

事实上，即便是白沙、景逸和蕺山这几位历来被认为是推崇静坐的人物，也并未把静坐本身视为究极的功夫实践。白沙静坐功夫固然以

"静中养出端倪"、"见吾此心之体隐然呈露"著称，但其中的重点是"端倪"和"心体"的呈现，并非静坐。[1] 后者对于白沙而言不过是行之有效的使"端倪"和"心体"呈现的方式。而"端倪"和"心体"，则是孟子"四端之心"意义上的道德意识、情感与法则。换言之，静坐的目的是道德意识、情感与法则的自觉与发用。也正因此，白沙自己曾说"夫道无动静也。得之者，动亦定，静亦定。无将迎，无内外。苟欲静，即非静矣。故当随动静以施其功也。"[2]（《明儒学案》卷五）景逸的静坐经验丰富，[3] 其《静坐说》历来被引为明儒注重静坐的重要文献。但是，正是在这篇文献中，景逸却明确指出："学者不过借静坐中认此无动无静之体云尔。"他的意思很明白，静坐的目的只是为了使人对自己内在的心性本体能够有所自觉，而这个心性本体自身是"无动无静"的。所谓"无动无静"，就是说它并不只存在于"静"的状态。显然，如果说人伦日用所在的生活世界是儒家最为注重的人的存在领域，那么，心性本体更应该在人伦日用所在的生活世界这一"动"的存在领域得以体认和发挥作用。即便是对静坐极为推崇的蕺山，[4] 甚至在其"讼过法"中仿照天台智颛（538—597）的《法华三昧忏仪》而为静坐建立了具体步骤和仪式，却也无法不指出"讼过法"的根本目的在于道德自觉基础上的自我检讨和迁善改过，最终完善自己的道德，并不在于静坐的形式本身。[5]

1　在关于白沙思想的研究中，郑宗义也注意到了白沙静坐的目的是体证本心。参见其"明儒陈白沙学思探微——兼释心学言觉悟与自然之义"，《中国文哲研究集刊》，第 15 期，1999，页 337—388。

2　早有学者注意到白沙学"动"的一面，如简又文：《白沙子研究》（香港：简氏猛龙书屋，1970）；陈荣捷："白沙之动的哲学与创作"，见陈荣捷：《王阳明与禅》（台北：学生书局，1984），页 71—72。此外，张学智曾指出"'静中养出端倪'一法不足以概括他的工夫论全貌"，见其《明代哲学史》（北京：北京大学出版社，2000），页 52。黄敏浩也曾指出白沙的功夫论在"静"之外也有对于"动"的自觉，尽管并不彻底，参见其"陈白沙自然之学的定位问题"，《清华学报》，新 38 卷第 4 期，2008，页 599—634。

3　参见 Rodney L. Taylor, "Meditation in Ming Neo-Orthodoxy: Kao P'an-lung's Writings on Quiet-Sitting," *Journal of Chinese Philosophy* 6(1979), pp.142—182; 李卓："高攀龙的主静修养论——以静坐法为中心"，《世界宗教研究》，2015 年第 5 期，页 29—38。

4　刘宗周关于静坐的看法，参见潘振泰："刘宗周（1578–1645）对于'主静'与'静坐'的反省：一个思想史的探讨"，《新史学》，十八卷一期，2007 年 3 月，页 43—83。

5　参见 Cynthia J. Brokow, *The Ledgers of Merit and Demerit: Social Change and Moral Order in Late Imperial China* (Princeton: Princeton University Press, 1991), pp.135—136。

三、静坐为何不被儒家视为根本的功夫实践

宋明儒学中重视静坐的学者也许未必只有白沙、景逸和蕺山这几位人物，只是其他人物关于静坐的记载往往流于只言片语，存在着"文献不足征"的问题。不过，如前所述，是否修习静坐以及在什么意义上修习静坐？是否采取静坐以及是否认为静坐即是儒家功夫实践的根本？需要自觉加以辨析。对于第一个问题，需要区分作为一种养生方法的静坐以及作为一种儒家功夫实践的静坐。事实上，宋明儒学中修习静坐的人士，尤其那些非精英的儒者，相当一部分恐怕还只是将其作为一种养生的方法，尚未以之为一种自觉的儒家功夫实践。对于第二个问题来说，即便以静坐作为一种儒家的功夫实践，也就是说，将静坐作为一种追求成就圣贤人格的方法，但是否视之为一种根本的方法，二者之间仍有不同。换言之，如果说我们考察的是作为儒家功夫论的静坐而不是作为一般养生方法的静坐，那么，问题的关键就并不在于修习静坐者人数的多少，而是作为功夫实践的静坐在那些儒家学者功夫论的整体中究竟处于何种位置。[1] 由以上考察可见，很多宋明儒学中的典范人物都有修习静坐的经验，并且，静坐对于他们来说也不仅是一种养生的手段，而已被纳入以追求圣贤人格为目标的功夫实践的范围。但即便如此，静坐对他

---

1 马渊昌也曾经提出，中晚明时期士大夫的静坐实践出现了规范化或手册化的现象。参见其"宋明期儒学における静坐の役割及び三教合一思想の兴起について"，特别是其中第 6 部分"明代后半期以降の静坐方法の'规范化'倾向——王畿・颜钧・袁黄・高攀龙の事例"，见《言语・文化・社会》，第 10 号，2012，页 108—115。中译见《东亚的静坐传统》，页 91—100。这一观察不无见地，但并不能从中推出静坐在中晚明儒家功夫论中已被普遍接受和奉行这一判断。事实上，马渊本人对此非常清楚，他正是在该文第 6 部分最后指出："明代中期以后，虽有兴起静坐方法规范化或手册化的风气，其中所提示的大多如上所见，以浓厚的佛教或道教色彩为基础。单单属于儒教的静坐实践论，尚未给予明确的形式。相对于此，高攀龙从儒学的立场简单表示具体的实践方针，这在儒学静坐历史的意义中，可评为划时代的。并且，高攀龙和颜钧一样，根据《周易》的'七日来复'，以七天为一区隔，此事也受到注目。"（《东亚的静坐传统》，页 100，史甄陶译文）。这里，马渊说得很清楚，静坐的规范化或手册化主要是指佛道的静坐，儒家这一动向的例证只有高攀龙和颜钧两位。当然，且不论颜钧难以归入儒家士大夫之列，更为关键的是，对于一般养生意义上的静坐以及以追求圣贤人格为目标的儒家功夫实践意义上的静坐，马渊似未做出自觉和明确的区分。

们来说也只是一种辅助的"权法",不能成为界定儒家功夫论的根本。这一点,是由儒家功夫论的特点所决定的。

对于儒家传统来说,如何成就"君子"、"圣贤"那样的理想人格,可以说是一个终极的追求和目标。既然如此,作为儒家功夫实践而非一般养生方法的静坐,其实践的追求和目的就应当既不是"静"也不是"坐"。如前所述,如果借用白沙"静中养出端倪"的话来说,作为一种功夫实践的静坐,其最终追求的乃是那个"端倪"。如果并非只有静坐一种方式才能使得作为心性本体的"端倪"得以呈现并在人伦日用中发生作用,甚至静坐有时反而会导致"沉空守寂",使得已经呈现的心性本体孤立地封存于个体的存在之中,无法在待人接物的生活世界中时时处处发挥作用,那么,这种作为功夫实践的静坐也就背离了儒家的基本宗旨和立场。前述所有儒家人物对于静坐的不以为然和批评,可以说都是就此而言的。

其实,静坐无论作为一种养生方法还是儒家的功夫实践,在实际的习练当中都并不容易。尤其对于知识人而言,自我意识较常人发达,借用佛教唯识宗的说法,即"遍计所执性"往往更强,更容易念起念灭,思虑纷纭,很难通过控制甚至取消意欲活动的方式来达到意识和情绪稳定均衡的"静"的状态。对此,阳明和弟子陈九川(明水,1494—1562)之间的如下一番对话,就有很好的说明。

> 九川问:"近年因厌泛滥之学,每要静坐,求屏息念虑,非惟不能,愈觉扰扰,如何?"先生曰:"念如何可息?只是要正。"曰:"当自有无念时否?"先生曰:"实无无念时。"曰:"如此却如何言静?"曰:"静未尝不动,动未尝不静。戒谨恐惧即是念,何分动静。"曰:"周子何以言'定之以中正仁义而主静?'"曰:"无欲故静,是'静亦定,动亦定'的定字,主其本体也;戒惧之念,是活泼泼地,此是天机不息处,所谓'维天之命,于穆不已。'一息便是死,非本体之念即是私念。"

　　又问："用功收心时，有声、色在前，如常闻、见，恐不是专一。"曰："如何欲不闻见？除是槁木死灰、耳聋目盲则可。只是虽闻见而不流去便是。"曰："昔有人静坐，其子隔壁读书，不知其勤惰。程子称其甚敬。何如？"曰："伊川恐亦是讥他。"（《传习录》下）

　　这里，明水"每要静坐，求屏息念虑"的实践以及他"当自有无念时否"的发问，表明他的确是试图通过静坐来消除意识活动。并且，从明水"如此却如何言静"的疑惑来看，他显然认为只有"无念"的状态才是"静"。而他"非惟不能，愈觉扰扰"的亲身经历，表明静坐求"静"的困难。对此，阳明的回应是根本否定人可以有"无念"的状态，所谓"实无无念时"。换言之，在阳明看来，只要人还处在有生命的状态，不是"槁木死灰"和"耳聋目盲"，其意识与情感的活动便始终存在，无法消除；并且，濂溪提倡的"静"也不是"无念"，而是意识和情感的活动既合乎道德法则，所谓"正"；又处在均衡平稳的状态，所谓"定"。也正是在这个意义上，对于所谓"昔有人静坐，其子隔壁读书，不知其勤惰。程子称其甚敬"这一典故，阳明将其诠释为"伊川恐亦是讥他"，显然对于那种境况下的静坐不以为然。

　　对于通过静坐来追求"思虑不起"状态的困难，不仅阳明，宋明儒家中很多都有明确的自觉。例如，被称为"东林先生"而并不属于阳明学派的顾宪成（泾阳，1550—1612）便曾经指出："周子主静，盖从无极来，是究竟事。程子喜人静坐，则初下手事也。然而静坐最难，心有所在则滞，无所在则浮。"（《小心斋札记》）[1] 为了克服这种困难，宋明儒家也提出了各种各样的方法。不过，无论方法如何多途，其类型不外"收"和"放"两种，一种是通过对自我意识的约束和凝聚，比如读书乃至观想，达到心思的平衡；一种是对意识不加控制、任其自然，在一

---

[1]　这句话在孙奇逢的《理学宗传》和黄宗羲的《明儒学案》中都有选录。

种放松的状态中达到静定。[1]

当然，静坐在实践中的困难，还并非儒家人物对静坐不以为然的主要原因。换言之，儒家人物在追求成就君子和圣贤人格的意义上不把静坐视为一种根本性的功夫实践，其主要原因不是静坐实践的不易，而是别有所在。

首先，对于静坐能否确保达到"静亦定，动亦定"以及"正念"的状态，现实的实践经验使得诸多儒家人物对此持怀疑的态度。阳明和明水之间的另外一番对话，恰恰对此提供了说明。

> 九川问："静坐用功，颇觉此心收敛，遇事又断了。旋起个念头去事上省察，事过又寻旧功，还觉有内外，打不作一片。"先生（阳明）曰："此'格物'之说未透。心何尝有内外，即如惟浚（按：九川字）今在此讲论，又岂有一心在内照管？这听讲说时专敬，即是那静坐时心，功夫一贯，何须更起念头？人须在事上磨炼，做功夫乃有益；若只好静，遇事便乱，终无长进。那静时功夫亦差，似收敛而实放溺也。"（《传习录》下）

明水这种通过静坐去追求儒家理想人格的功夫实践，自然已经不同于仅把静坐当作一种养生的方法。不过，在实践的过程中，明水却遇到了这样的问题：当他专心于静坐时，能够获得意识与情感凝定的效果，所谓"静坐用功，颇觉此心收敛"。但是，当他以为已经获得心念的"定"与"正"而投身于"人间世"时，却发现自己在静坐中获得的那种意识与情感的正定状态又很难维持。所谓"遇事又断了"，说的正是这种情况。

毫无疑问，儒家不能脱离世事、始终停留在个体自我通过静坐所获的

1　作为静坐的一种方式，日本现代儒家学者冈田武彦发展出的"兀坐"，即"只是坐着"，便是主张意识的自然流行，不施之以任何规范的约束。这种方法虽然被视为冈田武彦的开创，但在宋明儒学中仍然有其渊源，并非凿空自创。事实上，"兀坐"在前引《宋元学案》载濂溪呈常总的诗中便已出现。关于冈田先生的静坐功夫论，参见 Rodney L. Taylor, *The Confucian Way of Contemplation: Okada Takehiko and the Tradition of Quiet-sitting* (Columbia: University of South Carolina Press, 1988)。

那种暂时凝定的状态，君子与圣贤人格必须在"家国天下"的整体脉络中实现，这是儒家从孔子"鸟兽不可与同群，吾非斯人之徒与而谁与"便已经奠定了的基本精神气质。因此，如果那种意识与情感的凝定状态只能在静坐的状态下实现，不能在日用常行的时时处处都能保持，从儒家的基本立场来看，便不是一种彻底和根本的功夫实践。阳明所谓"若只好静，遇事便乱，终无长进。那静时功夫亦差，似收敛而实放溺也"，正是指出了静坐作为一种功夫实践的局限。事实上，明水所面对的，应该是以静坐为身心修炼功夫的众多儒家在实际经验中常常会遇到的一个普遍问题。作为曾有丰富静坐经验的阳明，显然对此并不陌生。而他终究不把静坐作为儒家身心修炼功夫的究极法门，无疑基于自身的深刻体会。阳明针对明水的问题而提倡的"事上磨炼"，正指示了儒家身心修炼功夫的另一种路向。

对于静坐作为功夫实践的这种"遇事又断"、"遇事便乱"的局限，龙溪在其"三悟"说中不仅通过形象的比喻做出了生动和透彻的说明，更通过对不同层次的"悟"的对比，指出了什么才是根本和彻底的儒家身心修炼功夫。他说：

> 君子之学，贵于得悟，悟门不开，无以征学。入悟有三：有从言而入者，有从静坐而入者，有从人情事变炼习而入者。得于言诠者，谓之解悟，触发印证，未离言诠。譬之门外之宝，非己家珍。得于静坐者，谓之证悟，收摄保聚，犹有待于境。譬之浊水初澄，浊根尚在，才遇风波，易于淆动。得于炼习者，谓之彻悟，磨砻锻炼，左右逢源。譬之湛体冷然，本来晶莹，愈震荡愈凝寂，不可得而澄淆也。根有大小，故蔽有浅深，而学有难易，及其成功一也。（《王龙溪先生全集》卷十七《悟说》）

虽然龙溪最后说"及其成功一也"，但作为功夫实践的不同方法，三种"悟"之间哪一种更为根本和究竟，还是显而易见的。在龙溪的叙述中，静坐的局限在于需要依赖人为营造的不受外界干扰的环境；只有在这种条件下，才能获得对于良知心体的把握。所谓"有待于境"，说的就是这一点。而一旦失去这种人为营造的环境，则如同刚刚得到澄清的浊水遇到了风波的摇动一样，很容易复归于浑浊。龙溪这里的比喻是说，人们良知心体的呈现如果只能在静坐的状态，那么，遇到纷繁复杂的世事，便很容易会受到干扰而重新回到沉沦蒙蔽的状况，不再发生作用，从而在功能的意义上无异于不存在了。

"三悟"之说龙溪曾在别处有较为简略的说法："师门常有入悟三种教法。从知解而得者，谓之解悟，未离言诠；从静坐而得者，谓之证悟，犹有待于境；从人事炼习者，忘言忘境，触处逢源，愈摇荡愈凝寂，始为彻悟，此正法眼藏也。"（《王龙溪先生全集》卷十六《留别霓川漫语》）显然，这里的意思与上引"悟说"并无差别。只是此处龙溪一开始指出这是"师门"的"三种教法"，表明这是阳明学对于功夫实践的基本宗旨，并非单纯其个人的看法。而由"悟说"可见，阳明、龙溪等主流阳明学者对于静坐的局限性有着清楚的认识。较之静坐的不易实践，这更是静坐不被视为儒家根本功夫实践的原因所在。龙溪对于三种"悟"法的对比，尤其是"证悟"与"彻悟"的差别，也恰恰反映了龙溪对于静坐作为一种身心修炼在儒学功夫论中的定位。在阳明学乃至宋明儒学的传统中，这一定位可以说具有典范（paradigm）的意义。

如果说"遇事便乱"、"才遇风波，易于淆动"反映的那种静坐的局限是指：在静坐时所自觉到的心性本体，在面对"人情事变"时不再呈现并发生作用，那么，这种心性本体的隐遁和麻木，对于儒家理想人格的追求和成就来说，才是最为严重的问题。换言之，静坐之所以在宋代以降被不少儒家学者采纳为一种功夫实践，关键在于至少对这些儒者来说，心性本体易于在静坐的状态下被自觉到其真实不虚的存在。换言之，以静坐为功夫实践的目的是心性本体的自觉，而既非"静"更非"坐"这种形式本身。以白沙"静中养出端倪"的经典表述以及诸多儒者"心体呈露"的现象分析来看，静坐只是手段，"端倪"、"心体"的呈现与作用才是目的。前引罗钦顺对白沙的批评，正是由于前者看到了

"养出端倪"这一目的较之"静坐"这一形式更为重要；一旦目的与形式之间本末倒置，便难免误将"虚灵之景"当成心性本体。晚明以罗汝芳（近溪，1515—1588）为代表的对于"光景"的自觉破除，也正是要针对误以"虚灵之景"为心性本体的偏失。

总之，如果既不能使修习者获得对自身心性本体的自觉，无论这种本体以"天理"、"本心"还是"端倪"、"良知"等概念来描述，更无法保证在静坐中获得的自觉能够在"人情事变"的时时处处发挥"头脑"与"主宰"的作用，那么，静坐便完全丧失了以圣贤人格为追求的儒家功夫实践的意义。这一点，才是静坐为什么不被广大的儒家学者视为究极的功夫实践的根本原因。当然，这同时也提示了究竟应当如何理解作为一种儒家功夫实践的静坐而非一般养生意义上的静坐这一问题。换言之，也就是"儒家式的静坐"特点究竟是什么的问题。

四、静坐作为儒家功夫实践的特点

静坐为何不被儒家视为根本的功夫实践？既关涉静坐在儒家功夫论中的定位，也内在蕴含了静坐作为儒家功夫实践或者说"儒家式静坐"的特点这一问题。这也是我们为什么要专门以一节的内容来探究静坐为何不被儒家视为根本功夫实践的原因。在这个意义上，在上一节的考察中，其实已经透露了有关"儒家式静坐"特点的消息。不过，在接下来的部分，我们将集中和明确地对此问题加以探讨，以期对究竟如何理解儒家的静坐功夫论予以总结性的说明。

前已指出，静坐如果要构成一种儒家的身心修炼功夫，关键在于要使得修习者能够对于自己的心性本体有所自觉（也就是心性本体得以呈现）并进而使之在待人接物的生活世界中时时处处发挥"定盘针"的作用。而儒家的"心性本体"用现代的语言来说，就是道德意识、道德情感与道德法则的"三位一体"。从孟子的"四端之心"到程朱的"天理"、象山的"本心"、阳明的"良知"乃至于牟宗三的"自由无限心"，所指都不外是道德意识、道德情感与道德法则的"三位一体"。在这个意义上，儒家式静坐的根本，就是要使修习者的道德意识、情感与法则能够自觉在待人接物的日常生活中无时无处不发生作用。对此，宋明儒学中原本已有丰富的文献足以为证。下面，就让我们略举数例加以分析和说明。

前已提及甘泉对于静坐的批评，事实上，甘泉文集中有不少这方面的文献。有些恰好揭示了儒家式静坐的根本应当为何这一问题。甘泉在给阳明爱徒徐爱（曰仁，1487—1517）的一封信中有这样一段话：

> 学者之病，全在三截两截，不成片段，静坐时自静坐，读书时又自读书，酬应时又自酬应，如人身血气不通，安得长进？元来只是敬上理会未透，故未有得力处，又或以内外为二而离之。吾人切要，只于执事敬用功，自独处以至读书酬应，无非此意，一以贯之，内外上下，莫非此理，更有何事？吾儒开物成务之学，异于佛老者，此也。（《泉翁大全集》卷八《答徐曰仁工曹》）

由此可见，在甘泉看来，之所以不能将静坐本身视为功夫实践的究极形式，就是因为静坐并不能像"主敬"那样有明确的道德感为其内容规定。也正是这一点，使得静坐无法体现儒家功夫实践的"儒家"特点。只有突显以道德感（意识、情感和法则）为内容规定的"主敬"，才是"儒家"功夫实践不同于佛老功夫实践的关键所在。我之前曾经指出儒家身心修炼功夫的两个基本特点：一是不能脱离日常生活；二是身心交关。[1] 这里可以补充的是：贯彻于这两个方面的，则是道德意识、情感的始终呈现和道德法则的一贯持守。这一点，由甘泉此处所论恰好可以得到印证，足见是儒家功夫实践在其内容方面的一个最为根本的规定。

此外，针对"伊川见人静坐，便叹其善学"这一广为流传实则不过孤例的典故，甘泉还有这样一段话：

---

1 参见本书第一章。

　　　　静坐，程门有此传授。伊川见人静坐，便叹其善学。然此不是
　　常理。日往月来，一寒一暑，都是自然常理流行，岂分动静难易？
　　若不察见天理，随他入关入定，三年九年，与天理何干？若见得天
　　理，则耕田凿井，百官万物，金革百万之众，也只是自然天理流
　　行。孔门之教，居处恭，执事敬，与人忠。黄门毛式之云："此是
　　随处体认天理"，甚看得好。无事时不得不居处恭，即是静坐也。
　　有执事与人时，如何只要静坐？使此教大行，则天下皆静坐，如之
　　何其可也?(《泉翁大全集》卷六十八《新泉问辨录》)

这里，甘泉所谓"若不察见天理，随他入关入定，三年九年，与天理何
干"的反问，正是指出了静坐未必能确保道德意识和情感的呈现以及对
于道德法则的持守。事实上，佛道两家的静坐，即不以对道德意识、情
感和法则的追求为内容。因此，静坐作为一种方法，虽然可以为儒家所
采纳和践行，但不能作为儒家功夫实践最根本的方面。因为儒家功夫实
践的内容和目标，是道德意识、情感的呈现以及道德法则的持守。静坐
能够有助于此，但不能确保其必至，更不是唯一的途径。也正是在这个
意义上，甘泉才说静坐"不是常理"，甚至有"孔门无静坐之教"(《泉
翁大全集》卷六《雍语》)这种说法。

　　甘泉的这种看法，正如他不把静坐视为儒家根本的功夫实践一样，
在儒家传统中可以说是一种较为普遍的自觉。例如，尤时熙（西川，
1503—1580）曾经对明道"须先识仁"做出这样的解释："程子须先识
仁之言，犹云先须择术云耳。后人遂谓先须静坐，识见本体，然后以诚
敬存之，若次第然。失程子之意矣。舍见在'乍见''皆有'之几，而
另去默坐以俟端倪，此异学也。"(《明儒学案》卷二十九《北方王门学
案》)他这里之所以对那种"先须静坐，识见本体，然后以诚敬存之"
的主张表示否定，认为这种说法丧失了明道的本意，正是意在强调对于
自身道德意识、情感和法则的自觉，即所谓"识仁"，是不必依靠静坐

这种形式的。也正是在这个意义上，在他看来，不去当下直接地把握自己的心性本体（"'乍见''皆有'之几"），而一定要采取静坐的方式（"另去默坐以俟端倪"），并非儒家之所以为儒家的功夫实践的根本，而只能是"异学"。阳明早期弟子冀元亨（惟乾，1482—1521）在给蒋信的信中则说："赣中诸子，颇能静坐，苟无见于仁体，槁坐何益?"（《明儒学案》卷二十八《楚中王门学案》）显然，这同样表明，在冀元亨看来，功夫实践的关键是对于道德意识、情感和法则（"仁体"）的自觉把握，而并不是静坐这种形式本身。如果静坐并不能起到使静坐的修习者自觉把握到自身道德意识、情感和法则的作用，便是无益的"槁坐"。这一方面意味着静坐并不一定能够确保对于道德意识、情感和法则的自觉，另一方面也表明道德意识、情感和法则的自觉才是儒家功夫论的根本诉求。明末清初魏象枢（庸斋，1617—1687）也曾对"静坐便是善学"提出过自己的看法，所谓"先儒谓静坐便是善学。愚谓静坐非主敬也。主敬则不睹不闻是静，造次颠沛亦是静。"（《寒松堂集》卷十）他这里强调以"敬"代"静"而"静"自在其中，也是意在指出功夫实践的终极目的在于道德意识和情感的呈现以及道德法则的持守。对魏象枢来说，"敬"即突显了这一点，而静坐更多地只是一种手段和形式；在这种手段和形式之下，追求的目的不必是道德意识和情感呈现以及道德法则的持守，如佛老的静坐即是如此。魏象枢此处所谓"静坐非主敬也"，便是要指出静坐只能是一种手段和形式，不必能以道德意识和情感（"敬"）为其必然的指向和内容。而所谓"主敬则不睹不闻是静，造次颠沛亦是静"，则和程明道"动亦定、静亦定"之意相合，强调的是只要能呈现道德意识和情感、持守道德法则，即"主敬"，便自然可以做到心态的稳定（"静"）。显然，在魏象枢看来，在"敬"的内容和"静坐"的形式之间，前者才是根本。后来李塨（恕谷，1659—1733）所谓"徒静坐不能知性也。即曰知之，亦属依稀"（《论学》卷一），也是要强调"知性"作为功夫实践的根本追求，远比"静坐"更为重要。

宋明儒学以降，儒家在强调自身的特点时，往往将佛道两家作为比较和区别的对象。这在儒家功夫论的问题上也是一样。在前文引用的若干文献之中，细心的读者应该已经注意到了这一点。无论"佛老"还是"异学"，虽然称呼不同，所指都是佛道两家。事实上，在同其他传统的对比和区别之中，的确更容易见出自身的特点。如果说儒家式的静坐不同于佛道两家的静坐以及世界上其他宗教和精神性传统类似的功夫实践，那么，对世界上儒学之外其他宗教和精神性传统在功夫论方面的相关特点如能有所了解，对于儒家静坐功夫的特点，我们的理解也势必会有所深化和增进。下面，就让我们在一个比较的视野之下，对儒家静坐功夫的特点予以更为聚焦式的说明，以结束本章的研究。

牟宗三先生曾经指出："西方哲学主要地是在训练我们如何把握实有（存有、存在之存在性）；而佛教则在训练我们如何观空、去掉这个实有。儒家训练我们如何省察道德意识，通过道德意识来把握实有，把握心体、性体、道体之创造性。道家则处于实有与非实有之间，道德与非道德之间，……。"[1] 这段话其实已经向我们提示了一个通过与西方哲学、佛道两家的比较来观察儒学特点的视域。不过，如果具体到儒学功夫论或者更进一步到儒家静坐功夫论的问题，西方的参照系在"哲学"之外也应包括"宗教"才会更为全面和恰当。正如我先前早已指出的，中国哲学功夫论的问题在西方传统中的功能对等项（counterpart）或者说对话方（interlocutor），至少就西方现代的学术分类系统而言，在学科的意义上，更多地存在于宗教而非哲学之中。当然，随着我们对于古希腊罗马"哲学"的理解不再局限于一种静观的思辨（contemplative speculation），而是一种"生活方式"（way of life）、"精神修炼"（spiritual exercise）和"欲望治疗"（therapy of desire），"哲学"和"宗教"在现代学科意义上的疆界也许就不再是那么泾渭分明了。[2]

1　牟宗三：《佛性与般若》（上）"序"，《牟宗三先生全集》，第 3 册，页（8）。
2　西方学界从这一思路理解古希腊罗马哲学的代表性人物及著作，除了我在 2004 年完成的论文"儒家传统的身心修炼及其治疗意义——以古希腊罗马哲学为参照"（现为本书第一章）中介绍的阿道的 *Philosophy as a Way of Life: Spiritual Exercises from Socrates to Foucault* 和纽思渊的 *The Therapy of Desire: Theory and Practice in Hellenistic Ethics* 之外，晚近还有库珀（John M. Cooper, 1939—2022）的 *Pursuits of Wisdom: Six Ways of Life in Ancient Philosophy, from Socrates to Plotinus*。

世界各大宗教和精神性传统都有各自理想人格的追求，而对于理想人格的不同理解，决定了如何成就理想人格的方法。借用宋明儒学的话语，如果前者是"本体"的问题，后者正是"功夫"的问题。而各个传统对本体的不同理解，决定了其功夫论各自的特点。牟先生所谓"佛教则在训练我们如何观空、去掉这个实有"以及"道家则处于实有与非实有之间，道德与非道德之间"，可以说准确地指出了佛道两家各自对于本体的理解。既然佛教对于人之本体（人格）的理解是"本来无一物"，只是一个因缘所生的空寂性，并不把道德意识、情感和法则视为人之所以为人的"自性"，那么，佛教各宗派的功夫实践无论如何五花八门，自然都不会以道德意识、情感与法则的呈现与作用为终极追求。同样，既然道家道教"处于实有与非实有之间，道德与非道德之间"，也不认为道德意识、情感和法则是界定人之所以为人的本质规定，其理想人格"至人"、"真人"是以"无心"来界定的，那么，道家道教的功夫论所追求的心性本体并无道德规定性，也就是可想而知的了。在这个意义上，借用禅宗的话语，我们固然可以说儒、释、道三家的功夫实践都以追求"明心见性"为目标。但显而易见的是，三家对于所要"明"与"见"之"心性"的内容规定，其理解是并不一致的。也正是这种对于心性本体内涵的不同理解，导致了各自功夫论的差异。[1] 因此，如果静坐作为一种"卫生"、"养生"的方法，目的只是为了延年益寿，则任

---

[1]　艾皓德将静坐定义为"一种自我操纵的，用来达到内心转变的心理技巧"（《东亚的静坐传统》，页2），可以说最大限度地照顾到了世界上不同传统中静坐的共性。不过，"内心转变"虽然可以说是各个宗教和精神性传统的共同追求，但该名词本身只是一种形式化的用语。至于转变为何种状态，各个传统的理解则各有不同。这正是不同传统各自终极追求的理想人格形态的差异所在。也正是这种差别，决定了各个传统对于如何进行"内心转变"的方式有所不同。《东亚的静坐传统》一书"导论"的执笔人所谓"虽然东亚各大精神传统对静坐'需转化身心状态以体验终极的真实'"有基本的共识，但终极真实的性质为何？如何转化？甚至'身心'一词的指涉为何？彼此的认识却有极大的差异。"正是对这一问题的自觉。此处的"终极真实"即是"本体"，而"如何转化"则是"功夫"。见该书"导论"，页 III—IV。有些学者如谢和耐（Jacques Gernet, 1921—2018）等，认为理学家的静坐深受佛教影响，双方在追求"心地本原"方面具有本质的一致性，这恐怕只能是局限于现象的观察而对儒学与佛教各自本体内涵方面的根本差异缺乏义理上的深刻理解所致的误会。谢和耐说见耿昇译："静坐仪、宗教与哲学"，《法国汉学》（北京：清华大学出版社，1997），第二辑，页 224—243。

何人都可以实践。儒家、僧人和道士在这个意义上进行的静坐实践，具体形式可以不同，但并不会发生"儒家式静坐"、"佛教式静坐"和"道家式静坐"的问题。只有在以追求各自理想人格的成就这个意义上进行的功夫实践，作为关联于"本体"的"功夫"，才会有"儒家式静坐"、"佛教式静坐"以及"道家式静坐"的差异产生。

当然，如果我们的理解不限于儒、释、道这所谓传统中国的"三教"，[1] 而将世界上其他的宗教与精神性传统考虑在内，这一点会看得更加清楚。在考察朱子读书法作为一种身心修炼的功夫实践时，我曾经比较过朱子读书法和基督教（Christianity）的"圣言诵读法"（lectio divina）之间的异同。尽管二者之间有不少相通乃至相同之处，但由于儒家追求的理想人格（"君子"、"圣贤"）与基督教信仰者（Christian）追求的理想人格（"真正的基督徒"）具有不同的内涵，双方的差别所在也是无可消除的。[2] 事实上，除了"圣言诵读法"之外，不仅基督教也有静坐（meditation）的内容，犹太教（Judaism）和伊斯兰教（Islam）中同样存在一定的关于静坐的理论与实践。并且，虽然作为西方宗教界三大主流的犹太教、基督教和伊斯兰教同属所谓"亚伯拉罕传统"（Abrahamic tradition），但其静坐功夫论仍然各有特点。

关于犹太教、基督教和伊斯兰教这三大传统中静坐所涉的理论与实践，学界目前已有一定的研究，[3] 作为理解儒学静坐的参照，我们需要了

1　其实中国传统早已不是儒释道"三教"而是包括了基督教和伊斯兰教在内的"五教"。参见彭国翔：《儒家传统——宗教与人文主义之间》（增订版），第八章"民国时期的'五教'观念与实践——以冯炳南为例"和第九章"再论民国时期的'五教'观念与实践——同源、同化与相处之道"，页193—243。

2　参见本书第六章。

3　这一方面，艾皓德的贡献值得肯定。他邀请对犹太教、基督教和伊斯兰教中的静坐问题有专门研究的学者撰稿，编辑出版了 Meditation in Judaism, Christianity and Islam: Cultural Histories (New York: Bloomsbury Academic, 2013) 一书。该书对于西亚一神教三大传统中静坐理论与实践的研究，是迄今为止该领域中极有参考价值的一部。此外，艾皓德还编有另一部文集 Asian Traditions of Meditation (University of Hawaii Press, 2016)。该集侧重印度、西藏地区的静坐传统，对于儒释（禅宗）道的静坐也各有一章。关于儒家那一章的作者是马渊昌也，内容与其在《东亚的静坐传统》中的那一章基本一致。中国佛教（禅宗）和早期道家的两章则分别由欧美的学者撰写，与《东亚的静坐传统》中关于佛道两家的内容不同。当然，专门研究犹太教、基督教和伊斯兰教中静坐的成果，也所在多有。

解的是：虽然这三大传统的静坐理论与实践自有差别，但作为同属西亚
一神教的传统，这三大传统对于静坐的共同看法之一就是均对静坐作为
一种"技法"保持警惕。换言之，鉴于这三教所追求的目标都是要成为
上帝忠实的信徒（尽管对于"忠实的信徒"在理解上仍非铁板一块），
其功夫实践的根本，就是培养对于上帝信仰的虔诚，而非静坐这种形式
的技法本身。对于作为技法的静坐的过度关注与投入，有时反而会喧宾
夺主，妨碍那种虔信意识的培养。历来被视为神秘主义者的中古时期的
埃克哈特大师（Meister Eckhart，约 1260—约 1328）所谓"无论何人，
以多法寻求上帝者，所得者为多法而所失者为上帝"（whoever is seeking
God by ways is finding ways and losing God）（Meister Eckhart, *Sermon
5b*）以及他基于此而提倡的"无法之法"（pathless path），正是那种警
惕和担忧静坐技法妨碍虔信意识的反映。[1]有趣的是，埃克哈特固然在
基督教传统中一度被视为异端，但他对于静坐的这种态度，在基督教乃
至整个西亚一神教之中，却不失为一种正统的看法。事实上，较之东方
的宗教与精神性传统，尤其是佛道二教以及印度教（Hinduism），西亚
一神教的功夫论就其本源而言在整体上对于身体和呼吸等技法的关注较
少。也正是因为这一点，正统基督教、伊斯兰教和犹太教对于后来东方
静坐功夫对自身传统的渗透和影响始终有所批判。回顾前文对于静坐在
儒学传统中定位的考察，我们一定会看到，也正是在这一点上，儒家不
把静坐视为追求君子和圣贤人格的一种根本性的功夫实践，与西亚一神
教传统中对于静坐的正统看法是彼此一致的。换言之，无论在西亚一神
教中还是儒家传统中，静坐均不构成功夫实践的究极法门。在这个意义
上，就对待静坐的基本态度而言，正统西亚一神教和儒家传统的主流可
谓同调。不过，双方之间基本的异趣，更是我们需要看到的。简言之，

---

1 Jeffrey Cooper 试图论证埃克哈特对待静坐态度的复杂性，参见其 "The Pathless Path of Prayer: Is
There a Meditation Method in Meister Eckhart?" 收 入 *Meditation in Judaism, Christianity and Islam:
Cultural Histories,* chapter 9, pp.123–136. 但这种所谓的复杂性一如宋明儒学诸家包括伊川、朱子、
阳明、龙溪等人对待静坐的看法。他们都并不否定静坐作为一种功夫实践的意义，但同时又都仅视
之为"权法"而非究竟法门。

如果说在西亚一神教的传统中，功夫实践的根本在于虔信意识的培养与持守，那么，在儒家传统中，功夫实践的根本则在于道德意识的自觉与作用。

此外，西亚一神教与儒学对于静坐功夫的共同限定，也不能消除双方无论在对于理想人格的理解还是在对于成就理想人格的方式这所谓"本体"与"功夫"两个方面的差异。"上帝的信徒"之所以不同于"君子"、"圣贤"，既在于界定前者的是"虔信"而界定后者的是"德性"（道德意识、情感和法则），也在于前者预设人性与神性之间的异质与鸿沟，其实现只能通过"信仰的跳跃"(the leap of faith) 这一方式；而后者不外是人性自身的完美实现，其成就是一个作为"天理"和"天命之性"的"四端之心"、"本心"和"良知"的呈现、扩充并最终达至"万物一体"境界的自我实现的过程。虽然西亚一神教与儒学的基本差异并不仅仅在于对于理想人格的理解及其成就方式的规划，[1] 但导致双方在功夫论问题上基本差异的关键，可以说正在于这两个密切相关的方面。

牟宗三先生曾在《略论儒家的工夫》一文中讲过这样的话："'打坐不能增加人的道德感'。打坐的工夫与佛老的教义相应，不与儒家的教义相应，至少亦不是其工夫之所以为工夫的本质。"[2] 所谓"静坐不能增加人的道德感"，可以说一针见血地指出了儒家功夫的关键在于培养人们对于道德意识、情感和法则的自觉，也道出了儒家功夫实践有别于佛道两家的关键。的确，如果说儒家功夫实践的最终追求是本心良知呈现自身并发生作用，即道德意识、情感和法则的自觉与做主，那么，静坐本身并不能保证这一点。静坐只是通过身体特定姿势的练习，从而使得人们情绪稳定、心境平和，[3] 在这种状态之下，本心良知比

1　我曾经从对经典的理解、世界观和宇宙论三个方面分析以朱子读书法为代表的儒家和以"圣言诵读法"为代表的基督教之间的基本差异，参见本书第六章第五节"朱子读书法与基督教圣言诵读的比较"。

2　牟宗三：《人文讲习录》，《牟宗三先生全集》，第 28 册，页 117。

3　当然，静坐的修习也可能会激发人体的某种潜能乃至超自然的能力，但这种所谓"神通"既非佛道主流的追求，在儒家主流看来，更属于"怪、力、乱、神"一类而不应当是功夫实践的目标了。

较容易呈现，而最终使人们的道德意识、情感和法则呈现并发生作用的，仍是本心良知自身。因此，在这个意义上，静坐只具有辅助的作用。如果不必采取特定的身体姿态本心良知便可以呈现，静坐便不是必要的。

并且，儒家更要求本心良知在生活世界的时时处处都不泯灭且始终做主，正如《论语·乡党》中所描述的孔子形象，[1] 或者如王阳明所谓的"事上磨炼"。如此一来，静坐便更非儒家功夫实践的必要环节了。只有对于容易"心猿意马"的初学者，静坐功夫才有意义，其功效正如阳明所谓的"拴马桩"。此外，如果静坐追求的"专一"不能聚焦于道德意识、情感和法则，也可能恰恰偏离了儒学宗旨。阳明所谓"一心在好货好色上"的批评，正是意在强调"专一"本身并不是目的，只有专一于本心良知的呈现和发用，才是儒学的目标。也正是在这个意义上，儒家虽然到了宋明理学的阶段广泛吸收佛道两家的静坐功夫，但其功夫论的主流始终不将静坐视为功夫实践的根本。

可以说，儒家式静坐的特点如果要在"静"与"坐"之间选择的话，显然在"静"而不在"坐"。这也是历史上儒家静坐的种种论述中较之其他宗教和精神性传统中的静坐功夫很少"坐"法以及相关的包括姿势和呼吸等在内的各种技法的原因。[2] 并且，儒家所求之"静"，不仅如明道所云其实在于内心之"定"而完全不在于身体的静止以及与世隔绝的状态，这也是不能把"静"简单等同于"静坐"的意义所在；更为关键的是，这种"定"必须是为了呈现心性的"本体"或"内容"才有其意义。而心性的"本体"或"内容"对儒家来说，便是道德意识、情感和法则的实有与作用。朱子晚年曾有"白底虚静"与"黑底虚静"的区分，钱穆先生即借用朱子的"知觉炯然不昧"与"冥然都无知觉"，

1　参见本书第二章。

2　正是因为较少而不是完全没有静坐技法的内容，探讨儒学传统中静坐技法的问题自然也有学术价值。例如，有学者专门考察白沙静坐实践的"坐法"与"观法"及其在儒学静坐传统中的意义，参见王光松："陈白沙的'坐法''观法'与儒家静坐传统"，《中山大学学报》（社会科学版），2016年第4期，页133—143。

来指出这两种"虚静"内容的不同。[1] 这里的"知觉"便应当是指对于道德意识、情感和法则的自觉。如果"定"或"静"本身只是意味着心神的凝聚专一、不受外界干扰，那么，这种状态还不是界定儒家心性本体的关键。单纯这种"定"、"静"的状态可以用"不动心"来描述，但是，孟子的"不动心"与告子的"不动心"之所以仍有根本不同，正在于二者虽然都凝聚专一（"不动"），但彼此内容却并不相同。告子的不动之心没有善恶属性，在他看来像水一样"决诸东方则东流，决诸西方则西流"，而孟子的不动之心却是以道德感（意识、情感和法则）为内容规定的"四端之心"，如蕺山所谓"渊然有定向"，乃是人之所以为人的本质以及决定是非善恶的标准。

蕺山在其《静坐说》中对于静坐的注意事项有这样的说明："不合眼，不掩耳，不跌跏，不数息，不参话头。只在寻常日用中，有时倦则起，有时感则应，行住坐卧，都作静观，食息起居，都作静会。"这显然是他将其提倡的静坐法与佛老的静坐加以区分的反映。但是，值得注意的是，除了"不合眼，不掩耳，不跌跏，不数息"否定了通常静坐普遍采用的身体姿势和呼吸方面的要求之外，如果连"倦则起"、"感则应"乃至于"行住坐卧"、"食息起居"都可以作为修习静坐的契机，那么，这已经完全不再是通常意义上的静坐，可以说只有"静"而没有"坐"了。并且，这种意义上的"静"，既然无分"行住坐卧"和"食息起居"，贯穿动静，其实也就是明道"静亦定，动亦定"意义上的"定"了。它和禅宗的"行住坐卧皆是禅定"在形式上可以说没有不同，差别只在对自我心性本体内涵的理解有异。而这种不重视包括姿势和呼吸在内的具体技法，强调始终保持心态的稳定和平静，从而使自我的道德意识、情感和法则在日常生活的时时处处发挥主宰的作用，正是儒家功夫论的根本特征所在。

1　钱穆：《朱子新学案》，第2册，页419。

五、结语

　　儒家"静坐"功夫实践的特点，或者说"儒家式的静坐"之所以不同于佛道两家以及世界上其他宗教和精神性传统中的静坐实践，是由儒家的"本体论"决定的。这里所谓"本体论"并不是对应于"ontology"的中文翻译，而是中国传统哲学语境中的本来意思。[1] 既然儒家将道德意识、情感和法则视为人之"本体"的内容规定，那么，功夫实践的最终指向或者说最为根本的功夫实践，就必须围绕这一内容规定得以彰显和发用。换言之，在儒家看来，人成为真正意义上的人，所谓"成人"（becoming a person），必须是孟子意义上的"四端之心"、象山意义上的"本心"以及王阳明意义上的"良知"以及伊川、朱子意义上的"天理"——这正是人之所以为人的"本体"——充分呈现并发生作用时，方才得以实现的。如此一来，任何不能确保这一点的功夫实践，对于儒家来说便都不是必须的。因此，静坐作为一种功夫实践的形式本身，无法在儒家的功夫论中获得根本的地位，便是可以理解的了。事实上，正如前文已经指出的，虽然静坐的功夫实践并不容易，但另一方面，从儒家的基本立场来看，较之在人伦日用的时时处处做功夫，"随处体认天理"，"良知时时呈现"，静坐又相对容易，正如吴与弼（康斋，1391—1469）在其《日录》所谓："静坐独处不难，居广居，应天下为难。"龙溪认为"彻悟"比"证悟"彻底，其实也未尝不意味着前者的难度更大。

　　此外，如果说儒家采纳了静坐作为一种功夫实践的方式，从而产生了一种有别于其他宗教和精神性传统的"儒家式的静坐"，那么，这种儒家式静坐的特点，便始终必须是以唤醒人心中"我固有之"的道德意识、情感与法则为首务。换言之，儒家功夫实践的根本，首先以及始终

1　参见彭国翔："重思 Metaphysics——中国哲学的视角"，《中国哲学方法论：如何治中国哲学》（上海：上海三联书店，2020），第五章，页100—126。

是道德意识、情感和法则的培养以及在实际日常生活的时时处处发挥主宰的作用。只有达到了这一点，儒家的功夫实践才算有其着落。这正是阳明"事上磨炼"、甘泉"随处体认天理"以及龙溪"彻悟"等观念的涵义所指，也正是《论语·乡党》中孔子的形象所生动显示的。在这个意义上，静坐的确只有辅助性的意义。如果对这一功夫实践的形式过于陷溺，势必会本末倒置；最终偏离儒家的宗旨，便是不可避免的了。

当然，就追求各自所理解的理想人格而言，世界上诸多宗教和精神性的传统，包括儒、释、道、耶、回等，在都可以采纳静坐作为一种实践方式的同时，其功夫实践也都各自有其定义性的特征。这些不同传统各自功夫实践方式的特点，也都是由其各自的本体论或终极关怀（ultimate concern）所决定的。认同何种本体论、终极关怀何所在以及相应实践何种功夫论，自然是各人的选择自由。我们这里不是要对这些不同传统的本体论及其功夫论进行"判教"，所以本文的主要工作不是"评价"（evaluation）而是"描述"（description），即在比较之中指出儒家静坐功夫论之所以是"儒家的"，其特点"是什么"（what）以及"为什么"（why）具有这样的特点，而不是要去比较儒家静坐功夫与其他传统静坐功夫的优劣与好坏。这一点，是本章在最后结束时要特别指出，以免读者误会的。

后　记

　　这篇后记原本并不在我的写作计划之中，因为想说的基本已经写在前言部分了。但是，我完全没有想到的是，此书见证和经历了上海3—5月的独特历史。这段令人始料未及的日子，或许在整个人类历史上都是空前的。就我个人而言，同时也希望它是绝后的。因为这两个月的上海，实在充斥了太多的辛酸。上海三联书店的朋友们，和千千万万身在上海的人们一样，经受了这两个月的"围城"。而也正是在这段特殊的日子，上海三联书店朋友们的达观、坚持和敬业，让我有了格外的感受。

　　5月初也许是上海最困难的时期，就在这个时候，亚平编辑还想着拿我的《中国哲学方法论》去申报"中华学术外译"项目。在我婉拒了项目申报之后，她又和我讨论这本《身心修炼》的相关事宜，包括和美编沟通封面事宜等等。并且，她还告诉我，每天处理完工作的事情，就抽空读书；那段时间，她集中阅读的是铃木大拙的书。因为恰好我大学时代购买并阅读过铃木大拙和弗洛姆（Erich Fromm）的《禅与心理分析》，于是，我们当时竟然在微信上就此往复讨论了起来。虽然我一再告诉她"书事不急。你们平安度过上海这次的劫数，是目前最重要的事"，她仍在书店复工之初，立即告诉我正在申请这本书的书号以及与美编沟通封面设计。

　　我很清楚，围绕我这本书的各种相关事宜，包括申请书号、封面设计等等，涉及的绝不只是亚平一人。毫无疑问，亚平所体现的达观、坚持和敬业，可以说是上海三联书店一众朋友们共同的身心状态。还记得5月中下旬，黄韬兄曾在朋友圈晒出他出门"放风"所拍的照片，以及自己烧饭做菜的照片。当我看到那些照片以及黄韬兄言简意赅却颇富幽默感的寥寥数语时，实在不能不感到：当时弥漫在上海的种种令人难以想象的困难，尽管同样是黄韬兄丝毫无法闪避的，但在他的淡然自若之中，所有的困难似乎又都顿时消弭于无形，一切回归于平常。

虽然之前与上海三联书店的合作经验已经让我对此有足够的感受，但是，由于 3—5 月发生在整个上海的任何人都难以想象的"suffering"，这一次的感受却莫名的强烈。我不能不想，那段时光中上海的朋友们，何尝不是在进行着身心的修炼？像亚平和黄韬兄的那种状态，又岂不是身心修炼达至相当境界的反映？当然，我同时也不能不想，对个体而言，固然可以通过身心修炼的功夫而达至一定的境界，坦然面对现实中的种种横逆。但是，对于社会来说，危机的化解、困境的避免和问题的解决，仅靠个人自我的身心修炼，又是远远不够的。只有健全的制度、政策和应急措施，才能确保大家都能够在一个共同的时空之中身心安全、安稳而愉悦地生活。

我的这本小书，能够伴随着上海的朋友们度过一段足以令人"动心忍性，增益其所不能"的时光，何其幸也！是为记。

彭国翔

2022 年 6 月 24 日于武林之紫金港

图书在版编目(CIP)数据

身心修炼:儒家传统的功夫论/彭国翔著.—上
海:上海三联书店,2022.8
　ISBN 978 - 7 - 5426 - 7835 - 5

　Ⅰ.①身…　Ⅱ.①彭…　Ⅲ.①儒家-哲学思想-研究
Ⅳ.①B222.05

　中国版本图书馆 CIP 数据核字(2022)第 150675 号

身心修炼:儒家传统的功夫论

著　　者 / 彭国翔

责任编辑 / 殷亚平
装帧设计 / 彭振威设计事务所
监　　制 / 姚　军
责任校对 / 王凌霄

出版发行 / 上海三联书店
　　　　　(200030)中国上海市漕溪北路 331 号 A 座 6 楼
邮　　箱 / sdxsanlian@sina.com
邮购电话 / 021 - 22895540
印　　刷 / 上海颛辉印刷厂有限公司

版　　次 / 2022 年 8 月第 1 版
印　　次 / 2022 年 8 月第 1 次印刷
开　　本 / 640mm×960mm　1/16
字　　数 / 300 千字
印　　张 / 21.25
书　　号 / ISBN 978 - 7 - 5426 - 7835 - 5/B·795
定　　价 / 88.00 元

敬启读者,如发现本书有印装质量问题,请与印刷厂联系 021 - 56152633